JENNY LEVIÉ

Zwischen Lüge und Hoffnung

Frauen, die heimlich lieben

JENNY LEVIÉ

Zwischen Lüge und Hoffnung

Frauen, die heimlich lieben

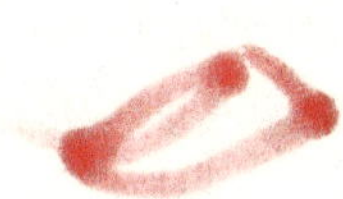

Diana Verlag

2. Auflage 2005

Redaktion Regina Carstensen
Layout und Herstellung Udo Brenner
Satz Leingärtner, Nabburg
Gesetzt aus der Rotis Serif 10,5/13,5 pt
Druck und Bindung Bercker, Kevelaer

Printed in Germany
ISBN 3-453-26507-6

Für meinen Mann, meine beiden Kinder
und meine Freundinnen Regina und Olivia

Inhalt

Vorwort

Geliebte – etwas Heimliches, Spannendes, Verbotenes steckt in diesem Wort und in all den Frauen, die als solche leben. Das hat mich als Journalistin auf die Idee gebracht, dieses Buch zu schreiben. Als ich mit meiner Arbeit begann, stellte sich natürlich als Erstes die Frage, welche Frau sich tatsächlich bereit erklären würde, über ihr Leben als Geliebte zu sprechen. Noch dazu mit einer ihr nicht vertrauten Autorin, die zwar den Namen ändern, aber dennoch ihre intimsten Geheimnisse der Öffentlichkeit preisgeben wird.

Ich startete meine Suche im Freundes- und Bekanntenkreis. Über das Ergebnis war ich überrascht: Jeder kannte jemanden, der fremd liebt. Es war mir wichtig, nicht über Affären oder kurze Seitensprünge zu berichten, sondern Lebensgeschichten von Frauen zu erzählen, die nie im Schatten einer Ehefrau sein wollten und es doch seit vielen Jahren sind. Aus vielen Gründen.

Beatrice, meine erste Interviewpartnerin, kannte nur einen Wunsch: Sie wollte einen reichen, mächtigen Manager erobern. In ihrem Kopf begann ein Spiel: Wie mache ich einen solchen Mann von mir abhängig? Das Spiel glückte, sie erreichte alles: Macht, Luxus, Unabhängigkeit. Doch der Preis, den sie dafür zahlte, war hoch. Ihre Gefühle blieben auf der Strecke.

Im ersten Gespräch beschrieb mir Beatrice, wie sie es schaffte, die Geliebte eines solchen Machtmenschen zu werden. Im letzten Interview spürte ich, wie sie all ihre Stationen des langsamen Verlierens noch einmal durchlebte, wie schwer es war, das Etikett »Geliebte« abzulegen.

Immer wieder ist es die Illusion, an die sich Geliebte klammern. Lore hätte sie beinahe das Leben gekostet. Sie glaubte an ihre große Liebe. Sie glaubte, der Mann ihrer besten Freundin entscheide sich gegen seine Frau. Durch einen Brief erfuhr Lore, dass alles nichts als eine Vortäuschung von Glück war.

Nur in den seltensten Fällen, man geht von fünf Prozent aus, verlassen Ehemänner ihre Frauen für die Geliebte. Meine dritte Interviewpartnerin, Claudia, erlebte diese Ausnahme. Ihr Traummann hat sich trotz erheblicher Schwierigkeiten nach zwölf Jahren Ehe für sie getrennt.

Als ich acht Gespräche mit Frauen unterschiedlichen Alters geführt hatte, fehlte mir wenigstens eine männliche Stimme. Nach mehreren Vorgesprächen entschied ich mich für Hanno, einen jungen Berliner Architekten, der zu spät entdeckte, dass er die falsche Frau geheiratet hatte. Als Sohn Max bereits geboren war, traf er die Frau, die er wirklich begehrte und mit der er heute zusammenlebt.

Welche Frau wird eigentlich Geliebte? Gibt es einen bestimmten Typus, der dafür anfällig ist? Ich denke nein! Geliebte kann jede Frau werden. Sie ist selbstbewusst und offen, auch gesellschaftsfähig, wenigstens in ihrer Nebenrolle. Jede Geliebte liebt, lügt, leidet und hofft. Sie weiß genau, dass ihr der Mann, den sie liebt, nur halb gehört. Ein Leben als Geliebte ist schwer, und jede der acht Frauen wollte schon mehrfach aus diesem Leben aussteigen. Aber manche haben nicht die Kraft und nicht den Willen, oder aber sie haben sich arrangiert. In einem Punkt sind sich jedoch alle einig: »Jede Frau wünscht sich irgendwann eine Hauptrolle!«

Jenny Levié

Goldfisch im Netz

Ruhig und elegant zieht sie ihre Bahnen. Eine nach der anderen. Ihre Bewegungen laufen synchron ab. Einatmen, eintauchen, auftauchen, einatmen. Ihr weißer Bikini blitzt auf. Ein hübscher Kontrast zu dem hellblauen Poolwasser. Ich denke, sie weiß, dass sie beobachtet wird. Nein, nicht nur von mir, auch von einem Herren mit silbergrauen Haaren. Unsere Liegestühle stehen sich direkt gegenüber. Ich habe die Sonne im Rücken, er in seinem erfahrenen Gesicht. Sie unterbricht ihre Vorstellung. Ihre beiden gleichmäßig gebräunten Oberarme liegen am Beckenrand auf. Ihre halblangen, schwarzen Haare glänzen ebenso wie ihre junge Haut. Schwer vom Wasser liegen sie auf ihrer Schulter. Sie erinnert mich an Romy Schneider und an meine Lieblingsszene aus dem Klassiker *Swimmingpool*. Ob sie das gleiche Bild im Kopf hat?

Der Mann mit den grauen Schläfen, denke ich, ist nicht ihr Vater. Er steht auf und küsst die junge Frau auf den Mund, so wie man eine Trophäe küsst. Sie wünscht sich, dass er zu ihr in den Pool kommt. Aber sein Zeigefinger pendelt von links nach rechts, will sagen »non, non«. Die beiden sprechen Französisch. Ich denke, dass er auf verliebte Küsse im Pool keine Lust mehr hat. Das war einmal, vielleicht vor dreißig Jahren, als er seine Frau kennen lernte? Vielleicht aber war er schon mal hier – mit einer anderen Geliebten. Ich sehe ihm an, dass er verheiratet ist, so ordentlich wie er sein Handtuch auf der Liege ausgebreitet hat. Diese latente Spießigkeit hat er garantiert nicht von seiner jungen

Pool-Schönheit. Sie ist sein Jungbrunnen, seine Bestätigung, dass er nicht nur beruflich ausgesprochen erfolgreich, sondern Don Juan genug ist, sich eine Geliebte zu halten. Und zwar eine, die alle haben wollen. Eine, die jung, perfekt, klug, dezent und bestens erzogen ist. Am liebsten noch mit einem adeligen Namen versehen. Sie muss sich in jeder Hinsicht von einer Edelprostituierten unterscheiden. In der Welt, in der sich dieser Kosmopolit bewegt, kann man sich nicht mit Nutten zeigen. Ich weiß das, denn ich kenne die Gesetze, die in der Welt von reichen, mächtigen Männern gelten.

Auch ich war einmal Geliebte. Jahrelang habe ich mich im Becken der großen Fische getummelt. Ich hatte in zehn Jahren zwei Verhältnisse mit Managern aus deutschen Vorstandsetagen. Und dieses Umfeld war nicht etwas wirklich Besonderes für mich. Ich war es von Kindheit an gewohnt, in solchen Kreisen zu verkehren. Mein Vater war Franzose, hatte eine Spitzenposition im diplomatischen Dienst. Bis zum Ende meiner Dolmetscher- und Wirtschaftsausbildung lebte ich bei meinen Eltern in Paris, in einem kleinen Palais im sechzehnten Arrondissement. Meine Mutter war eine deutsche Gräfin. Sie hatte nicht viel Herz und nur wenig Energie für mich. Sie fühlte sich wie die heimliche First Lady von Paris. In ihrem Arbeitszimmer stand ein mit Samt ausgeschlagener Karteikasten, in dem sie ihre Gäste in A-, B- und C-Prominenz einteilte, jeweils mit einer persönlichen Notiz versehen. Zwei Dinge waren ihr wichtig: Geld und Ansehen. Mein Vater ließ sie in Ruhe, und sie ließ meinen Vater in Ruhe. Sie hatten nur eine Gemeinsamkeit: ihr *social life*.

Ich wurde streng erzogen, war ein stilles Kind. Als ich sechzehn Jahre alt war, schloss ich insgeheim mit meiner Mutter ab. Ihr Leben war kein nachahmenswertes Beispiel für mich und die Ehe meiner Eltern erst recht nicht. Unser Familienleben glich einer unterkühlten, höflichen Lebensgemeinschaft. Bei vierzehn Zimmern und Personal durchaus zu ertragen. Auch ich wollte ein privilegiertes Leben führen, aber ich wollte mir diesen Status mit Stoffservietten und Chauffeur erarbeiten, nicht erheiraten. Ich hatte Glück, denn ich war intelligent und ehrgeizig.

Nach dem Abitur mit neunzehn absolvierte ich eine Ausbildung als Dolmetscherin in Französisch, Englisch, Spanisch und Deutsch. Das reichte mir aber noch nicht. Parallel dazu lernte ich für einen Wirtschaftsabschluss, den die Schule mit anbot. Ich tat dies leicht und schnell, und es gab mir einen Kick, nicht nur schön, sondern auch klug zu sein. So kam es denn auch, dass mich gleichaltrige Kommilitonen schlichtweg langweilten. Ich hatte zwar kurze Affären mit hübschen Männern, die ich beim Tennis oder Golfen traf, aber keiner von ihnen hinterließ bei mir einen bleibenden Eindruck. Da ich noch zu Hause wohnte, das ist bei jungen Damen aus bester Gesellschaft so üblich, konnte ich mich bei Bedarf auch immer wieder zurückziehen. Die Größe unseres Palais ließ das problemlos zu. Lästige Verehrer blieben vor dem elektrischen Gartentor.

Ich weiß nicht, ob es meine Mutter gestört hat, dass ich so ehrgeizig und erfolgreich war. Sie hätte sich dieses niedere Gefühl nie anmerken lassen. Contenance – Haltung in jeder Lebenslage, so lautete ihr Motto. Wenn ich heute an sie zurückdenke, kann ich mir kein Urteil über sie bilden. Ich habe diese Frau nie wirklich gekannt.

Als Beste meines Jahrgangs schloss ich meine Ausbildung in Paris ab. Von meinem Vater bekam ich einen Kuss auf die Stirn. Den habe ich nie vergessen. Er war viel herzlicher als meine Mutter. Jetzt allerdings wollte ich am liebsten sofort in einem großen Unternehmen irgendwo auf der Welt arbeiten, nur nicht in Paris. Palais hin oder her, das sollte nicht mehr meine Welt sein. Ich wollte meine Fähigkeiten anbringen und Geld verdienen. Also machte sich mein Vater eine Liste von Freunden und Bekannten, potenziellen Arbeitgebern für mich, und meine Mutter verschickte daraufhin edle Einladungskarten für ein Dinner anlässlich des grandiosen Dolmetscher- und Wirtschaftsabschlusses ihrer Tochter.

Unter den A-Gästen war auch ein alter Bekannter meines Vaters, ein Top-Manager aus Hamburg. Als mein Vater mir sagte, dass er käme, freute ich mich sehr. Frederic kannte mich schon als kleines Mädchen, das den Gästen »Gute Nacht« sagen musste. Ich zog mich fein und sexy für diesen Abend an, gemäß dem Dresscode meiner Mutter: Spiele immer nur mit einem körperlichen Reiz – entweder Dekolletee oder Beine. Ich entschied mich für Bein. Das rosafarbene Kostüm von Chanel schien mir genau das passende Outfit für mein erstes Bewerbungsgespräch zu sein. Ich hatte mir den Rock beim Schneider etwas kürzen lassen, so sah man mehr von meinen schlanken Fesseln. Meine langen kastanienbraunen Haare drehte ich zu einer Banane im Audrey-Hepburn-Stil und steckte sie fest. Ich betrachtete das Endergebnis von allen Seiten im Spiegel und war zufrieden.

Das Dinner wurde ein voller Erfolg. Schon als ich unseren Empfangssalon betrat, fingen mich seine Augen ein: Frederic Sander. Typ Spitzenmanager eines erfolgreichen deutschen Wirtschaftsunternehmens, Mitte fünfzig, mit Stil, Witz, Geld und dem dazugehörigen Accessoire: einer Familie. Alles an ihm schien mustergültig.

Es gab ein typisches französisches Essen: Austern, Canard à l'Orange, Crème brûlée, mein Lieblingsdessert. Wie immer trank die ganze Gesellschaft viel Wein und auch einige Digestifs. Frederic kam, wie in all den Jahren zuvor, allein nach Paris. Als ich ihn fragte, wie alt sein jüngster Sohn sei, antwortete er mit einem zwinkernden Auge: »Noch zu jung für dich, erst vierzehn. Da würde selbst ich besser zu dir passen.« Ich konnte mit dieser provozierenden Art gut umgehen. Alles eine Frage der Schlagfertigkeit. Prompt antwortete ich ihm: »Zuerst brauche ich aber einen gut bezahlten Job.«

Mein Vater und Frederic besprachen beim Dessert bereits die Details. Ich sollte nach Hamburg ziehen und bei Frederic als Wirtschafts-Dolmetscherin anfangen. Seine Firma hatte intensive Beziehungen zu Frankreich und zu Spanien, und rund um den Vorstand gab es einen ganzen Pool von festen Dolmetschern.

Über einen Makler suchte ich mir eine kleine Wohnung in Hamburg-Eppendorf. Als meine Mutter schon die Telefonnummern der besten Innenarchitekten parat hatte, wehrte ich dankend ab: »Ab jetzt bin ich allein für mich verantwortlich. Ich bin zweiundzwanzig und komme sehr gut allein zurecht. Vater will mir einen Betrag für die Wohnungseinrichtung geben, den Rest organisiere ich selbst.« »D'accord, mon chérie!«, antwortete meine Mutter mit einem Achselzucken. Was so viel heißt wie: »Mein Schatz, mach' doch, was du willst!« Ich hasste ihre französischen Floskeln. Vielleicht auch, weil ich ihr Französisch nach all den Jahren in Paris noch immer nicht perfekt fand.

Hamburg gefiel mir sehr. Meine Vierzig-Quadratmeter-Wohnung war hell und modern, wenn auch laut. Obwohl ich einen Führerschein hatte, fuhr ich lieber mit der U-Bahn, so wie in Paris, oder ich erledigte meine Wege zu Fuß.

Meine Kollegen im Dolmetscher-Pool waren sehr freundlich zu mir. Sie übersetzten größtenteils die juristische Korrespondenz, ich dagegen die wirtschaftliche. Deswegen ergänzten wir uns gut. Frederic sah ich in den ersten Monaten nur selten und wenn, nie allein. Das machte mir nichts aus, denn ich hatte wirklich sehr viel zu tun. In der Hauptsache übersetzte ich wichtige Vertragsvereinbarungen, ganze Akten voll. Ich wollte Frederic und auch meinem Vater beweisen, dass ich gut, nein, sehr gut war. Meine neue Unabhängigkeit und Selbstsicherheit ersparte mir jegliches Taktieren.

Eines Tages bat mich Frederics Sekretärin nachmittags in sein Vorstandsbüro. Als ich sein Reich betrat, war es ganz still. Nur die Dampfer und Frachtschiffe kündigten mit einem lauten Hupen ihre Ankunft im Hamburger Hafen an. Frederic stand am Fenster. Er war bestimmt zwei Meter groß und sehr schlank. Ohne sich mir zuzuwenden, sagte er: »Nicht so schön wie Paris, aber auch nicht schlecht, oder?« In diesem Moment drehte er sich um. Ich sah ihm direkt in seine blauen Augen, angriffslustig. Wie jeden Tag trug ich ein Business-Kostüm mit kurzem Rock und Pumps. In diesem Outfit sah ich etwas älter aus als zweiundzwanzig. Das kam mir sehr gelegen, da ich im Dolmetscher-Pool die Jüngste war. Langsam, mir meines Sex-Appeals bewusst, ging ich auf ihn zu. Er lächelte wie ein Gentleman. Unanständige Worte sind verboten, Gedanken nicht! Erotik lag im Zentrum der Macht. Ich spürte, dass er mich am liebsten sofort auf seinen riesigen Glastisch gelegt hätte, und genau dieses unausgesprochene Wissen um die erotischen Gedanken des anderen gefiel uns beiden. Minuten-Sex im Kopf. Das war es, was mir bei den belanglosen Kurzzeit-Affären von früher gefehlt hatte. Schöne Münder, breite Schultern, aber ein noch leerer Kopf. Keine Erfahrung, keine Macht, kein Geld. Die drei Garanten dafür, dass ich mich überhaupt für einen Mann interessierte. Wie ich heute weiß.

Frederic kam schnell zur Sache und fragte mich, ob ich nach einem wichtigen Übersetzungstermin in München noch zwei Tage länger bleiben wolle. »Einem Stadtkind wie dir muss man doch mal die Berge zeigen. Kannst du Ski fahren?« – »Ja! Und ich habe Lust, das Wochenende mit dir zu verbringen«, gab ich zur Antwort. »Aber in einem eigenen Zimmer«, fügte ich selbstbewusst hinzu.

Wir flogen mit dem Firmenjet nach München, und das Meeting verlief vortrefflich. Eine Dependance der Firma sollte in Madrid eröffnet werden, es handelte sich um die letzte Verhandlung und Unterzeichnung des Vertrags. Vor der Abfahrt fragte mich Frederic, ob ich denn als Pariserin für ein Skiwochenende am Arlberg auch gut ausgestattet sei. Ich sagte ihm, dass ich mir Skier leihen und mir dort irgendwo einen Anzug kaufen wolle. »Das kommt nicht infrage«, bestimmte Frederic und gab seinem Chauffeur die Anweisung, zu dem besten Sportmodehaus Münchens zu fahren. Ich mag es nicht, wenn ich das Gefühl habe, ich müsste eine Gegenleistung erbringen, welcher Art auch immer. Aber ich dachte mir: Wenn dir irgendetwas nicht passt, Bea, haust du einfach ab. So what!

Je mehr wir uns den österreichischen Alpen näherten, desto mehr schneite es. Dicke Flocken, wie ich sie nur aus den Winterurlauben mit meinen Eltern im französischen Juragebirge kannte. Es war bitterkalt. Ich genoss die Sitzheizung in der großen Limousine. Frederic telefonierte fast die ganze Fahrt über. Es mussten noch verschiedene Dinge angeschoben werden, nachdem die Eröffnung der Filiale in Madrid schon in acht Wochen erfolgen sollte.

Das Hotel, das Frederic gebucht hatte, war ein echter Wintertraum. Dicke Holzscheite loderten im Kaminfeuer der Lobby. Der Portier begrüßte Frederic mit Namen. Ganz selbstverständlich stellte er mich als seine Mitarbeiterin vor. Ein Hausboy brachte uns zu den beiden Suiten, die natürlich nebeneinander lagen. Ich war überrascht. Diesen Luxus hatte ich nicht erwartet. Schnell nahm ich eine heiße Dusche und zog ein schwarzes Kleid an. Diesmal setzte ich auf Dekolletee. Es wurde ein wirklich runder Abend. Ausgehungert stürzten wir uns auf Tafelspitzsülze und Hirschgulasch mit Spätzle. Beides hatte ich noch nie gegessen. »Du bist noch schöner, wenn es dir schmeckt«, schmeichelte Frederic.

Wir tranken schweren Rotwein, einen alten Barolo, glaube ich. Es war nicht eine Minute lang eine gespannte oder peinliche Atmosphäre zwischen uns. Wir verstanden uns einfach gut. Er hatte brillante Ideen zur Weiterentwicklung der Firma, und ich konnte ihm immer wieder kluge Fragen stellen. Wir entwarfen eine ganz neue, geniale Struktur des Unternehmens. Schon bald wollte Frederic unser Konzept mit dem Aufsichtsrat besprechen. Ich hätte mich noch die ganze Nacht mit ihm unterhalten können, aber Frederic meinte, um neun Uhr am nächsten Morgen käme der Privatskilehrer und würde uns zu einer Tour abholen. Ich sagte, dass ich noch einmal vor die Tür gehen und die Winterluft schnuppern wollte. Frederic kam nach und umarmte mich von hinten. »Wollen wir den Mokka nicht bei mir einnehmen?«, fragte er mich.

Wir tranken keinen Mokka mehr. Kaum hatten wir seine Suite betreten, öffnete er den Reißverschluss meines Kleides in Zeitlupe. Jedem Zentimeter Haut, den er entdeckte, schenkte er einen Kuss. Meine halterlosen Strümpfe rollte er ebenfalls ganz langsam hinunter. Diese Art der Verführung kannte ich nicht. Alle Männer, mit denen ich bislang geschlafen hatte, waren zwar sehr leidenschaftlich, aber auch sehr egozentrisch. Frederic dachte erst an sich, als meine Lust gestillt war.

Am nächsten Morgen frühstückten wir auf dem Zimmer. Wir waren bester Laune. Frederic fragte besorgt: »Bist du auch glücklich?« Mit gutem Gewissen antwortete ich: »Ja, bin ich.« Ich war nicht restlos verliebt, aber ich mochte Frederic und fand es einfach aufregend, neben einem so erfolgreichen und zärtlichen Mann aufzuwachen. Als ich ins Bad ging, hörte ich, wie er mit seiner Frau telefonierte. Er fragte, wie es ihr und den Kindern gehe. Seine Stimme klang freundlich, weicher als bei mir. Aber ich merkte, dass es ein Alibianruf war. Denn zuletzt sagte er, dass er sich heute nicht mehr melden könne, weil er bis spät in die Nacht hinein in Meetings sei. Er log routiniert. Nur mit einem kleinen Duschhandtuch raffiniert um meinen schlanken Körper geschlungen, sagte ich: »Interessante Meetings, nicht wahr!« Ich hätte gerne noch einmal mit ihm geschlafen, aber Frederic wollte nicht. Er meinte, er hasse es, unpünktlich zu sein und den Skilehrer warten zu lassen. Pünktlichkeit ist oberstes Gesetz in diesen Kreisen. Es wurde ein Tag, wie er hätte schöner nicht sein können: Pulverschnee, stahlblauer Himmel und Berge, die glänzten, luden uns ein. Unser Skilehrer erzählte uns, dass die Einheimischen bei einer so genialen Abfahrt von der Entjungferung des Berges sprechen. Tatsächlich waren wir an diesem Morgen die Ersten, die Spuren auf diesem weiten, weißen Teppich hinterließen.

Sonntagabend saß ich glücklich und zufrieden in meiner Wohnung. Frederic hatte angebissen, und nun würde das aufregende Spiel beginnen. Macht und Erotik im Zweikampf.

Es machte mir absolut nichts aus, dass Frederic bei seiner Frau und seiner Familie saß. Seine Ehe war genau so, wie ich sie mir vorgestellt hatte: langweilig! Er erzählte, dass sich seine Frau nicht mit ihm weiter entwickelt hätte. Zu Anfang seien sie wie zwei Magneten gewesen, und heute, nach dreißig Ehejahren und vier Kindern, hätte ihre Beziehung die magische Kraft verloren. Genau wie bei meinen Eltern. Nur, dass meine Mutter eine kalte Frau war.

Der Familienvater Frederic interessierte mich nicht. Ich wollte nur den toughen Mann, den exzellenten Unternehmer. Unser Deal war fair: Er schmückte sich mit meiner Jugend, und ich wollte seine Erfahrung. Vereinfacht gesagt.

In der Firma wussten bald alle, dass wir ein Verhältnis hatten. Frederic bemühte sich auch gar nicht, dies zu verheimlichen. Es gab bald keine Verhandlung, in der ich nicht mehr neben ihm saß. Und das war für eine Anfängerin wie mich absolut nicht üblich. Alle, die mich anfangs so nett empfangen hatten, zeigten sich jetzt entsetzt. Ich hörte, wie sie erbost über mich lästerten: »Diese kleine Nutte aus Paris krallt sich den Boss.« Aber böse Blicke und dumme Bemerkungen ließen mich kalt, wirklich. Ich amüsierte mich über sie. Schließlich hatten sie Recht: Ich hatte den dicksten Fisch an der Angel! Und dazu hört er auch noch auf mich, weil ich in meinem Job als Dolmetscherin gut bin. Besser als die meisten von ihnen. Ich orientierte mich immer nur nach oben, nie nach unten.

Die nächsten drei Jahre fühlte ich mich wie die heimliche First Lady des Unternehmens. Zugegeben, ein herrliches Gefühl! Ich begleitete Frederic auf viele Reisen, und oft verlängerten wir unseren Aufenthalt um einen Tag; in Madrid, zum Beispiel, hatten wir schon eine feste Suite im Ritz. Nur wenn Frederic nach Paris reisen musste, blieb ich in Hamburg. Ich hatte keine Lust auf meine Eltern. Meinem Vater schrieb ich ab und zu einen Brief, aber das war auch alles. Meine Mutter meldete sich fast nie.

Die Jahre verflogen wie Wochen. Ich hatte viel von Frederic gelernt, in erster Linie Verhandlungsgeschick. Er erreichte fast immer, was er wollte, und das Unternehmen vergrößerte sich unglaublich schnell. Das Einzige, was Frederic fehlte, war emotionale Intelligenz. Leider traf er hin und wieder absolute personelle Fehlentscheidungen. Einmal, als wir abends in meiner Wohnung saßen, stritten wir heftig über einen derartigen Fall. Es ging um die Fehlbesetzung einer sehr hoch dotierten Position. Ich sagte Frederic laut und klar meine Meinung. Er war so wütend, dass er ging. Aber ich hielt ihn nicht auf. Kurz vor der Tür drehte er sich noch einmal um und meinte, mir etwas Gemeines für die Nacht zurücklassen zu müssen: »Davon verstehst du nichts!« – »Gut«, antwortete ich ruhig. »Aber du machst trotzdem einen großen Fehler.«

Männer wie Frederic sind es nicht gewohnt, dass man ihnen widerspricht. Weder im Job noch im Privatleben.

Sie sind die Könige und alle um sie herum das einfache Volk, das Befehle empfängt. Nur schmücken sie sich heute nicht mehr mit einer Krone, sondern mit Erfolg, Status und einem vollen Bankkonto.

Am nächsten Morgen rief er mich an, kurz bevor ich ins Büro aufbrechen wollte. Er klang liebevoll, entschuldigte sich, säuselte sogar: »Ich liebe dich, Bea.« Wie verrückt, dachte ich. Dieser Typ, vor dem alle Respekt und sogar Angst hatten, frisst dir aus der Hand. Mich machte das zufrieden! Und mehr wollte ich gar nicht. Liebe – das ist ein Gefühl, was vergeht, oft genug hatte ich das schon beobachtet. Nur kleine Kicks machten das Leben spannend. Es ergötzte mich, an jedem Flughafen der Welt direkt vom Rollfeld abgeholt zu werden oder in New York bei Barney's einen eigenen Dressing-Room zu haben. Ich fand das todschick! Und nicht eine Sekunde lang hatte ich seiner Frau gegenüber ein schlechtes Gewissen. Ihr ging es doch gut. Sie saß im goldenen Käfig und hatte die Gewissheit, er würde nie die Tür öffnen, um sie herauszulassen. Für Frauen mit Sicherheitsdenken doch eine wunderbare Perspektive!

Frederic war großzügig. Eines Morgens holte er mich mit der Limousine und dem Chauffeur ab und sagte mir, wir würden zu einem Notar fahren. Er hätte eine Überraschung für mich. Auf der Fahrt erzählte er mir, er habe ein Penthouse für mich gekauft. Eine gute Gelegenheit und eine angemessene Absicherung für mich. Außerdem wolle er nicht länger in einem Schlafzimmer voller Abgasgestank nächtigen, wenn wir, selten genug, eine gemeinsame Nacht in Hamburg arrangieren konnten. Nicht einmal neben mir. Ich war aufgeregt. Mit sechsundzwanzig die Eigentümerin eines Penthouses mit Blick auf die Alster zu sein, diese Vorstellung gefiel mir. Obgleich mich gleichzeitig auch die Sorge beschlich, eine Schlinge würde sich langsam um meinen Hals legen. Frederic liebte mich, und alles, was er liebte, wollte er besitzen. Also auch mich. Diesen Gedanken konnte ich jedoch nicht ertragen. Ich gehöre niemandem. Das wusste er natürlich, aber umso mehr spornte ihn sein Ehrgeiz an, mich dennoch ins Netz gehen zu lassen. Es war ein gefährliches Spiel, aber auch eins, das herausfordert. Es war eine Gratwanderung zwischen Schwelgem in einem luxuriösen Ambiente und jederzeit verfügbarem leidenschaftlichem Sex, stets gepaart mit scharfen intellektuellen Auseinandersetzungen. Und es war ein Machtkampf. Von meiner Seite aus hatte ich nur das eine Ziel: Ich wollte nicht seine Frau werden, ich wollte seine Geliebte bleiben und sein Handeln lenken. Für eine gewisse Zeit jedenfalls. Die Hauptsache war, ich kam in meinem Leben voran.

Ich wurde in meinem Job besser und besser, und genau dies ließ unsere Beziehung sterben. Frederic duldete niemanden an seiner Seite, der dieses Machtspiel besser beherrschte als er. Ich wollte siegen, nicht nur auf einer Ebene, das merkte er mehr und mehr. Man züchtet sich die Konkurrenz nicht selbst heran, und vor mir hatte er doppelt Angst, denn ich kannte sein Inneres. Geschickt wie ein Virus hatte ich mich in seinem Gehirn eingenistet und schlau gemacht.

Ich forderte ihn schließlich heraus und bat ihn, mich zur Assistentin der Geschäftsleitung zu befördern. Ich wusste, dass das der *final cut* sein konnte, aber Mut zum Risiko gehört zum Job. Wie ein Aal wand er sich. Das ginge nun wirklich nicht. Er würde sich nicht zum Gespött der Mitarbeiter machen, die sowieso schon alle

Bescheid wussten. Außerdem bräuchte die Geschäftsleitung keine Assistentin. Ich merkte, wie seine Liebenswürdigkeit mir gegenüber langsam schwand. So waren sie also, die großen Fische. Ließen sich angeln, aber spuckten den Haken auch irgendwann wieder aus. Während dieses Gesprächs, was in seinem Büro stattfand, wurde es kalt im Raum. Unser Glücksgeheimnis bis jetzt war, dass ich Frederic nie um etwas gebeten hatte. Nicht um die zehntausend Mark Apanage im Monat, nicht um das Penthouse, nicht um die sündhaft teuren Brillant-Ohrstecker, nicht um die Suiten, nicht um die maßgeschneiderten Kleider und letztlich auch nicht um die geheimen Details, die sein Unternehmen betrafen.

Er sah mich an, eiskalt und ausdruckslos. Dann zerfiel das Pokerface, und er war wütend und verärgert über sich selbst. Nun zeigte er mir, wer der Herr im Zentrum der Macht war, und bat mich zu gehen. Das war meine Kündigung. Ich hatte sie selbst geschrieben. Seit meiner Bitte änderten sich schlagartig unsere Gewohnheiten. Frederic kam höchstens nur noch einmal die Woche zu mir. Ich war immer noch nicht in das Penthouse umgezogen. Bewusst nicht, denn ich wollte diese Wohnung als reine Wertanlage behalten. Außerdem wollte ich mich nie ernsthaft an Frederic binden, und das hätte ich mit dem Umzug getan. Er setzte mich nun für Aufgaben ein, die ich in Hamburg erledigen musste, während er allein auf Reisen ging und sich der Dolmetscher der lokalen Büros bediente. Es herrschte ein stiller Krieg zwischen uns. Nur war ich längst der Sieger, was Frederic aber nicht wusste. Er dachte, wenn er sich mir entzog, würde ich klein beigeben und weiterhin mit meiner beruflichen Situation zufrieden sein. Er dachte, ich würde ihn lieben – und genau das war sein Fehler.

Als es zwischen uns zu kriseln begann, bekam Frederics Frau zum ersten Mal in unserer Beziehung ein Gesicht. Er erzählte mit tiefen Falten auf der Stirn, wie Leid sie ihm täte. Sie hätte den Anschluss an die Realität schlichtweg verpasst und manchmal käme sie ihm wie ein spätes Kind vor. Im Heucheln von Mitleid war er schlecht. Er vergaß bei allem, was er sagte, dass er derjenige war, der sie hatte fallen lassen und die Zeit lieber mit einer jungen Geliebten verbrachte, die ihn auch noch im Job unterstützte. Bei einer Diskussion noch vor zwei Jahren hielt er sie für eine eingebildete Kranke. Frederic benahm sich wie jemand, der aus einem bösen Traum erwacht war und wusste, dass es kein Traum war. Er hatte sich verkalkuliert. Ungewöhnlich, aber so war es. Mich konnte man eben nicht berechnen wie eine Bilanz.

Kurz entschlossen rief ich die zwei besten Headhunter der Stadt an und machte ihnen klar, dass ich mit meinem Wissen und meiner Erfahrung sehr an einem Job bei der Konkurrenz interessiert sei. Es dauerte nicht lange, und ich hatte ein Gespräch mit dem Personalchef von Frederics Hauptkonkurrenten. Ein kleiner, unbedeutender Fisch, der mir schnell ins Netz ging. Das nächste Date hatte ich dann mit dem Chef persönlich. Er hieß Marc, war halb Engländer, halb Deutscher und eigentlich noch etwas erfolgreicher als Frederic. Sein Unternehmen war bereits in Asien positioniert, während Frederic große Probleme hatte, dort Fuß zu fassen.

Und nun saß mir der Grund für diese Schwierigkeiten direkt gegenüber. Schilfgrüne Augen, rötliche Boris-Becker-Stoppeln, etwas zu viel Aftershave. Nicht gerade das Götterbild einer Siebenundzwanzigjährigen. Aber er hatte eine ungemein einnehmende Art, auch wenn er eitler als Frederic war. Schon ein Jahr zuvor hatten Frederic und ich ihn auf einem großen Geburtstagsfest getroffen. Die beiden Männer gaben sich die Hand, tauschten ein paar lapidare Höflichkeitsfloskeln. Später meinte Frederic zu mir, dass er diesen eitlen Fatzken in seinen englischen Nadelstreifen-Anzügen nicht leiden könne. Ich erinnere mich noch daran, dass ich Frederic mit seiner Antipathie gegenüber Marc aufzog, denn ich war mir sicher, dass es allein an Marcs größerem Erfolg lag. Frederic winkte ab und hielt mich für kindisch.

Ob er das auch noch tun würde, wenn ich plötzlich für Marc arbeitete? Der jedenfalls schien bei unserem Lunch im Hotel Vier Jahreszeiten sehr interessiert. Nicht nur an meiner Qualifikation, sondern auch an mir. Ich merkte sofort, dass sein Blick wie Tesafilm an meinen Beinen klebte. Er wartete nur darauf, dass ich mich hinsetzte und mein schwarzer Gucci-Rock hoffentlich noch einen Zentimeter höher rutschte. Neues Spiel, neues Glück, dachte ich. Aber natürlich hatten wir bei diesem ersten Treffen eine rein Business-orientierte Unterhaltung. Ich sagte ihm, dass ich wechseln wollte, weil mir Frederic keine Perspektive bieten konnte. Mein Ziel sei es, Assistentin des Vorstandsvorsitzenden zu werden, und dies sei in Frederics Firma aus vielerlei Gründen undenkbar gewesen. Marc, der sich sehr wohl an unser Zusammentreffen auf dem Geburtstagsfest erinnerte, fragte direkt, ob meine Entscheidung, Frederics Unternehmen zu verlassen, auch private Gründe hätte. Meine Antwort war sibyllinisch. Mein Lächeln meinte ja, aber laut sagte ich: »Nein!« Marc nahm den Ball auf und flirtete ungehemmt mit mir. Es könne für sein Unternehmen nur von Vorteil sein, so eine intelligente und attraktive Mitarbeiterin zu haben. Und noch dazu eine, die auch noch wisse, was sie wolle. Er sagte, dass er darüber nachdenken müsse und von sich hören ließe.

In den nächsten Wochen kühlte die Beziehung zwischen Frederic und mir gänzlich ab. Das merkten auch die anderen Mitarbeiter. Noch einmal wollte er mir eine Chance geben, diesen, wie er es nannte, »Blödsinn« zu vergessen und so weiterzumachen wie bisher. Er machte mir sogar das Angebot, auf einem Schweizer Konto eine sehr hohe Summe zu deponieren, damit ich mich auf diese Art und Weise von ihm unabhängiger fühlen könnte. Er dachte, er könnte meinen Ehrgeiz mit Geld ersticken. Wieder ein Fehler.

Ich erhielt eine Zusage von Marc. Nun war es nur noch eine Frage des Zeitpunkts, um Frederic von meinem Triumph in Kenntnis zu setzen. Ich bestellte einen Tisch in seinem Lieblingsrestaurant an der Elbe.

Wir kamen getrennt dort an. Ich wollte nicht, dass er mich mit dem Chauffeur abholen kam und während der ganzen Fahrt seine Hand auf meinem Schenkel parkte. Das gesonderte Ankommen sollte das erste Zeichen sein. An diesem Abend sah ich besonders attraktiv aus. Ich trug ein rotes, tief ausgeschnittenes Kleid von Escada. Frederic hatte es mir vor Monaten anlässlich eines Firmen-Events gekauft. Es war so teuer, dass es meine monatliche Apanage sehr reduziert hätte. Auch das mit Rubinen und Brillanten besetzte Kreuz, das zwischen meinen hochgepuschten Brüsten lag, passte wirklich ausgesprochen gut zu meinem Kleid.

Frederic strahlte, als er mich sah. Ich wusste, er dachte, er sei der Sieger im Spiel. Wir bestellten Austern und Champagner. Das bisschen, was ich für ihn empfand, war verschwunden. Er hatte versucht, mich zu besitzen und zu domestizieren. Ich freute mich auf den Augenblick, in dem er erfuhr, dass ich zur Konkurrenz ging.

Frederic machte mir bezaubernde Komplimente, so wie lange nicht mehr. Er hätte mich vermisst und ich sei die schönste Frau, mit der er je zu Abend gegessen hätte. Meine Hände seien so filigran wie die einer Pianistin und so weiter. Jetzt ist der Augenblick gekommen, dachte ich mir. Noch mehr Süßholz ertrug ich nämlich nicht mehr. Ich legte meine Serviette neben den Teller und beendete unsere Verbindung mit wenigen Worten: »Frederic, ich bin nicht mehr die stille Geliebte an deiner Seite. Ich will weiterkommen im Leben. Du hast das nie unterstützt. Also fange ich in drei Monaten bei Marc an. Und zwar als seine Assistentin.«

Frederic aß einfach weiter. Ich spürte, wie es hinter seiner Stirn arbeitete. Innerhalb von Sekunden war ich zum Feind mutiert. »Du machst einen großen Fehler, Beatrice«, sprach er plötzlich wie ein Vater zu mir. »Du wirst mich zum Widersacher haben, und Marc bist du nicht gewachsen.« Ich antwortete darauf nichts. »Hast du schon unterschrieben?«, fragte er mich weiter. »Ja«, erwiderte ich nun. »Und es tut mir auch nicht Leid. Leb wohl!«

Ich hatte plötzlich das Bedürfnis, diesen Ort ganz schnell zu verlassen. Ich wusste ja, was Frederic dachte, und ich hatte keine Lust, mir noch mehr Unangenehmes anzuhören. Der nächste Taxistand war nicht weit. Als ich das Lokal verließ, erblickte mich Frederics Chauffeur und stieg sofort aus. Er fragte, ob alles in Ordnung sei und ob Herr Sander auch gleich käme. »Das weiß ich nicht!«, sagte ich zu ihm, und plötzlich musste ich laut lachen, fast hysterisch. In diesem Spiel hatte ich gewonnen, wenigstens die erste Runde. Es ging nicht um Gefühle, es ging um Ansehen, Einfluss, Autorität und Geld. Und ich wollte an meine Grenzen gelangen. Durch diesen Sieg über Frederic fühlte ich mich überlegen. Mit meiner Intelligenz und meinem Auftreten hatte ich es ihm gezeigt. Neue Herausforderungen, das war es, was ich im Blick hatte. Die nächste hieß Marc.

Es begann alles wieder von vorne. Nur, dass es diesmal kein Wochenende im Schnee, sondern in London war. Marc und ich hatten geschäftlich in dieser Stadt zu tun und konnten abends nicht mehr zurück nach Hamburg fliegen. Es war zu spät geworden, und der Firmenjet bekam in Hamburg-Fuhlsbüttel keine Landeerlaubnis mehr. Also ließen wir uns ins Nobu, eines der teuersten Lokale Londons, bringen. Natürlich bekam Marc auch sofort einen Tisch, obwohl man dort sonst Wochen im Voraus reservieren muss. Marc bestellte ein Steak, eine große Flasche Mineralwasser und einen Wodka. Das war eine typische Kombination für ihn. Marc war kein Genießer. Überhaupt unterschied er sich sehr von Frederic. Seine Sätze waren prägnanter, kürzer, in Verhandlungen war er viel konzentrierter, und er war auch schneller im Entscheiden. Ich verstand jetzt, warum Marcs Unternehmen zügiger expandierte als Frederics.

Marc war unglaublich charmant, aber seine Komplimente wirkten routiniert. Während ich bei Frederic sicher war, dass ich seine erste Langzeit-Geliebte war, wusste ich, dass Marc schon mehrere dieser Abenteuer hinter sich gebracht hatte. Frederic hatte seinen gleichaltrigen Feind auch als Weiberheld deklariert, der es mit jeder trieb.

Natürlich war Marc verheiratet. Hochzeit mit Anfang zwanzig, ein paar Kinder, für die Frau den Luxus und für ihn die Freiheit, seinen Weg alleine gehen zu können. Die Familie ein Kurzzeitparkplatz, um sich hin und wieder aufzuladen. Ein Ort, an dem niemand etwas hinterfragt, weil man Angst hat, der Herr käme dann irgendwann gar nicht mehr. Immer das gleiche Muster. Was für ein erbärmliches Leben! Ich dachte immer wieder an meine Eltern. Ob sie sich jemals geliebt hatten? Was heißt eigentlich Liebe? Manchmal, wenn ich allein in meiner Wohnung war, schaute ich in den Spiegel im Badezimmer und fragte mich, wofür ich dieses ganze Theater eigentlich aufführte. Schnell ging ich zur nächsten Frage über: Was ist denn eigentlich deine Alternative? Ich war hungrig auf die Macht hinter verschlossenen Türen. Die Geliebte eines Globalplayers zu sein, das war, als ob man nackt auf schwarzem Nerz liegt. Warm und prickelnd.

Nach dem kurzen Dinner fuhren wir weit nach Mitternacht ins Lanesborough. Im Taxi nahm Marc meine Hand und sagte: »Ich möchte mit dir schlafen. Das will ich, seit ich dich damals an der Seite von Frederic gesehen habe.« Und er begann mich zu küssen. Erst meine Hand, dann meinen Hals, zuletzt meinen Mund. Ich wusste, dass es ihn in erster Linie deshalb erregte, weil er nun etwas besaß, was einmal Frederic gehört hatte. Ich war neugierig, wie Marc im Bett war. Doch diese Neugier schlug schnell in Enttäuschung um. Marc hatte zwar einen extrem sportlichen Körper, aber als Liebhaber war er genauso wie als Gast im Restaurant: ohne Phantasie. Von einem Weiberheld keine Spur! Ein kurzer Rock und ein bisschen Dirty Talking machten ihn zwar scharf, aber sein Pulver war schnell verschossen.

Am nächsten Morgen stand unsere Arbeit im Vordergrund. Ein schnelles Küsschen auf den Mund und ein belangloses »Es war schön mit dir« rundeten unsere erste Nacht nicht wirklich ab. Marc war kein Mann, den ich an mich binden konnte. Weder durch Sex noch durch Leistung im Job. Er war kalt, stets diszipliniert, und er lief wie ein Uhrwerk, immer im Takt. Er war genau der Typ Manager, der im Urlaub einem tödlichen Herzinfarkt erliegt.

Die nächsten Monate waren harte Arbeit. Ich musste mich wesentlich mehr anstrengen als bei Frederic. Als Vorstands-Assistentin war ich die Türhüterin zur Macht. Zum ersten Mal hatte ich sehr viel Verantwortung. Ich erledigte alles für Marc, von seiner geheimsten Korrespondenz bis hin zum Schreiben seiner Reden, die er sehr oft in verschiedensten Institutionen hielt. Es dauerte ein Jahr, bis ich spürte, dass Marc etwas Vertrauen gefasst hatte. Aber anders als Frederic fragte er mich nur selten nach meiner Meinung. Marc war ein Einzelkämpfer. An wirklicher Teamarbeit völlig desinteressiert. Manchmal kam Marc nachts zu mir und wollte einfach nur noch seine Ruhe. Sein Erfolg oder sein Misserfolg diktierten seine Stimmungen. Oft wirkte er wie ein gehetztes Tier. Immer ging es nur um eins: Ich bin besser als die anderen, und das muss so bleiben!

Ich erinnere mich an einen Auslands-Deal, den Frederic an Land gezogen hatte. Er hatte gegen Marc gewonnen. Danach kam Marc eine Woche lang nicht zu mir. Ich wusste nicht, was er machte, aber ich rief ihn auch nie an. Zu den wichtigsten Spielregeln gehörte: Sei da, wenn er dich braucht, aber dränge dich nie auf! Gib ihm Sicherheit, aber nie das Gefühl, dass du ihn ganz willst. Sonst verbrennt man wie die Motte im Licht.

Von Marcs Frau wusste ich noch weniger als von Frederics. Ich hatte ihn mal nach einem Foto gefragt, da lachte er und sagte: »Du bist hübscher!« Wir waren uns nie richtig nah, aber das akzeptierte ich. Schließlich benutzte ich ihn und liebte ihn nicht.

Mittlerweile war ich im Beruf richtig gut. Um mich herum tänzelten nur Neider. Ich hatte keine einzige Freundin und nur noch Alibi-Kontakt zu meinen Eltern. Mein Vater missbilligte meine berufliche Veränderung. Ich denke, meine Eltern waren auch sauer, weil sie Frederic nicht mehr als A-Gast präsentieren konnten. Mein Vater schrieb einmal, dass er seit meinem Jobwechsel jede Einladung bei ihnen abgesagt hätte.

Einmal, als Marc bei mir war, zeigte ich mich verletzlicher, als er mich sehen wollte. Ich sagte ihm, dass ich mich manchmal doch sehr allein fühlte. Er tätschelte meinen Kopf und sagte: »Jeder hat seine Schwächen, Bea. Da muss man durch. Arbeite daran, dass sie keinem auffallen.« Diesen Satz werde ich bis zu meinem letzten Tag nicht vergessen.

Irgendwann flogen Marc und ich für ein Wochenende nach Sardinien. Ins beste Hotel, in die schönste Suite. Abends aßen wir zusammen im Hotelrestaurant. Ich war daran gewöhnt, dass er nur wenig bestellte und grundsätzlich die Hälfte auf seinem Teller liegen ließ. Manchmal fand ich diese Attitüde so entsetzlich, dass ich mir noch ein Dessert bestellte. Angewidert schüttelte Marc dann seinen Kopf und sagte: »Zucker macht fett. Pass nur auf, in ein paar Jahren passt du nicht mehr in Größe sechsunddreißig. Zwei Tische hinter dir sitzt eine Frau, die auf ihren Nachtisch auch nicht verzichten wollte.« Er schlürfte an seinem Wodka und lachte fies. Den Gefallen, mich umzudrehen, tat ich ihm nicht. Und den Appetit ließ ich mir auch nicht verderben. Ich hatte jedenfalls immer häufiger Lust auf Süßes als auf Sex mit ihm. Marc war und blieb ein schlechter Liebhaber. Wenigstens war er nach einer mittelmäßigen Nacht immer besonders großzügig. Manchmal gab er mir ein ganzes Bündel großer Scheine und sagte: »Kauf dir was Schönes, Kleines.« Das war seine Art, Zuneigung zu zeigen. Ich lehnte sie nicht ab.

Wie in so vielen Hotels auf dieser Welt, sprach man Marc auch in diesem mit Namen an, und er erzählte, dass er hier früher öfter mit seiner Familie die Sommerferien verbracht hatte. Nun würde seine Frau meistens alleine oder mit einer Freundin verreisen. Er sagte dies ohne einen Funken Wärme, als ob er von einer Bekannten spräche. Einmal fragte ich ihn, ob er seine zwei Söhne lieben würde. Er antwortete: »Ja, sehr. Aber bei meiner Frau sind sie in den besseren Händen.« Ich erfuhr, dass beide im Ausland studierten und für mindestens zwei Jahre im Anschluss an ihr Studium dort noch arbeiten sollten. Mich fragte Marc nie, wie ich mir mein Leben vorstellte. Er glaubte, dass ich glücklich war: Ich hatte einen der besten Jobs in Deutschland, war die Geliebte eines der erfolgreichsten Manager Europas, war jung, schön, reich und unabhängig. Aber allein. Immer wieder kroch die Einsamkeit in mich hinein. Sie war meine intimste Feindin, weil sie mich besser kannte als irgendjemand anderer. Ich konnte sie nicht einfach wegbeamen. Sie wurde von Monat zu Monat immer bestimmender, diese elende Begleiterin.

Einmal öffnete ich meinen Kleiderschrank und sah die Tausende von Mark, die dort gebügelt auf gepolsterten Kleiderhaken hingen – in Rot, Schwarz, Rosa, Blau oder Grün. Ich hatte eine Garderobe wie ein Filmstar und auch den dazugehörigen Schmuck. Ich hatte Geld im Ausland, das jetzt Marc für mich angelegt hatte. Und ich hatte immer noch mein Penthouse in Hamburgs bester Lage.

Nach und nach zog ich all die Kleider an und betrachtete mich im Spiegel. Jedes von ihnen war ein stiller Begleiter meiner Seele. Ich heulte – zum ersten Mal seit ich weiß nicht mehr wie vielen Jahren. Was war mit mir los? War ich in eine Einbahnstraße eingebogen?

Ich weiß nicht mehr, ob es an mir, an Marc oder an uns beiden lag. Unsere Beziehung erledigte sich. Jeden Tag ein bisschen mehr. Ich hasste seine Eitelkeiten, seine gezüchtete Selbstdisziplin. Langsam verlor die Macht ihren Glanz. Und Marc verlor das Interesse an mir. Da ihm Sex nicht wichtig war, gab es eigentlich nichts, was uns zusammenhielt. Nach und nach hatte ich das Spiel begriffen. Wenn wir irgendwo zusammen auftraten, wurde ich immer präsentiert wie der Hauptgewinn einer Tombola. Es hätte nur noch das rote Geschenkband gefehlt. Doch kaum waren wir zu Hause in meiner Wohnung oder in einem Hotel, wurde aus dem Hauptgewinn ein Ladenhüter, den man abstellte. Immer häufiger passierte es, dass der Chauffeur, nachdem wir ausgegangen waren, erst mich absetzte und anschließend Marc zu seiner Villa fuhr.

Einmal war ich so wütend auf ihn, dass ich ihn gefragt habe, ob er in Puffs ginge, weil wir so wenig Sex hätten. Er gab mir eine Ohrfeige und sagte: »Ein wenig Abwechslung täte gut, da hast du Recht, Bea. Aber es gibt Hunderte von Frauen, die besser sind als du. Dafür brauche ich nicht in einen Puff zu gehen.« Ich war in diesem Beziehungsmuster so erstarrt, so abhängig von der Nähe zum Einflusszentrum, dass ich mich nicht von Marc lösen konnte. Aber ich hasste ihn für diese Demütigung. Ich wusste, ich war nur noch geduldet, weil ich meinen Job erstklassig machte und in zu viele Firmeninternas eingeweiht war.

In den drei Jahren an Marcs Seite begegnete ich Frederic nur ein einziges Mal. Bei einer offiziellen Veranstaltung in Madrid. Er kam auf mich zu und fragte zynisch: »Hallo, Bea, ist es nicht Zeit, mal wieder den Job und den Mann zu wechseln?« Ernst antwortete ich ihm: »Das hier ist doch bloß eine Wette zwischen dir und Marc. Es geht doch gar nicht um mich.« Er lachte kurz laut auf, dann drehte er sich um und ließ mich stehen.

Marc fragte mich später nicht einmal, was Frederic und ich besprochen hatten. Ich war mehr und mehr davon überzeugt, ausgedient zu haben. Das Spiel ging zu Ende. Immer häufiger hatte Marc etwas an meinem Äußeren auszusetzen. Er fand meine Beine zu dick, meinen Busen zu klein und meine Haare zu dünn. Wenn wir zusammen essen gingen, verbot er mir mittlerweile, einen Nachtisch zu essen. Er ging sogar so weit, mich nach meinem Gewicht zu fragen – und das nicht nur ein Mal. Am liebsten hätte ich ihn angeschrien, dass er im Lauf der Jahre auch nicht attraktiver geworden sei. Seine rötlichen Stoppeln passten nicht mehr zu einem Mann über fünfzig. Seine Haut sei weiß und seine Schuppen überall auf den Sakkos, einfach widerlich. Mittlerweile war ich froh, dass er kaum noch Sex wollte. Nur, wenn er zu viel Wodka getrunken hatte, überkam es ihn. Aber nicht selten setzte ihn der Alkohol dann auch außer Gefecht, und er schlief sofort ein. Sein Mund blieb offen, er schnarchte. Das war die Kehrseite des Luxus.

Als sich dieses hässliche Szenario wieder einmal in meiner Wohnung ereignete, konnte ich die ganze Nacht nicht schlafen. Ich ging ins Bad, und im Spiegel sah ich nicht mehr die Bea, die mit ihrer Intelligenz und ihrem Charme jedes Parkett erobert hatte. Ich sah eine Frau mit vielen Fältchen um die Augen, verlaufener Wimperntusche und nach unten gezogenen Mundwinkeln. Die Fältchen empfand ich als normal, aber die Schwermut, die sich in mein Gesicht eingeschlichen hatte, erschreckte mich. Sie war wohl mit der Einsamkeit gekommen. Ich erkannte nur zu deutlich, dass ich zur Edelprostituierten mutiert war, und von einer Machtposition, wie ich sie immer angestrebt hatte, keine Rede mehr sein konnte. In dieser Nacht, kurz vor meinem einunddreißigsten Geburtstag, beschloss ich, mein Leben zu ändern. Bevor Marc das tat. So viel Kampfgeist besaß ich noch, dass ich auch diese zweite Runde gewinnen wollte. Zwar wesentlich angeschlagener als beim ersten Mal, aber schließlich zählt das Ergebnis.

Marc reagierte genauso auf meine Kündigung, wie ich es erwartet hatte. Von oben herab sagte er: »Geh, aber wohin willst du gehen? Du hast doch noch keinen neuen Gönner gefunden, oder?« Diesmal gab ich ihm eine Ohrfeige. Stille. Nach ein paar Schrecksekunden entschuldigten wir uns beide. Ich sagte Marc, dass ich das Gefühl hätte, er sei gelangweilt von mir, und dass all seine Kritik an meinem Äußeren auch ein Zeichen von Desinteresse sei. Ich gab ihm auch zu verstehen, dass ich davon überzeugt sei, dass er eine neue Geliebte brauche. Eine, die er wieder beeindrucken könnte.

Marc war niemand, der gerne und schon gar nicht lange über Gefühle reden wollte. Das Geschäftliche war ihm viel wichtiger. Er ging zur Tagesordnung über: Wann mein Vertrag auslaufen sollte? Dass ich eine Verschwiegenheitsklausel unterschreiben müsste, weil er mir sonst das Geld, das er in Liechtenstein für mich deponiert hatte, nicht geben würde. Ich fragte ihn, warum er dieses Geld – es ging immerhin um einen sechsstelligen Betrag – überhaupt für mich angelegt habe? »Sieh es als Abfindung, Bea. Männer wie ich sind nicht kleinlich«, war seine Antwort.

Wir einigten uns darauf, dass ich noch weitere sechs Monate für ihn arbeiten und dann freigestellt werden würde. Frei – was war das eigentlich für ein Gefühl? Was sollte ich tun? Oder besser: Was wollte ich eigentlich? Ich sah meinem letzten Arbeitstag mit Angst und Freude entgegen. Marc benahm sich sehr professionell. Er war eben ein Top-Manager.

Ich habe von Frederic und Marc viel bekommen, aber ihnen dafür meine Jugend geschenkt. Diese Männer schmückten sich mit ihr, genossen sie, und nun war meine Zeit abgelaufen. Es geht in diesen Kreisen nur darum, der Beste zu sein und zu bleiben. Und wer neben seiner Familie dazu noch eine junge, hübsche, kluge Geliebte sein Eigen nennen kann, ist nun mal jemand, den die anderen Alpha-Tiere beneiden. Ich brachte ihnen Abwechslung und das Gefühl, dass sie nicht älter werden. Dafür haben sie mich reich belohnt.

Ich hatte den Entschluss gefasst, Hamburg zu verlassen. So fertig ich mit diesen Männern war, so fertig war ich auch mit dieser Stadt. Meine Wohnung war nicht mehr als eine Fluchtburg mit teuren Antiquitäten. Vier Wände voller Erinnerungen, die mich anödeten. Ich wollte weg, aber nach einem langen Wochenende in Paris wusste ich, dass ich auch nicht in meine Heimatstadt zurückwollte. Meine Eltern waren und blieben Fremde für mich. Sie hatten mich in all den Jahren in Hamburg nicht ein einziges Mal besucht. Ich spürte zwar, dass es meinem Vater irgendwie Leid tat, aber auch er hatte sich mit dieser Tatsache arrangiert. Zum Abschied bekam ich wieder einen Kuss. Es war der letzte, drei Monate später starb er an einem Herzinfarkt. Meine Mutter organisierte eine Mammut-Beerdigung, es fehlte nur noch der französische Staatspräsident. Frederic kam nicht. Er schrieb meiner Mutter lediglich ein paar Kondolenzzeilen.

Seither schickten meine Mutter und ich uns nur noch Geburtstags- oder Weihnachtsbriefe. Ich denke, sie war wütend über die große Summe, die mein Vater mir hinterließ. Dieses Geld war für mich wie eine Entschuldigung posthum.

Ich überlegte, in welcher Stadt ich mich in den letzten Jahren wohlgefühlt hatte. Ich wollte eine Job-Pause einlegen, um mich zu sortieren und meine Ziele neu zu definieren. Und ich wollte anfangen zu leben, mir einmal sagen: »Bea, du musst nicht, aber du kannst!«

Es war seltsam, morgens aufzuwachen und nicht aufstehen zu müssen. Zum ersten Mal seit langer Zeit nahm ich Vögel wahr, deren fröhlicher Gesang den Frühling ankündigte. Kein Wecker, kein Gehetze zu irgendeinem Flieger, kein gepackter Koffer. Aber was stattdessen? Bevor ich in irgendein kellertiefes Loch fiel, rief ich unseren Vermögensverwalter in Paris an. Ein alter, kluger und honoriger Mann, den mein Vater sehr schätzte, aber nie mochte. Er sagte, dass er auf dem Weg nach London einen Zwischenstopp in Hamburg einlegen wollte, um alles mit mir durchzugehen. Gleichzeitig beauftragte ich ein paar Makler, das Penthouse an der Alster zu verkaufen.

Mit dem alten Geldfuchs meines Vaters besprach ich alles Wichtige, insbesondere den Erlös aus dem hoffentlich bald veräußerten Penthouse sowie das geerbte Vermögen meines Vaters. Als wir soweit alles geklärt hatten, fragte er, was ich jetzt machen wolle. Ich zuckte mit den Schultern, blickte auf die Elbe, wo wir in einem sehr teuren Restaurant zu Mittag aßen, und sagte: »Ich lasse mich treiben – so wie die Schiffe da draußen. Irgendwann laufen alle einen Hafen an.« Er fragte, ob ich mit ihm nach London kommen wollte. Dort hätte sich eine Freundin von ihm gerade mit einer sehr smarten Idee selbständig gemacht. Er nannte es Cross Cultural Training, was bedeutete, dass diese Freundin Franzosen in englischen Unternehmen die landestypischen Gepflogenheiten und das übliche Geschäftsgebaren erklärte. Er meinte, dass sie Verstärkung gut gebrauchen könne. Das klang interessant! Ich bat ihn, diese Frau vorher anzurufen und diesen Vorschlag mit ihr abzustimmen.

Die Freundin des Geldfuchses war einverstanden. Sie war zehn Jahre älter als ich, ebenfalls in Paris aufgewachsen, hatte dann aber einen Engländer geheiratet und zwei Kinder bekommen. Nun wollte sie mit dieser Cross-Cultural-Idee wieder ins Berufsleben einsteigen. Rückblickend waren die achtziger Jahre genau die richtige Zeit dafür.

Der Geldfuchs und ich flogen also gemeinsam nach London. Florence holte uns vom Flughafen ab. Sie war akkurat so, wie mein Vermögensverwalter sie beschrieben hatte: patent, quirlig, nicht schön, fast hässlich. Für eine gebürtige Pariserin war sie ungewöhnlich uneitel. Wie die meisten Engländerinnen hatte auch sie ihr Äußeres in den letzten Jahren eher vernachlässigt. Sie trug einen verschnittenen Bob, ein zu enges Kleid, war korpulent, aber freundlich. Allerdings weit davon entfernt, herzlich zu sein.

Ich fand Florence nicht sympathisch, aber clever. Ihre Idee, den Franzosen das Denken und Handeln der Engländer zu erklären, gefiel mir nach zahlreichen Gesprächen immer besser. Außerdem freute ich mich, wieder mehr mit Franzosen arbeiten zu können. Französisch war immer noch die Sprache, in der ich träumte.

Ich verließ Hamburg an einem verregneten Samstag. Das Penthouse war verkauft, meine Geliebten-Wohnung vermietet. Als ich im Flugzeug saß, hoffte ich, meine Vergangenheit dort unten gelassen zu haben. Ich vergoss keine Träne.

In London hatte ich mir ein typisch englisches Appartement in Notting Hill gemietet. Zwei Zimmer, ein Duschbad. Florence und ich waren ein gutes Team. Wir hatten die Vereinbarung getroffen, dass sie mich, wenn alles klappte, nach einem Jahr zur Partnerin ihrer Agentur machen würde.

Florence war neugierig, kannte meinen Nachnamen aus Paris, aber ich wollte ihr nichts erzählen. Nicht, weil ich ihr misstraute, sondern weil ich nicht konnte. Ich hatte meine Vergangenheit nicht wie ein Kleid auf einen Bügel hängen und in den Schrank sperren können. Sie war jeden Tag präsent. Einmal wollte Florence, dass ich versuchte, Marcs Unternehmen als Kunden zu gewinnen. Mit ein paar Ausreden gelang es mir, dieses Problem zu umschiffen.

Mein Leben lief, aber ich wusste nicht, wohin. Ich hatte Angst vor dem Morgen, dem Übermorgen. Noch hatte ich die Kraft, in ein Fitnessstudio zu gehen, obwohl ich meine Beine sah und wusste, bald würde aus Medium – diese Kleidergröße hatte ich inzwischen – Large werden.

Ich begann zu laufen. In den unterschiedlichsten Londoner Parks. Mein Wille, wieder so dünn zu werden, wie ich es damals mit Anfang zwanzig bei Frederic war, beschleunigte mein Lauftempo. Bald aß ich fast nichts mehr. Ich hatte keine Ahnung, in welche Falle ich lief. Ich war nur glücklich, wieder dünn zu sein. Richtig dünn. Bei einer Größe von ein Meter vierundsiebzig wog ich nur noch einundfünfzig Kilo. Mein Kopf kontrollierte mein Gewicht, jedes Gramm wurde wahrgenommen. Ich ernährte mich nur noch von Tütensuppen, trockenem Brot und Mineralwasser. Mit Mitte dreißig war ich magersüchtig.

Ein Erlebnis verstärkte meine Selbstzerstörung noch. Ich holte einen wichtigen Kunden am Flughafen Heathrow ab und entdeckte plötzlich Marc in der Menschenmenge. Bis zu diesem Zeitpunkt fühlte ich mich an Flughäfen immer sicher, weil Manager von Marcs Typ sowieso fast immer mit dem Firmenjet flogen. Er und seine Entourage liefen direkt in meine Richtung. Obwohl ich nicht hinsehen wollte, fingen mich seine grünen Augen ab. Ein leerer Blick, eine unbedeutende Handbewegung, keine Sekunde des Überlegens, ob er mich begrüßen sollte. Seine Schritte führten zwar in meine Richtung, ließen mich aber im Abseits stehen.

Ich saß die ganze Nacht in meiner Wohnung und weinte. Ich hatte seit Jahren nicht mehr geweint. Und einen Tag nach diesem unschönen Wiedersehen trat ich in einen Essensstreik. Ich konnte und wollte nichts Festes zu mir nehmen. Da mein Körper schon so ausgezehrt war, hielt ich das nicht länger als zehn Tage durch. Ich lag ohnmächtig in meiner Wohnung. Florence fand mich und brachte mich in eine Klinik. Sie war mit ihrer Familie im Urlaub gewesen, und als sie unser Büro verlassen vorfand, machte sie sich sofort auf die Suche nach mir.

Als ich in der Klinik wach wurde, hing ich am Tropf. Ich wurde künstlich ernährt. Ich wog mittlerweile nur noch fünfundvierzig Kilo.

Die folgenden Monate verbrachte ich in einem Schwebezustand zwischen Todessehnsucht und Überlebenswillen. Florence hatte den Geldfuchs über meinen Zustand informiert, der wiederum meine Mutter in Kenntnis setzte. Sie hat mich nie besucht. Einmal schrieb sie mir einen Brief, in dem sie mir baldige Genesung wünschte. Ich hielt diese Zeilen einen Nachmittag lang in meinen Händen, las sie wieder und wieder. Etwas in mir wollte sterben, etwas in mir wollte leben. Die Waage kippte mal in die eine, mal in die andere Richtung. Ich träumte von Kindheitsenttäuschungen, von Marc, dessen Gesicht eine hässliche Fratze annahm, und von Frederic, der bei meiner Mutter saß und ihr sagte, dass sie eine kleine Nutte geboren habe.

Ist der Tod nicht einfacher, als seine Zukunft zu planen? Nächtelang summte ich französische Kinderlieder, die mir meine Nanny am Bett vorgesungen hatte. Wer war ich eigentlich? Für wen lebte ich? Und für was? Wem war ich wichtig? Diese und hundert andere Fragen musste ich Psychologen in den nächsten fünf Jahren beantworten. Immer und immer wieder. Obwohl ich irgendwann erneut die Arbeit in unserer Agentur aufnahm, stand ich unter ständiger Betreuung. Zusätzlich verordneten mir die Ärzte starke Antidepressiva. Florence verhielt sich genauso, wie ich sie bei unserem ersten Treffen eingeschätzt hatte: umsichtig und hilfsbereit.

Ich konnte keine liebevollen und herzlichen Gefühle mehr empfinden. Aufgrund dieses eklatanten Defizits hätte ich mich fast in den Tod gehungert. Mit zwanzig dachte ich das Gleiche wie meine Mutter. Ich wollte in einer Welt bestehen, in der Gefühle nicht zählten. Nur, dass meine Mutter sehr viel härter war als ich.

Mit dreißig hatte ich mir sämtliche Gefühle untersagt. Meine Zielgerade war festgelegt. Auf meinem Lebensplan konnte ich hinter den Begriffen Erfolg, Einfluss und Ansehen Häkchen setzten, doch hinter Liebe oder Freundschaft nur Fragezeichen. In der Klinik wurde mir bewusst, dass ich noch niemals richtig geliebt hatte.

Als mein Leben wieder halbwegs in Ordnung war, fing ich an, wie ein kleines Kind das wirkliche Leben zu entdecken. In der Klinik hatte ich mich mit einer Patientin angefreundet, mit der ich dann später ab und zu ins Theater ging oder eine Ausstellung besuchte. Einmal im Monat ging ich zu Florence und ihrer Familie zum Abendessen. Mit strengen Blicken schaute sie dann auf meinen Teller, um zu sehen, ob ich ihn auch leerte.

Ich begann mir langsam ein soziales Netz aufzubauen. An meinem vierzigsten Geburtstag kamen immerhin acht Leute. Mittlerweile war ich umgezogen. Der Geldfuchs hatte mir zu verstehen gegeben, ich könnte mir durchaus eine größere Wohnung leisten. Mein Vermögen belief sich inzwischen auf über zwei Millionen Euro. Die Arbeit in der Agentur verfolgte ich weiter. Allerdings hatte ich meine Partnerschaft längst aufgegeben. Ich konnte aus körperlichen Gründen nicht mehr so viel und konzentriert arbeiten wie früher. Ich betreute noch zwei Kunden, das reichte mir. Die Arbeit gab meinem Leben einen Rahmen, den ich nicht mehr verlieren wollte.

Nach und nach begann ich wieder zu fühlen. Ich hatte sogar einen Walker namens George, der mich in viele Theaterstücke begleitete. *Wer hat Angst vor Virginia Woolf?* war mein Lieblings-Beziehungsdrama. Ich konnte viele Dialoge auswendig. Mein Inneres war zerrüttet, aber irgendwann dachte ich mir, solange ich lebe, kann ich immer wieder neu beginnen. Ich mochte George, er war ein sehr gebildeter, humorvoller Typ, geschieden. Wir hatten wunderbare Theaterabende oder Picknicks im Park. Irgendwann schlief ich auch mit ihm. Es war schön. Für ihn mehr als für mich. Ich wollte ihn danach aber nicht wiedersehen. Ich war noch nicht so weit. Heute, mit fünfzig, weiß ich, dass ich auch nie so weit sein werde. Ich habe meine Seele zu sechzig Prozent saniert, aber die fehlenden vierzig, die es für eine normale Beziehung oder gar eine Ehe bräuchte, konnte ich bis heute nicht aufbringen. Aber ich bin glücklich, dass ich noch lebe.

In meinem Bekanntenkreis weiß niemand, dass ich acht Jahre lang das teure Spielzeug zweier Machtbesessener war. So fällt mir mein Leben leichter.

Einmal im Jahr fahre ich allein in ein Luxushotel, irgendwo auf der Welt. In diesen Tagen verarbeite ich noch immer diese außergewöhnlichen Jahre meines Lebens. Dabei fühle ich mich wie ein Täter, der immer wieder an den Tatort zurückkehrt. Ich sehe oft Männer wie Frederic oder Marc. Mal mit Ehefrauen, mal mit ihren jungen Geliebten.

So wie die junge, hübsche Frau im Hotel Quisisana auf Capri, die jetzt wieder ihre Bahnen zieht.

Drei Frauen ist eine zu viel

Irgendwann habe ich aufgehört, dem Tanz der Schneeflocken zuzusehen. Ich sah aus dem Fenster und habe die Zeit vergessen. Schnee ist so verdammt leise. So leise wie die Lüge, mit der ich lebte. Unter dem geschnitzten Holztisch in der Küche sieht es so aus wie jeden Morgen. Ein paar Cornflakes, Toastkrümel mit Butter und Honig. Wie jeden Morgen schaut mich unser Golden Retriever aus treuen, braunen Augen an. Clara Leander wartet nur auf mein Kommando, endlich Staubsauger spielen zu dürfen.

Ich fühle mich großartig, und ich fühle mich schlecht. Wenn ich an einem Spiegel vorbeigehe, sehe ich mich an. Ich kann gar nicht anders. Ich mag mich wieder. Ich trage Jeans, die auf der Hüfte sitzen, ein neues T-Shirt und BHs, die charmant, aber gut mogeln. Schluss mit dieser Grauschleierunterwäsche Marke Mutter mit Ende dreißig und zwei Kindern. Ich bin wieder eine attraktive Frau. Oder besser gesagt, ich fühlte mich wieder wie eine – bis vor kurzem. Zwölf Jahre war ich verheiratet, und zwei Jahre betrog ich meinen Mann. Mit einem Herzensbrecher, einem unwiderstehlichen, fast arroganten, aber hinreißenden Typen.

Alles begann vor etwa drei Jahren. Seit meine Söhne Tim und Benjamin in die achte und sechste Klasse gingen, eroberte ich mir wieder ein Stück aus meinem alten Leben zurück. Ich hatte mir einen Job in einer Arztpraxis gesucht. Termine buchen, Patienten betreuen, ein bisschen Computerkram. Nicht der Traum von früher, als ich noch meine eigenen Kunden in einer Werbeagentur betreut habe, aber immerhin nicht nur Einkaufszettel schreiben und Nudeln kochen. Die letzten Jahre waren in der Hauptsache Verzicht. Das klingt negativ, aber eigentlich meine ich es nicht so. Ich wollte nie eine dieser Mütter sein, die ihre Kinder als schickes Lifestyle-Accessoire sehen, die sie von einem zum anderen Kindermädchen wuchten und sich abends erzählen lassen, dass der Große schon einen Schritt alleine gelaufen ist. Also war ich die letzten Jahre in erster Linie Mutter, Ehefrau und Abladeplatz für sämtliche Sorgen von drei Menschen: von Victor, meinem Mann, und meinen beiden Söhnen Tim und Benjamin. Wir waren eine Familie, und obwohl ich heimlich einen anderen Mann liebte – vielleicht noch immer liebe –, fühlte ich mich trotzdem noch als Familie. Victor war der absolute Okay-Ehemann. Er ist über fast ein Meter achtzig groß, nicht schlank, aber noch ohne Rettungsring. Und er hat neugierige, tiefdunkelbraune Augen. Sie waren es, in die ich mich zuerst verliebte. Wir lernten uns bei der Hochzeit meiner besten Freundin Lisa kennen. Er war ein bisschen unbeholfen, kaschierte das aber hervorragend. Victor zitierte Rilke, konnte die politische Lage in Uruguay einschätzen und wusste, dass Frauen bei einem Dessert wie Panna cotta mit Erdbeersauce immer nein sagen und dann doch den ganzen Teller leer essen.

Lisa hatte uns in ihrem Verkupplungseifer nebeneinander gesetzt. Seitdem sie den Richtigen gefunden hat, will sie alle ihre Freundinnen ebenfalls unter die Haube bringen. Victor und ich redeten viel miteinander, es war überhaupt nicht langweilig mit ihm. Aber auch nicht übermäßig aufregend. Ich nahm ihn weder als

Liebhaber geschweige denn als potenziellen Ehemann wahr. Außerdem war er mir zu klassisch gekleidet, der schwarze Anzug saß einfach zu korrekt, und ich hatte damals die Vorstellung, dass Sex mit einem so konservativ gekleideten Mann auch genauso konservativ sei. Nur seine Augen, die hatten mich berührt.

Ich war zu dieser Zeit seltsam. Anders kann ich es nicht nennen. Mein Job in einer etablierten Werbeagentur hatte die absolute Priorität in meinem Leben. Insgeheim lachte ich immer über die Sorgen und Beziehungsprobleme meiner Freundinnen. Mein Job war mein Freund, die Arbeit füllte mich aus. Hinzu kam, dass das Betriebsklima in der Agentur hervorragend war. Oft bin ich abends noch mit einer Kollegin in ein angesagtes Szenelokal gegangen, hin und wieder auch ins Kino.

Ich war immer sehr ehrgeizig. Schon in der Schule. Keiner konnte mich von meinen Wünschen abbringen. Mein Ziel war es, Partnerin in dieser Agentur zu werden – und dieses Ziel sollte ich auch nach vier Jahren erreichen. Ich verwaltete richtig große Etats. Todschick fand ich das. Meine Kunden kamen hauptsächlich aus der Luxusbranche – Schmuckhersteller und Modedesigner. Ich organisierte aufwändige Events mit reichlich Prominenz für funkelnde Colliers und trendige Outfits. Alles in einem Kostenbereich, der weit über mein eigenes Einkommen ging. Obwohl auch dieses nicht gerade gering war. Ab und zu verliebte ich mich für eine Nacht. Bei meinen One-Night-Stands suchte ich mir immer Männer aus, in die man sich niemals ernsthaft verlieben sollte. Ich war stark gefährdet für diese Latin-Lover-Typen und andere Macho-Varianten. Die meisten von ihnen waren trotz ihres selbstbewussten Auftretens nur mittelmäßige Liebhaber, oder vielleicht war ich auch nur mittelmäßig. Es hat mich in erster Linie gereizt, mich von ihnen verführen zu lassen und sie dann wieder aus meinem Leben zu katapultieren.

Eigentlich habe ich gar nicht genau verstanden, warum Lisa Victor überhaupt zur Hochzeit eingeladen hatte. Er war ein guter Bekannter ihres Mannes, mehr aber auch nicht. Als Victor und ich uns am frühen Morgen verabschiedeten, fragte er nicht einmal nach meiner Telefonnummer, und ich hatte ihn auch bald wieder vergessen. Wäre da nicht Lisa gewesen. Mit dem Ergebnis ihrer Verkuppelungsaktion unzufrieden, fing sie immer wieder an, mir Victor wie ein Schokoladentörtchen zu präsentieren, ich müsste nur noch anbeißen. Ariane, sagte Lisa zuckersüß, er ist nicht so wie die anderen Typen, mit denen du sonst immer ins Bett gehst. Nicht so ein herrischer und herzloser Typ. Victor sei sensibel und trotzdem könne er sich durchsetzen. Ich fand, dass sie von Victor sprach wie von einem kleinen Jungen.

Es kam, wie es kommen musste. Lisa organisierte ein Skiwochenende in der Nähe von Kitzbühel. Victor war auch dazu eingeladen. Nachdem sich herausstellte, dass er und ich die Einzigen waren, die richtig professionell Ski fahren konnten, seilten wir uns ab. Victor gab sich wirklich große Mühe mit mir, wich auch nicht mehr von meiner Seite, und ich spürte, dass ich ihm gefiel. Als ich abends in meinem Bett lag, hörte ich immer wieder Lisas predigende Worte: »Sensibel, einfühlsam, mit zweiundvierzig genau im richtigen Alter, um eine Familie zu gründen. Und einer, der auf dich eingeht.« Ich konnte nicht einschlafen, stand auf, sah aus dem Fenster. Diese nachtschwarzen Gipfel wirkten bedrohlich, als ob sie mich zur Vernunft bringen wollten.

Hatte Lisa vielleicht Recht? Sollte ich mir nicht einmal einen normalen Mann suchen? Einen für eine richtige Beziehung, spätere Ehe nicht ausgeschlossen?

Acht Monate später wurde ich schwanger. Von Victor. Gewollt! Ich wusste damals gar nicht so genau, was alles mit mir passierte. Ich hatte einen Freund und auch noch ein Kind. Familie statt Karriere. Ich? Ja, ich wollte es so. Die Familie war nun mein neues Projekt. Ich ging es an wie alle meine bisherigen Projekte, als eine große Herausforderung, die es zu meistern galt. Doch hatte ich meine Events ungemein spannend und befriedigend gefunden – zudem waren sie nach einer bestimmten Zeit abgeschlossen –, so gestaltete sich das über Jahre angelegte Modell Familie eher durchschnittlich und langweilig. Nur, dass es mir damals noch nicht auffiel.

Ich schaue erneut aus dem Fenster. Es hat aufgehört zu schneien. Die Wolken fliehen, ich weiß nicht, wohin. Alles ist in Bewegung. Die Wolken, meine Gedanken, mein Herz. Siebzig Mal schlägt es pro Minute. Für meinen Zustand wäre die Hälfte angemessener. Paralysiert nach einem Wochenende Lügen, Selbstbeherrschung und Verzweiflung. Mein Blick sucht das Handy. Es liegt auf dem Bücherregal ganz oben. Kein sicherer, aber ein zuverlässiger Platz. Noch eine alte Gewohnheit aus der Zeit meiner Ehe, als ich verheiratet war und das Telefon versteckte, damit Victor meine Nachrichten nicht zufällig in die Hände bekam. Vielleicht erreicht mich doch noch eine Liebes-SMS? Manchmal hatte ich das Gefühl, wenn das Handy in meiner Nähe war, dann ist *er* auch nicht so weit weg. Meine Ohren waren übersensibel geworden für alle Geräusche, die das Handy sendete. Auch für die kürzesten SMS-Botschaften. »Brauche dich. Liebe dich. Will dich. Dein Duft ist mir zu wenig.«

Ich lese wieder und wieder die alten Nachrichten, die ich nicht löschen konnte.

Immer noch sitze ich an diesem unaufgeräumten Frühstückstisch. Endlich entscheide ich mich, die letzten SMS löschen. Nach diesen Weihnachtstagen muss es sein. Das Drücken dieser kleinen Taste ist Routine geworden. Wie Zähneputzen.

Seine Worte bedeuteten einstmals Leben für mich. Ich war ein Junkie geworden. Und meine Droge hieß Christian. Wenn ich sie regelmäßig bekam, fühlte ich mich high, stark, unabhängig. Sah ich diesen Mann nur einmal im Monat, hatte ich furchtbare Entzugserscheinungen. Ich brachte keinen Bissen mehr hinunter, fühlte mich schwer wie Blei. Das kam oft genug vor. Christian und ich konnten keine klaren Dates vereinbaren, jeden Mittwochnachmittag oder zweimal die Woche um fünf hinter der großen Scheune. Er war Fotograf. Manchmal war er wochenlang für eine Reportage in Asien oder Australien unterwegs. Für mich war das kaum auszuhalten, für meine Familie möglicherweise besser gewesen. Konnten wir uns dann nach einer langen Zeit endlich sehen, passierte dies immer in ausgeklügelten Verstecken. Einmal begann ich heftig zu zittern, als wir uns am späten Nachmittag trennen mussten. Erst meine Knie, dann meine Hände. Meine Haut wehrt sich mit Schweiß gegen diese bösen Attacken. Ich musste sogar in einer Apotheke Halt machen und ein Glas Wasser trinken. Zum Glück war an diesem Tag niemand zu Hause, und ich konnte mich erst einmal wieder beruhigen.

Victor war selten daheim. Ständig war er unterwegs. Wien, Salzburg, Bregenz. Kunden abklappern und sie beraten. Und nebenbei noch eine Versicherung verkaufen. Mit dem Druck, den mein Mann mit den Jahren bekam, starb auch unsere Liebe. Er hatte das Gefühl, auf der ganzen Linie zu versagen, und seine Ängste wurden mit der Zeit immer größer. Sosehr ich auch auf ihn einzugehen versuchte, ich konnte sie ihm auch nicht nehmen. Ich konnte ihm nur »den Stall sauber halten«, wie er unser Zuhause gerne bezeichnete. Seine Karriere in einem großen Versicherungskonzern war irgendwo auf halber Strecke zu Ende gewesen. Er hatte keine Lust gehabt, sich anzupassen. Die Spielchen der Hierarchie mitzuspielen. Sich nach oben zu recken und nach unten zu treten. Also boten ihm seine Chefs die Selbständigkeit an. Ich weiß es noch wie heute. Victor hatte einen Tisch bei unserem Lieblingsitaliener bestellt. Ich sollte unbedingt einen Babysitter organisieren. Er strahlte. Lange hatte ich ihn nicht mehr so voller Hoffnung gesehen. Der Sprung in die Selbständigkeit erschien uns wie eine Befreiung aus der Konzernfessel.

Wir waren naiv. Ich wusste nicht, dass der Druck nun noch größer werden würde. Hinzu kam natürlich auch die allgemein schlechte wirtschaftliche Situation. Victor fuhr Tausende von Kilometern jeden Monat, hauptsächlich quer durch Österreich. Ich saß in unserem Haus in Bayern und kümmerte mich um die Jungen. Wenn Victor dann am Wochenende kam, war alles sehr anstrengend. Die Kinder forderten ihn, und ich wollte mich endlich auch mal wieder wie ein Paar fühlen. Ich sehnte mich nach Zärtlichkeit. Nach lieben Worten, nach Anerkennung. Früher hatten wir oft, wenn die Kinder endlich im Bett waren, zusammen gebadet. Wir streichelten uns, nahmen uns Zeit für unsere Wünsche und unsere Sorgen. Heute schläft Victor im Wohnzimmer auf der Couch ein oder verkriecht sich hinter Zeitungen.

Einmal hatte ich mir ein neues Nachthemd gekauft. Es war Sommer, und ich fand es unglaublich sexy. Es hatte einen tiefen Ausschnitt, war wunderbar durchsichtig, man sah genau, wenn ich darunter keinen Slip trug. Victor fiel zwar auf, dass er dieses »edle Teil« noch nie gesehen hätte, aber dabei blieb es dann auch. Er verstand nicht, dass dieses aufreizende Outfit eine stille Aufforderung war, mich in den Arm zu nehmen, mich wie früher behutsam auszuziehen. Er verstand nicht, dass ich mit dreißig Sekunden Schnellsex unglücklich war. Unser Sex war so aufregend wie das Fünfzig-Grad-Spar-Waschprogramm unserer Spülmaschine. So clean wie Sagrotan. Hauptsache, schnell und sauber.

Die Zeit, die wir am Wochenende allein verbrachten, schrumpfte auf ein Minimum. Die Kinder standen im Vordergrund, und damit wir auch ja nicht ins Streiten geraten konnten, luden wir Freunde ein. Ich backte einen Kuchen, und abends saßen sie immer noch da.

Ich fühlte mich längst nicht mehr attraktiv. Die Menge meiner Haare hatte sich nach den Schwangerschaften halbiert. Eine hormonelle Störung. Ein Problem, dass viele Frauen hätten, meinte meine Gynäkologin. Ich nahm es hin. Als Mutter muss man eben Opfer bringen. Um die Hüften war ich nicht dick, aber auch nicht gerade schlank. Jedenfalls ungeeignet für die angesagten Jeans, die weit unterhalb des Bauchnabels saßen. Meine Klamotten hatte ich in den letzten Jahren sowieso kaum verändert. Mal ein neues T-Shirt, mal ein paar Turnschuhe. Nach der Erfahrung mit meinem Nachthemd resignierte ich zusehends. Die hippen, eng taillierten Outfits aus Leben eins verbannte ich irgendwann aus meinem Kleiderschrank und brachte sie in den Keller. Am liebsten hätte ich meine Sehnsüchte gleich mit weggepackt. Am besten eingemottet.

Ohne meine Kinder hätte ich längst aufgegeben. Meine Jungs spürten, wie traurig ich war. Da wir viel allein waren, konzentrierten wir uns umso stärker aufeinander. Wir waren ein festes Team. Und als sie älter wurden, unterstützten sie mich bei meiner Idee, wieder einen Job zu suchen. Tim sagte, meine Mami kann mehr als kochen. Da Victor aber immer noch so viel unterwegs war und sich dies auch nicht absehbar ändern würde, wollte ich nur eine Halbtagsstelle. Einen ganzen Tag ohne die Kinder hätte ich aber auch nicht ausgehalten. Dann entdeckte ich in unserem Dorfblatt eine kleine Anzeige. Telefonistin für einen großen, orthopädischen Praxisbetrieb gesucht. Vier Wochen später fing ich an.

Ich war aufgeregt wie lange nicht mehr. Victor schenkte mir sogar Blumen. Irgendwie hatte ich das Gefühl, der Job könnte unserer Ehe wieder einen neuen Kick geben. An meinem ersten Arbeitsmorgen verwandelte ich unser Schlafzimmer in ein reinstes Klamottenchaos. Wohlwissend, dass ein weißer Kittel jegliche Garderobe neutralisiert, wollte ich trotzdem hübsch aussehen. Für mich. Für das Leben zwei, ja vielleicht sogar drei.

Schnell fühlte ich mich wieder aufgenommen im Kreis der Berufstätigen. Es war für mich so, als ob ich nie aufgehört hätte, wie eine berufstätige Frau zu denken. Einkaufen, Haushalt und Wäsche liefen parallel. Ich war endlich wieder gefordert. Meine Jungs waren stolz und Victor – denke ich – auch. Unsere Kommunikation startete langsam wieder. Wie ein Auto, dessen Batterie leer war und sich nach und nach erneut auflädt.

Wir hatten zwar immer noch Schnellsex. Doch dafür gab es manchmal ein nettes Wort.

Und dann passierte es.

Es war kurz nach acht Uhr morgens. Ich stand gerade an der Kaffeemaschine, als Christian laut die Praxis betrat. »Hallo, ist schon jemand da?«, hörte ich ihn fragen. Seine Stimme war das Erste, was mich neugierig machte. Tief und klar tönte sie, wie die eines Westernhelden. Ich eilte nach vorn an den Praxistresen. Der Revolvermacho trug eine Jeans, ein langärmeliges Polo-Shirt, die rechte Hand hielt eine Art Safari-Jacke. Auch sein trainiertes Kreuz passte zu dem Baby-ich-weiß-doch-was-du-brauchst-Typen. Er hatte dunkle Haare, aber blaue Augen. Eine unverzeihliche Kombination. Das Einzige, was mir negativ auffiel, war dieses schreckliche Parfum – Cool Water. Es roch zu intensiv und gewöhnlich.

Christian wusste um seine Wirkung auf Frauen. Das registrierte ich sofort. Er genoss die Musterung seiner stattlichen ein Meter neunzig. Er grinste. Ich schwieg. Fing mich aber schnell und wollte wissen, ob er einen Termin habe. Er erklärte mir, dass er noch keinen habe, aber gestern vom Rad gestürzt sei und nun einen dicken Knöchel habe. Er grinste weiter. Ich schwieg wieder. Ich dachte, dass ich das ganze letzte Jahrzehnt nicht einen so gut aussehenden Typen gesehen hätte. Ich hatte das Gefühl, meine Stirn wäre ein Plakat mit diesem Satz in Großbuchstaben. Derart frech lachte er mich an. Ich gab ihm einen Termin in zwei Stunden und war froh, als er wieder draußen war. Meine Gedanken flogen wie im Kettenkarussell hin und her. Sie drehten sich immer nur um diesen einen Wunsch: Hoffentlich sind die beiden Stunden bald um, damit ich ihn mir noch einmal anschauen kann, noch einmal sein Grinsen zu Gesicht bekomme. Gleichzeitig war ich über mich verblüfft. Wie konnte ich so etwas nur denken? Ich war eine Mutter von zwei Söhnen! In den nächsten Minuten versuchte ich mir mein Leben schönzureden. Anderen Frauen geht es schlechter, immerhin hast du einen Job, der dich unter Leute bringt. Und Sex nützt sich bei allen ab. Auch eine Jeans verliert ihre Farbe. Vorhänge bleichen aus. Und so schlimm ist die Einmal-in-der-Woche-nach-der-Tagesschau-Nummer nun auch wieder nicht. Obgleich ich physisch und psychisch kilometerweit von einem Höhepunkt entfernt war.

Es heißt, bei Frauen würde die Erotik über den Kopf laufen. Diese Meinung kann ich, seit ich Christian getroffen habe, nicht mehr teilen. Ich war in den ersten Jahren unserer heimlichen Treffen wie ein Kind, das sich an Zuckerwatte nie satt essen konnte. Ich spürte, wie ich Körperlichkeit verlangte. So wie nie zuvor in meinem Leben. Es reichte ein flüchtiger Kuss auf den Hals. Eine scheinbar zufällige Berührung unserer Finger, und ich wollte immer nur mehr. Wir waren wie auf einem Trampolin. Wir flogen, je besser wir uns kannten, immer ein Stückchen mehr gen Himmel. Christian war nicht zaghaft, er war dominant. Und gerade das wollte ich. Einer, der eine Meinung hat. Der sich nimmt, was er braucht. Selbst mich.

Und so begann es auch. Christian hatte seinen Arzttermin, und kurz bevor er mit einem leichten Verband die Praxis verließ, fragte er mich, ob ich abends mal Zeit hätte. Die Weinstube in unserem Ort sei doch ganz nett. Da könnte man etwas essen und gemütlich ein Glas Wein trinken. Es war mir im ersten Moment unangenehm, dass er mich auf diese Weise fragte, inmitten meiner Kolleginnen. Aber das legte sich schnell. Wortlos schrieb ich ihm meine Handy-Nummer auf und gab sie ihm so verständlich wie ein Rezept für Kopfschmerztabletten. Als er gegangen war, schaute ich erst einmal auf seiner Karteikarte nach, wie alt er war. Fünfundvierzig. So hatte ich ihn auch geschätzt. Danach musste ich auf die Toilette, derart nervös war ich. Würde er sich melden? Und wenn ja, ich kann doch nicht mit einem fremden Mann in die Weinstube gehen. Soll ich ihn überhaupt treffen? Was könnte ich anziehen? Was ist, wenn mich Freunde von Victor dort sehen? Oder Nachbarn? Und was mache ich, wenn er nicht anruft? Ich musste plötzlich über mich lachen. Hallo, aufwachen! Du bist kein Teenager, sondern eine Frau, die ein erwachsenes Leben lebt.

Christian rief noch am selben Tag an. Wir verabredeten uns für den nächsten Abend. Irgendwie dachte ich, dass dieses Lokal, das ich so gut kenne, meinen verrückten Gedanken einen Rahmen gibt, aus dem ich nicht so leicht herausfallen kann. Ich würde mich besser beherrschen können in meiner Faszination für Christian. Ich legte mir während des ganzen Tages die unterschiedlichsten Ausreden zurecht, falls nun irgendjemand käme, der Victor brühwarm erzählen würde, er hätte seine Frau mit einem anderen gesehen. Victor würde mir alles glauben, nichts hinterfragen, selbst wenn er einen Verdacht hätte – nicht aus Angst, sondern aus echtem Desinteresse.

Als ich vor dem großen Spiegel im Schlafzimmer stand und mich seelisch und körperlich auf diesen ersten Abend einstellte, fiel mir auf, was die letzten Jahre an Spuren hinterlassen hatten. Ich sah mich bewusst an, mit kritischem Blick. Mein Busen war nicht mehr so apfelrund und fest wie früher. Aber wenigstens sahen meine Beine durch das viele Joggen nach der Geburt der beiden Jungen muskulös und trainiert aus. Die Cellulite hielt sich in Grenzen. Den BH, den ich trug, musste ich sofort für immer und ewig in die Mülltonne verbannen. Damit konnte man jeden Mann zum Einschlafen bringen. Ich kramte in meiner Wäscheschublade nach etwas Rendezvous-Tauglicherem. Entdeckte zwar nicht das neueste Push-up-Modell, aber wenigstens eine akzeptable Mittellösung. Zu viel falsche Wirkung würde möglicherweise zu späteren Enttäuschungen führen. Ich stutzte. An was dachte ich da? War ich komplett verrückt geworden? Sah ich mich etwa schon mit diesem Typen im Bett? Glücklicherweise kam in diesem Augenblick Tim ins Zimmer und staunte. »Mami, du siehst aber hübsch aus. Wird es spät?« Ich stotterte ein »Nein, ganz sicher nicht« und zog mir schnellstens eine Jeans über.

Tim und Benjamin waren es gewohnt, dass ich unter der Woche ausging. Mit einer Freundin ins Kino oder eben in die Weinstube. Sie waren groß genug, um sie für ein paar Stunden alleine lassen zu können. Wie an jedem Abend würde es auch an diesem Victors Routineanruf geben, bei dem üblicherweise die wichtigsten Alltäglichkeiten – mein Job, dein Job, der Garten, die Kinder – besprochen wurden. Heute jedoch würden ihm die Kinder sagen, dass ich mit einem Ex-Kollegen verabredet sei. Ich verspürte Victor gegenüber ein nur mäßig schlechtes Gewissen, aber meine beiden Rabauken belog ich ungern. Doch was hätte ich sonst sagen sollen? Eure Mutter ist scharf auf eine Affäre? Eure Mutter ist auch eine Frau, und weil der Sex mit eurem Vater so langweilig ist, sucht sie sich einen Cowboy?

Ich mühte mich weiter mit meinem Äußeren ab, tuschte mir die Wimpern lang und gebogen, legte dezent Rouge auf und umrandete meine Lippen mit einem dunkelroten Konturenstift, Farbe Nr. 23, »Vampir«. Mit dem Gesamtergebnis war ich zufrieden. Mehr wäre nur maskenhaft gewesen, ich war ein eher sportlicher Typ. Immerhin konnte ich mittlerweile über eine Stunde ohne Seitenstechen laufen. Meine Haut war sauerstoffverwöhnt, leicht gebräunt.

Es war so weit. Langsam stieg ich die wenigen Stufen zu dem Lokal hinauf. Ich fühlte mich leicht. Christian erwartete mich schon. Er trug ein richtiges Hemd, mehrere Knöpfe waren offen, und zum Glück hatte er nicht mehr dieses unangenehme Parfum aufgelegt. Bevor ich mir überlegen konnte, was ich trinken sollte, hatte Christian schon einen Frozen Margarita mit zwei Strohhalmen bestellt. Ich wusste gar nicht, dass es ein solches Getränk in unserer Weinstube gab. Jetzt fühlte ich, wie mein neues weißes T-Shirt unter dem dunklen Blazer zu kleben begann, so aufgeregt war ich. Der Cocktail lockerte mich jedoch schnell auf. Christian erzählte mir von seinem Job als Fotograf. Von seinen Reportagen über Prostituierte und Mädchenhandel in Thailand, über Computerfreaks in Indien. Victor dagegen sprach nur noch von den unterschiedlichen Qualitäten der Salami-Pizzas an Autobahn-Raststätten. Ich war ungerecht. Aber so war es eben. Schließlich interessierte sich Victor früher auch einmal für mehr als nur für die Kinder und den »sauberen Stall«. Wo war Rilke geblieben? Wo seine Leidenschaft für Politik?

Ich fragte Christian, ob ihm sein Knöchel noch wehtue. Aber was soll ein Macho mit Dreitagebart schon darauf antworten? Er spüre fast nichts mehr von seiner kleinen Verletzung, meinte er, müsse nur aufpassen, weil seine Gelenke vom vielen Sport etwas empfindlich geworden seien.

Christian konnte so wundervoll erzählen. Ich sah die Bilder aus der weiten Welt in den leuchtendsten Farben vor mir, als Panoramafotos im Großformat, fragte mich aber, was dieser weit gereiste Traummann in unserem Kaff zu suchen hätte. Christian sagte, dass einer seiner Hauptauftraggeber – ein Verlag – sechzig Kilometer von unserm Dorf entfernt sei und dass er jedes Mal, wenn er von seinen Reisen zurückkäme und die Bilder abgebe, hier eine Entspannungstour unternehmen würde. Mal mit einem geliehenen Rad, mal zu Fuß. So neutralisiere er seinen Stress. Christian fuhr sich durch die dichten, dunkelbraunen Haare. Das perfekte Aufmacherfoto für eine Shampoowerbung. Ich schmolz dahin. Am liebsten hätte ich ihn schon jetzt geküsst.

Meine Träumereien wurden jäh unterbrochen. Christian kam auf das Thema Frau und Familie zu sprechen. Eigentlich ganz selbstverständlich, und letztlich fand ich das auch wieder in Ordnung. Er war verheiratet, hatte eine Tochter. Ich schaute automatisch auf seinen Ringfinger. Gemogelt! Christian bemerkte den Blick und lachte mich an: »Meinen Ehering habe ich irgendwann verloren. Unterwegs kann so was leicht passieren.« Er erzählte, dass seine Frau politisch aktiv sei, die SPD unterstütze, und dass seine dreizehnjährige Tochter oft bei den Großeltern sei. Christian sprach es nicht direkt aus, aber er ließ mich spüren, dass seine Ehe nicht mehr funktionierte. Ich hatte jedoch das Gefühl, dass er nicht wirklich darunter litt. Ich blickte auf seine schmalen und zugleich sehnigen Hände, träumte mich in sie hinein. Obwohl noch nichts geschehen war, war ich schon fremdgegangen.

Um zweiundzwanzig Uhr wollte ich nach Hause. Die Mutter in mir mahnte zum Aufbruch. Aber die frustrierte Ehefrau wäre gern noch geblieben und hätte am liebsten noch zwei weitere Frozen Margaritas getrunken, um dann das zu erleben, was nach dem zweiten Treffen, einer scheinbar harmlosen Verabredung zum Walken – joggen wollte Christian wegen seines Knöchels noch nicht –, endlich Wirklichkeit wurde.

Es war wie ein Sturm, der hereinbrach und nur kurz andauerte. Die Zeit war zu kurz. Es war draußen in einem Park. Noch Frühsommer. Bislang hatte ich es immer abgelehnt, mit Männern zu laufen oder zu walken. Ich wollte mich nicht von ihnen unter Druck setzen lassen. Außerdem wollte ich eine einzige Sache auf dieser Welt allein und nur für mich tun. Aber mit Christian war selbst das etwas anderes. Unsere Schritte waren im Einklang. Mit jedem Kilometer, den wir gemeinsam liefen, bewegten sich unsere Körper aufeinander zu. Zwischen uns war ein so starkes Energiefeld, diese Wärme hätte Eis schmelzen lassen können. An einem kleinen Bach war unsere Strecke zu Ende. Wir wuschen unsere Gesichter, ein Blick, ein Kuss, ein stilles Ja, jetzt und hier. Sofort. Es hätte gar kein Vorspiel geben dürfen. Es hätte dieses erste Erdbeben nur entschärft. Wir hatten nicht nur Sex, es war mehr als das. Und auch heute, wo ich weiß, dass Christian mich belogen und betrogen hatte, möchte ich dieses erste Mal nicht missen. Ich entdeckte eine Welt, die mir bis dahin verschlossen geblieben war. Ich war voller Begehren. Ich wollte ihn am liebsten gar nicht mehr loslassen.

Wir trafen uns heimlich. Zu Anfang fast jeden Tag.

Christian hatte viel Zeit. Er musste nur einige Stunden am Tag zu seinem Hauptauftraggeber, Fotos aussuchen. Und ich brauchte niemandem Rechenschaft ablegen. Manchmal holte er mich von der Praxis ab, und wir liebten uns, kaum dass wir zusammen waren. Unsere erzkatholische Sechstausend-Seelen-Gemeinde ist gesegnet mit Plätzen, die nur darauf warteten, entweiht zu werden. Es waren Wochen der Raserei. Manchmal dachte ich, die Leute müssten doch sehen, dass ich ein zweites Mal meine Unschuld verloren hatte. Aber ich erzählte auch keinem Menschen von Christian, nicht einmal meinen Freundinnen. Dieses Glück wollte ich ganz allein für mich.

All die Klischees über Verliebte, in Frauenzeitschriften immer wieder niedergeschrieben, trafen zu hundert Prozent auf mich zu. Ich wurde immer dünner und hatte Dessous im Schrank, bei denen ich mich normalerweise schon beim Kauf geschämt hätte. Ich versteckte sie, denn ihre Menge und Verruchtheit wären selbst Victor seltsam vorgekommen. Außerdem brauchte ich nur wenig Schlaf und sah trotzdem aus wie nach einer Thalasso-Therapie.

Das, wovor mir früher graute, fiel mir gar nicht mehr so schwer: der Schnellsex mit Victor. Ich wusste ja, dass es noch etwas anderes gab.

Zum ersten Mal dachte ich darüber nach, ob Victor auch fremdgehen würde. Vielleicht hatte er den gleichen Spaß wie ich und war froh, wenn er montags wieder in seinem Auto saß? Es klingt absurd, aber manchmal hätte es mich gereizt, mich ihm auch so hinzugeben, wie ich das bei Christian tat. Aber wenn ich dann schon seine einstudierten Annäherungsversuche spürte, verging mir jegliche Lust. Da aß ich lieber eine Tüte knackige Chips. Zu diesem Zeitpunkt hatte ich nicht das geringste schlechte Gewissen. Ich hatte zu viel eingesteckt, über zehn Jahre lang. Ich hatte auf so vieles verzichtet. Für die Familie, von der ich geglaubt hatte, sie würde halten.

Christian war immer wieder unterwegs, wohnte auch zwischenzeitlich bei seiner Frau in München, aber er kam stets zu mir zurück. Als wir uns nicht mehr im Freien lieben konnten – der Herbst neigte sich dem Ende zu –, trafen wir uns in einem Nachbarort, in dem Christian auf einem alten Bauernhof ein Zimmer gemietet hatte. Hier kannte uns keiner. Irgendwann einmal lagen wir beide erschöpft und glücklich im knarrenden Holzbett und freuten uns über die dicken Schneeflocken. Ich fragte Christian, ob das ewig so weitergehen werde. Er antwortete: »Nein, das ist nicht möglich.« In einem Ton, den ich nicht kannte. Abweisend, so als ob ich eine Fremde sei, eine Hausiererin, die er vor der Haustür abwimmeln müsste. Christian sagte dann, er müsse bald für mehrere Wochen weg, zu einer nächsten großen Bildreportage nach Kenia. Und bevor er diese Reise antreten würde, müsse er noch für länger zu sich nach Hause. Ihm würden noch wichtige Impfungen und Teile seiner Ausrüstung fehlen.

Plötzlich wachte ich auf. Bis jetzt war Christian höchstens sechs, sieben Tage fort gewesen. Bei seiner Rückkehr erzählte er dann von seinen kleineren Jobs in Europa oder von Münchner Abenden mit seinem Agenten oder Verlagsfreunden. Trotzdem hatte ich stets das Gefühl, ich war sein Zentrum und er meins. Dass dieses Liebesglück für eine längere Zeit unterbrochen werden könnte, daran hatte ich nie gedacht, obwohl mir Christian ja von seinem Job erzählt hatte. Aber diese Worte, er müsse zu sich »nach Hause«, stießen mir so sauer auf wie ein fetter Döner. Na, klar. Auch Christian hatte ein Zuhause. Das lag zwar knapp hundert Kilometer weit entfernt von unserem kleinen Dorf in Bayern, aber es war da. Auch er hatte ein Kind, für das er Mitverantwortung trug. Und seine Frau? War die Ehe tatsächlich schlecht? Hatte er auch Schnellsex? Am liebsten hätte ich ihn das alles sofort und jetzt gefragt, aber sein Ton sagte mir, dass es besser sei, nicht weiter nachzufragen.

Christian fuhr weg. Erst zu seiner Familie, dann irgendwohin nach Afrika. In München holte ich ihn an einer Straßenecke in Schwabing ab und brachte ihn zum Flughafen. Als er aus meinem Auto ausstieg und auf die gläserne Drehtür zusteuerte, konnte ich meine Tränen nicht mehr zurückhalten. Ich wartete, ob er sich noch einmal umdrehen würde, aber von Christian sah ich nur noch seinen Rücken, bis er in der Menge verschwand.

Eine furchtbare Zeit brach an. Wüstenklima, dachte ich, totale Dürre, wie in Afrika. Wir telefonierten zwar fast jeden Tag, aber er war etwas anders geworden. Immer nur rief Christian mich an. Wenn ich es versuchte, antwortete mir die Mailbox. Zu viele Vorbereitungen, Gespräche, sagte Christian, eben das Übliche. Ich liebte – und deswegen glaubte ich an »das Übliche«. Wenn ich Christian früher fragte, was denn seine Frau mache, fielen die Antworten ebenfalls dürftig aus. Entweder habe er sie nur kurz gesehen oder sie sei auch viel unterwegs. Mir dämmerte nichts, gar nichts. Ich war mir seiner Liebe, seiner Leidenschaft sicher.

Von Afrika flog Christian direkt nach Asien. Ohne einen Zwischenstopp in unserem Bauernzimmer. Manchmal hatte ich so rote Augen, dass mich mein Chef in der Praxis fragte, ob ich eine Bindehautentzündung hätte.

Ja, hätte ich am liebsten geantwortet, und sie heißt »Christianitis«. Meine Kinder waren niedergedrückt, dass die coole Gute-Laune-Phase vorbei war, spürten aber, dass ihre Mutter nicht wirklich Kritik vertragen konnte. Und Victor? Es wurde unerträglich mit ihm. Und das lag nicht an ihm, sondern an mir. Schon wenn er morgens im Bad seine Zähne putzte oder seine spießigen Hemden anzog, hätte ich ihn anschreien können: »Verdammt noch mal, merkst du denn nicht, wie du mir auf die Nerven gehst?« Aber Victor lebte weiterhin die unerträgliche Leichtigkeit der Langsamkeit.

Und dann kam der Geburtstag meines Mannes. Ich sagte ihm, dass ich dieses Jahr einmal nicht Gans mit Knödeln und Blaukraut für alle machen wollte, sondern dass wir doch bitteschön ein Restaurant besuchen sollten. Ich würde das Essen auch von meinem kleinen Praxisgehalt bezahlen. Das Geld wäre sowieso sonst nur wieder in Dessous und andere Luxusartikel gesteckt worden. Es gab Diskussionen. Für unsere Freunde sei dieses Festessen doch Tradition. Wenn man einen Tisch in einem Restaurant reservieren würde, könnte man nicht alle dazu einladen, weil es sonst zu teuer werden würde. Ich gab nach. Aber ich wusste, das waren die letzten Gänse, die unseren Backofen verlassen sollten.

Das Handy war in dieser Zeit mein größtes Objekt der Begierde, und wehe, es hatte keine Liebesmeldung für mich. Dann war wieder ein Tag verloren. Hinzu kam die Zeitverschiebung. Manchmal dachte ich, Victor müsste durch den Tanz um das Handy doch aufmerksam werden, aber er verblieb in seiner Lethargie. Mit Mühe ertrug ich seinen fünfzigsten Geburtstag. Ich fühlte mich wie ferngesteuert, war im Grunde gar nicht anwesend. Nur meiner Mutter, die neunhundert Kilometer entfernt lebte und zu Victors Geburtstag angereist kam, konnte ich nichts vormachen. Sie fragte mich sofort: »Du hast einen anderen, oder?« Wir gingen spazieren, und ich erzählte ihr von meinen Gefühlen zu Christian und Victor. Ich wusste, dass sie mich bitten würde, vorsichtig zu sein. Ich hätte zwei Kinder und immerhin doch keine schlechte Ehe. Sie kam aus einer anderen Generation. Mein Vater, der schon lange nicht mehr lebte, hatte sie mehr als einmal betrogen, und wir alle schwiegen das seit Jahren tot. Immerhin sagte sie mir ihre Hilfe zu, was immer auch passieren würde.

Wenn Nachrichten von Christian kamen, waren sie zauberhaft. Ich würde ihm so fehlen. Noch nie hätte er jemanden so vermisst wie mich. Ich würde ihn so glücklich machen. Christian war keine Affäre für mich. Christian war meine große Liebe.

Ich lebte zwei Leben. Das der verlogenen Ehefrau und das der sich vergessenden Geliebten. In Christians Abwesenheit erinnerte ich mich an Stunden, von denen ich früher nie zu träumen gewagt hätte. Es war diese Innigkeit zwischen uns, die ich bis dahin nicht kennen gelernt hatte. Ich dachte an die wenigen Nächte, die ich mit Christian verbracht hatte, dann, wenn beide Kinder in der Woche bei Freunden übernachteten. Wachte ich auf, war Christian auch sofort wach. Wir schliefen immer nackt, auch im Winter. Mal berührten sich nur unsere Füße, mal waren unsere Körper eng miteinander verschlungen. Ich blühte auf, wenn ich mit Christian zusammen war. Ich begann zu welken, wenn Victor in meiner Nähe war.

Unser Verhältnis ging weiter. Allerdings verbrachten Christian und ich nie wieder so viel Zeit miteinander wie am Anfang. Er bekam immer häufiger gute Auslandsaufträge und war deshalb viel unterwegs. Ich war die, die immer wartete. Christian war der Herr der Zeit. Ich verdrängte es, dass er zwischendurch auch in München weilte. Ich speicherte es einfach ab unter Reisevorbereitungen. Auch, dass ich ihn zwischendurch nicht erreichen konnte, schluckte ich wortlos wie eine bittere Medizin. Ich denke heute, dass Christian an mir genau dieses Unterwürfige mochte. Ich durfte ihn bewundern, verehren und verwöhnen wie einen Helden, aber bloß nicht kritisieren. Ich war seine Geisha. Sein ganzes Getue, wie lässig er sei, war eine einzige Lüge. Ich bedauere es jetzt zutiefst, dass ich auf diesen Blender hereingefallen bin.

Ich bedrängte Christian damals nicht, stellte ihm nie unangenehme Fragen. Wahrscheinlich hatte ich auch Angst vor seinen Antworten. Auch später erzählte Christian selten etwas von seiner Familie. Ab und zu erwähnte er beiläufig, dass seine Tochter Schwierigkeiten in der Schule hätte und dass er sich wieder mehr um sie kümmern müsste. Wenn ich genauer nachfragte, fielen seine Antworten spärlich aus. Sie sei schlecht in naturwissenschaftlichen Fächern und seine Frau würde sich zu wenig um die Noten kümmern. Seine Familie blieb für mich ein Buch mit sieben Siegeln.

Und meine Familie? Einmal brachte ich Fotos von den Kindern mit und zeigte sie Christian. Er schaute sie sich lange an und meinte, er hätte sich auch immer einen Jungen gewünscht. Dieser Satz ließ mich nicht mehr los. Ich begann mich in Träumen zu verlieren. Könnten wir – Christian, Tim, Benjamin und ich – eine Familie sein?

Victor und ich begegneten uns immer mehr als Fremde. Er kapselte sich zusehends von mir ab. Er tat es einfach, ohne groß mit mir darüber zu reden. Unsere Konversation über Alltäglich- und Nichtigkeiten blieb auf einem konstanten Level. Wir waren monoton wie zwei Sprachroboter.

An einem Samstag hatte ich besonders schlechte Laune. Christian war nach München gefahren, und von dort aus wollte er für zwei Wochen nach Japan fliegen. Eine Freundin und ihr Mann waren den Nachmittag über bei uns zu Besuch gewesen, und wir hatten mehrere Flaschen Wein getrunken. Als Victor und ich alleine waren, platzte es aus mir heraus: »Bist du eigentlich glücklich?« Victor sah mich lange an. Melancholie hatte die Neugierde von damals in seinen Augen gelöscht. Er antwortete: »Nein. Aber lass uns jetzt nicht darüber reden.« Von diesem Tag an schliefen wir auch nicht mehr miteinander. Ich war froh. Und er wohl auch. Am Sonntag unternahm Victor etwas mit den Jungs, ohne mich. So hatte ich Zeit für mich. Zugleich erdrückte sie mich, meine Sehnsucht nach Christian ließ mir keine Ruhe. Es war für mich unmöglich, ein Buch zu lesen. Immer landete ich bei dem Gedanken, wie wohl Christians Frau aussieht. Wie sie spricht, wie sie sich anzieht, was sie mag. Christian war schon in Japan, zumindest auf dem Weg dorthin, also musste seine Frau zu Hause sein. Ich wollte nur einmal ihre Stimme hören. Die Auskunft gab mir ihre Nummer. Es klingelte einmal, zweimal, und nach dem achten Mal wollte ich auflegen. »Ja, hallo«, meldete sich eine abgehetzte Stimme. Sie hatte eine tiefe Stimme. Wahrscheinlich rauchte sie. Christian mag keine Raucher, das hat er mir wenigstens verraten. Sofort legte ich auf. Wie dumm war diese Aktion von mir. Jetzt war meine Laune noch viel schlechter.

Die zwei Wochen des Wartens auf Christian, den Mann neben meinem Mann, wollten und wollten nicht enden. Zum Glück hatte ich meinen Job in der Praxis.

Bei unserem nächsten Treffen wollte ich mit ihm reden. So konnte ich nicht weiterleben. Als Christian wieder in München war, konnte er nicht sofort zu mir kommen, seine Tochter hätte sich, wie er mir sagte, beim Rollerbladen ein Bein gebrochen. Sie bräuchte ihn dringend. Am liebsten hätte ich gesagt: »Ja, lieber Christian, und du bist dabei, mir das Herz zu brechen.« Ich war dabei, vor Sehnsucht zu sterben.

Endlich war meine Liebe wieder auf dem Weg zu mir. Wir hatten uns in unserem Zimmer auf dem Bauernhof verabredet. Da wir beide die orientalische Küche liebten, wollte ich ihm eine besondere Freude machen. Ich kochte ihm ein Mahl wie aus Tausendundeiner Nacht. Und nach dem Essen wollte ich mit Christian sprechen. Über unsere Zukunft.

Er kam spät, zwei Stunden nach unserer Vereinbarung. Wir fielen uns in die Arme. Schafften es gerade noch ins Bett. Wir liebten uns so leidenschaftlich wie beim ersten Mal, waren wie zwei hungrige Tiere. Ich mochte es, wenn Christian mich fest anfasste. Es erhöhte meine Leidenschaft. Als wir fürs Erste genug voneinander hatten, stillten wir andere Gelüste und aßen von meinen vorbereiteten Curryspeisen. Christian war bester Stimmung. Sein Job lief gut, und er hatte schon wieder einen neuen Auftrag. Ganz unvermittelt, wie es manchmal meine Art ist, wenn mich etwas sehr beschäftigt, wollte ich von ihm wissen, ob er sich ein Leben mit mir und den Kindern vorstellen könne. Als ich diese Frage ausgesprochen hatte, wusste ich in dem Moment, dass sie falsch war. Solche Sätze waren für jeden Mann zum Davonlaufen. Und für einen Ich-liebe-mich-selbst-am-meisten-Typen wie Christian ganz besonders. Man setzt das Messer an, und dabei schneidet man sich selbst. Aber ich wollte bei einem Mann, dem ich mich so hingab, nicht jedes Wort überlegen. Christians Antwort übertraf alles, was ich erwartet hatte. Er sagte, er könne sich ein Leben mit uns vorstellen, aber noch nicht so bald. Seine Tochter müsste erst die Schule beenden. Und das würde noch fünf Jahre dauern. Aber egal, ich war schon glücklich, dass er ein Leben mit uns überhaupt in Erwägung zog. Mit dieser Perspektive schlief ich zufrieden ein. Der Wecker stand auf zwei Uhr. Das war die Zeit, zu der ich in das leere, kalte Ehebett zurückkehrte. Die Jungs schliefen tief. In all den Monaten hatte mich Tim nur einmal auf dem Handy angerufen und gebeten, nach Hause zu kommen, weil es Benjamin schlecht ging. Ich war selbst gegenüber meinen Söhnen zu einer Profilügnerin mutiert.

Der Virus, der sich in meinen Zellen verhakt hatte, hieß Hoffnung. Hoffnung auf ein neues Leben. Ein Leben mit Christian und meinen beiden Söhnen. Je länger ich darüber nachdachte, desto klarer wurde meine Entscheidung. Ich wollte nicht warten, bis Christians Tochter mit der Schule fertig war. Ich würde vorher neu anfangen. Alleine mit Tim und Benjamin. Endlich nicht mehr auf dem Land leben. Ich wollte wieder zurück in die Stadt. Dort würde ich sicher auch einen neuen Job finden. In Gedanken richtete ich schon die Kinderzimmer ein. Raus aus dem Kaff, dem Käfig, der Kälte! Und dann würde Christian irgendwann nachkommen, und unser Glück wäre perfekt. Ich war so euphorisiert, dass ich meine Pläne am liebsten sofort in die Tat umgesetzt hätte.

Christian wollte über meinen neuen Lebensplan nachdenken. Es war ihm in erster Linie unklar, wie ich das alles finanzieren wolle, nachdem von Victor wohl nicht viel zu erwarten wäre. Mir fiel auf, dass wir noch nie über praktische Dinge gesprochen hatten. Ich wusste nichts über seine finanziellen Hintergründe. Ich dagegen erzählte Christian, dass mein Vater mir eine kleine Erbschaft hinterlassen hatte, die unangetastet auf einem Sparbuch war. Es schien mir jetzt der beste Zeitpunkt zu sein, sie für mein Leben drei zu nutzen. Ich hoffte, Christian würde mir seine Meinung zu meinen Plänen sagen, bevor er wieder auf Reisen ginge. Wir hatten nur noch wenige Tage bis dahin. Ich brauchte seine Unterstützung. Dass ich Victor verlassen wollte, war keine Frage mehr, aber ich fühlte mich sicherer, wenn Christian mit meiner Entscheidung einverstanden wäre. Er war einverstanden. Zum ersten Mal wollte er Dinge aus meinem Ehefrauendasein wissen. Wie alt Victor sei, was er beruflich mache, wie sehr die Jungen an ihrem Vater hingen. Sein Interesse blieb jedoch verhalten. Oft sortierte er neben unserer Unterhaltung seine Negative. Rückblickend würde ich sagen, dass Christian klassische Alibifragen stellte.

Ich gab ihm sogar noch zu verstehen, dass ich ihn mit meinen Ich-fange-noch-mal-von-vorne-an-Gedanken bestimmt nicht drängen wollte. Ich Dummchen, nicht den geringsten Funken Zweifel verspürte ich. Noch nicht einmal, als er mir sagte, dass eine Trennung für seine Frau ganz schwierig werden würde. Heute kann ich mich nicht mehr verstehen. Liebe und Sex machten mich blind.

Christian hatte so eine Art, dass man ihm nichts Böses zutraute. Bei meinen Problemen, die er auch gerne »Zeitfresser« nannte, nahm er mich in den Arm und sagte: »Ach, Engelchen, wir kriegen das hin. Du weißt doch, die Zeit läuft für uns.« Jetzt, wo ich wirklich auf eigenen Füßen stehe, hört sich das banal an. Gut, dass ich keine Tochter habe, ich würde mit aller Kraft versuchen, sie vor solchen Typen in ihrem Leben zu schützen. Doch damals, als ich unter der Christianschen Gehirnwäsche stand, vernahm ich keine Zwischentöne. Diese billige Säuselei habe ich ihm voll abgenommen. Ich dachte wirklich, dass mich dieser Mann liebte.

Das Thema Trennung war für Christian erledigt, als er wusste, ich könnte es mir leisten. Er meinte, wenn ich so unglücklich, aber gleichzeitig so unabhängig sei, sollte ich Victor doch verlassen. Lachend küsste er mich und sagte, dass bei so viel Geld auch noch ein gemeinsamer Urlaub drin sein könnte. Kein Wort von einer gemeinsamen Wohnung, von Hilfe bei der Einrichtung. Er sagte auch nicht: »Du kannst dich auf mich verlassen.« Ich war dämlicher als jeder Teenager. Als Christian sich wieder in die große, weite Welt verabschiedete, wartete ich nur noch auf den geeigneten Zeitpunkt, um mit Victor zu reden.

Der kam wie jedes Wochenende erschöpft und missmutig nach Hause. Tim und Benjamin hatte ich zu einer Freundin gebracht. Victor ahnte, dass alles auf eine Aussprache hinauslief, weil er sofort nach dem Abendessen aufstand und sagte, er müsse noch mal in sein Arbeitszimmer. Ich bat ihn zu bleiben. Ich öffnete eine Flasche von seinem Lieblingsrotwein, einem Rioja Reserva, und stellte ihm ein Glas hin. Victor wirkte unsicher. Hatte auch er längst eine andere? Der Schweiß stand ihm auf der Stirn. Das Hemd hatte er bestimmt schon zum zweiten Mal an, so verknittert, wie es an ihm hing. Gott, was war aus ihm geworden? Aber immerhin war dieser armselig wirkende Typ der Vater unserer Kinder. Er saß auf einem alten Rattanstuhl und wartete auf seine Hinrichtung. Dieser gebrochene Mann auf diesem windigen Stuhl machte mich regelrecht aggressiv. Es ploppte wieder einmal aus mir heraus. Genauso wie der Korken aus einer Sektflasche. Plötzlich war es da. Ohne Vorankündigung – das Ende, das ich wollte.

Meine Worte prallten an Victor ab. Wie Wassertropfen auf Wachs. Ich hatte den Eindruck, sie erreichten ihn gar nicht. »Victor, ich möchte mich trennen, hast du gehört?«, fragte ich ihn noch einmal. »Ja, das habe ich gehört«, sagte er leise, als ob er gleich zu schluchzen anfangen wollte wie ein kleiner Junge, der sein Lieblingsspielzeug zerstört hat. Er stand auf, nahm sein Rotweinglas und verließ die Küche.

Jetzt war es raus! Aber ich war weder erleichtert noch schockiert. Ich war wie in einem Vakuum. Gefühlsleer. Ich saß einfach nur da. Und plötzlich hatte ich Angst. Ganz große Angst. Hatte ich wirklich das Recht, unsere Familie zu entzweien? Auch, wenn sie nur noch pro forma bestand? Darf man sich als Mutter diesen Egoismus leisten?

Ich tat genau das Falsche an diesem Abend: Ich rief heulend meine Mutter an, die mich umgehend mit »Mein Kind, um Himmels willen« tröstete. Ich heulte mir meinen Frust der letzten Jahre von der Seele. Erst als sie verstand, warum ich so weinte, kam sie in Rage. Sie bat mich inständig, diese Entscheidung noch einmal zu überdenken. Victor sei zugegebenermaßen ein bisschen langweilig geworden, aber dann sollte ich mich doch mit dem anderen vergnügen und zu Hause wenigstens gute Miene machen. Am liebsten hätte ich sie angeschrien: »Ja, so wie du, oder?« Aber ich hielt mich zurück. Was hätte sie auch sagen sollen? Sie lebte auf einem anderen Stern, der leider Lichtjahre von meinem entfernt war. Wir beendeten unser Gespräch. Es wurde die schlimmste Nacht meines Lebens. Über mein Geheule und den Rotwein nickte ich irgendwann in meinem Bett ein. Als ich spätnachts aufwachte, lag Victor neben mir. Mit offenen Augen. Ich wollte gerade aufstehen und nach unten auf die Couch ziehen, als er mich bat zu bleiben. Es sei schließlich eine der letzten Nächte, die wir wohl noch gemeinsam verbringen würden. Träne für Träne lief ihm über die Wange. Zuletzt hatte ich ihn bei Benjamins Geburt weinen gesehen. Vor Glück.

Zum ersten Mal in dieser ganzen Zeit, in der ich die Geliebte eines anderen war, hatte ich Victor gegenüber ein schlechtes Gewissen. Vielleicht, weil er wieder Emotionen zeigte. Armer Victor, dachte ich, wie gut, dass er von alldem, was sonst noch in meinem Herzen und meinem Kopf ist, nichts weiß. Mein Mann fragte nicht nach dem Grund für die Trennung. Er wollte sie nur aufhalten, die Katastrophe. Er fragte mich, ob ich mit ihm an den Gardasee nach Italien fahren wolle. In unser geliebtes kleines Hotel direkt am Wasser. So lange seien wir nicht dort gewesen. Oder ob wir nicht alle gemeinsam nach Bali reisen wollten. Er, die Kinder und ich. Als Familie Mustermann. Victor, dachte ich damals, ahnt noch nicht, dass mein Herz längst für jemand anderen schlägt und meine Koffer im Geiste schon gepackt sind. Ich konnte ihn schließlich nicht mehr ertragen, wie er da so hilflos lag. Und ich konnte auch mich nicht mehr ertragen, die ihm das antat.

Den Rest der Nacht schickte ich Christian unzählige SMS. Ich weiß nicht, ob es an der Verbindung lag oder ob sein Handy ausgeschaltet war, ich bekam erst am folgenden Nachmittag eine Antwort. »Nimm es nicht so schwer, Engelchen. Du schaffst das schon«, beschwor mich mein Handy. Ich nahm mir vor, ihn direkt anzurufen. Als ich seine Nummer wählte, landete ich auf der Mailbox. Was heißt, du schaffst das schon? Wir hatten doch einen gemeinsamen Plan. Ich war wütend auf Christian. Und enttäuscht. Warum konnte ich ihn nicht erreichen? Ich hatte nicht einmal die Telefonnummer von dem Hotel, wo er sich aufhalten sollte.

Als Christian und ich uns eine Woche später erneut in unserer Liebeshöhle trafen, hatte ich zum ersten Mal keine Lust, mit ihm zu schlafen. Ich fühlte mich, als sei ich an einem falschen Ort. Alles, was mir so vertraut vorgekommen war in den letzten Monaten, war mir plötzlich fremd. Die kuschelige, gestreifte Flanellbettwäsche, das einfache, weiße Besteck, die knallgelben Sets und das Geschirr mit dem Blümchenrand. Ich hatte sogar karierte Vorhänge genäht. Es war eigentlich richtig gemütlich in dem kleinen Zimmer. Doch als ich da so stand, musste ich an Victor denken, der am letzten Wochenende aussah wie ein Tier, das sich von der Herde abgesondert hatte, um zu sterben.

Ich wollte nicht schon wieder weinen, aber alles floss aus mir heraus – die Angst, das schlechte Gewissen, die Unsicherheit. Christian schloss mich in seine Arme, streichelte meinen Kopf, wie wenn man ein kleines Mädchen tröstet. Er verstand nicht, was plötzlich mit mir los war. Wir setzten uns an unseren kleinen Esstisch, und ich erzählte Christian alles der Reihe nach. Von dem Abend mit Victor, von den vergeblichen Versuchen, ihn, Christian, zu erreichen, von meinen Ängsten, von meiner Enttäuschung, dass er mir nur diese eine oberflächliche SMS geschickt hatte. Es war unsere erste richtige Unterhaltung. Gut sah er aus. Gebräunt, zufrieden, als ob er aus den Ferien käme. Christian wiederholte, dass für ihn eine Trennung noch zu früh sei. Dass er sich aber freuen würde, wenn ich nicht mehr mit Victor unter einem Dach leben würde. Er wollte mir helfen, in der Stadt eine kleine Wohnung zu finden. Bevor ich Christian an diesem Abend verließ, fragte ich ihn, ob er seine Frau eigentlich noch liebe. Er antwortete: »Nein, aber wir haben vor vielen Jahren eine Allianz geschlossen, und die kann man nicht von heute auf morgen auflösen.«

Im Auto legte ich meine Lieblings-CD ein – *Mensch* von Herbert Grönemeyer: »Am Strand des Lebens, ohne Grund, ohne Verstand ist nichts vergebens, ich baue die Träume auf den Sand. Weil er erinnert, weil er kämpft. Weil er hofft und liebt. Weil er mitfühlt und vergibt.« Ich hatte mich noch nie in meinem Leben so einsam gefühlt. Ich schlitterte auf der leicht gefrorenen Landstraße entlang. Als ich zu Hause ankam, sah ich Licht in unserem Schlafzimmer. Victor war unerwartet zu Hause, sein Auto stand vor der Garage. Schnell wischte ich mir die verlaufene Wimperntusche ab, mein Herz klopfte. »Jetzt sag ihm die ganze Wahrheit!«, forderte mein Gewissen. Aber mein Magen krampfte.

Victor wirkte ruhiger als sonst. Er saß in der Küche, hatte sich ein paar Spaghetti gekocht und eine Flasche Weißwein geöffnet. Er sei gekommen, um mit mir in Ruhe zu reden. Ich dachte, er müsste es mir doch ansehen, dass ich von einem anderen komme. Dass mein Mund fremd geküsst hatte und meine Haare nach seinem Rivalen dufteten. Er fragte mich nicht einmal, wo ich gewesen war. Ich zog meinen Mantel aus, setzte mich zu ihm. In diesem Moment wusste ich, jetzt musste ich es ihm sagen, bevor er wieder irgendwelche Rettungsversuche startete. »Victor«, fing ich ohne zu zögern an, »ich muss dir etwas beichten. Ich liebe einen anderen Mann, und ich möchte neu anfangen – ohne dich.« Ich sah, dass die Gabel in seinen Händen zitterte. Er musste innerlich beben, aber äußerlich blieb er ruhig. Das habe er schon lange befürchtet, antwortete mein Mann. Der ewige Tanz um das Handy, die neuen Klamotten, die Jungs, die so oft sagten, dass ich unterwegs sei. Aber er habe gehofft, es ginge vorbei. So wie ein wochenlanger Winterhusten. Nach diesen Sätzen schwieg Victor.

Am liebsten hätte ich ihn in diesem Moment in den Arm genommen und den schlimmsten aller Sätze gesagt: »Lass uns Freunde bleiben.« Stattdessen sagte ich: »Es ist zu spät. Ich werde mit Tim und Benjamin in die Stadt ziehen.« Ich war froh, dass er fast nichts über Christian wissen wollte. Nur eine einzige Frage stellte er: »Hat er auch eine Familie?« Ich gab darauf keine Antwort. Damit war der Abend zu Ende. Victor schlief im Wohnzimmer. Ich gar nicht. Ich war völlig durcheinander. Wie ein Hamster im Rad drehte ich leise viele Runden durch das Haus. Eine Weile saß ich bei Tim und Benjamin am Bett. So groß und so lang waren sie geworden. Würden sie mir je verzeihen?

Am nächsten Morgen rief Christian an und sagte, dass ein Freund von ihm eine Vier-Zimmer-Wohnung in der Stadt hätte, die er untervermieten wolle. Noch dazu zu einem fairen Preis. Ich konnte es nicht fassen, Christian schien richtig engagiert zu sein. Hatte ich ihm Unrecht getan?

Es ging nun alles ruckzuck. Victor gab kampflos auf. Er wusste, dass er mich nicht aufhalten konnte. Tim und Benjamin erklärte ich, dass ich diesen Weg gehen müsse, um selbst glücklich zu werden. Dass ich nicht länger mit dieser Lüge weiterleben könne und auch nicht wolle. Ich wusste, dass es viel Zeit bräuchte, bis die beiden damit fertig werden würden. Aber ich hatte beste Vorsätze. Und ich versprach ihnen, dass Victor und ich uns in Frieden trennen würden. Denn das war ihnen das Wichtigste. Natürlich durften sie Victor auch so oft sehen, wie sie es wollten.

Alles ging seinen Weg. Ich kündigte meinen Job in der Praxis. Meldete die Kinder um. Unterschrieb den neuen Mietvertrag. Bat meine Mutter, mir beim Umzug zu helfen. Christian kündigte unser Liebesnest auf dem Bauernhof. Und Victor nahm sich zwei Wochen Urlaub, um einen Freund zu besuchen. Wie im Zeitraffer raste alles an mir vorbei. Verrückt, wie man in wenigen Wochen ein neues Leben beginnen kann.

Als meine Söhne und ich dem Umzugswagen hinterherfuhren, fühlte ich mich so frei wie seit Jahren nicht mehr. Nichts würde ich in diesem kleinen verschlafenen Nest vermissen. Weder die unfreundliche Semmel-Verkäuferin noch die schlechte Reinigung. Nicht einmal meine Praxis. Und viele Freundinnen hatte ich erst nicht in diesem Kuhdorf gefunden. Ich konnte gar nicht mehr verstehen, dass ich Victor nach unserer Heirat in diesen Ort gefolgt war. Aber es war hier billiger zu leben als in München, meinte er, und für die Kinder sei es auch besser. Damals hatte ich mich seinem Willen gebeugt. Anscheinend ein wiederkehrendes Muster bei mir.

Bis Weihnachten wollte ich mit dem ganzen Umzugskram fertig sein. Anschließend wollte ich mit den Kindern für eine Woche irgendwo in Österreich Ski fahren. Ich hoffte, dass das erste Weihnachtsfest dann vielleicht nicht ganz so traurig werden würde. Und vielleicht könnte Christian uns nach den Feiertagen besuchen?

Wir hatten verabredet, uns bis dahin nicht zu sehen. Christian war bei seiner Familie, und ich richtete mich und mein Leben neu ein. Für uns. Ohne meine Liebe zu Christian hätte ich diesen Schritt längst nicht so schnell vollzogen. Vielleicht hätte ich mich auch eines Tages mit Victor arrangiert, wie meine Mutter es ausdrückte. Ich wollte aber nie so leben wie sie. Ich finde, das bisschen Leben ist zu kurz, um zu viele Kompromisse einzugehen. Victor und ich hatten für die erste Zeit Funkstille vereinbart. Ich hörte nur immer von meiner Mutter, dass es ihm alles andere als gut ging.

Christian rief mich zwei Wochen vor Weihnachten an und sagte, er hätte ein Gespräch mit seinem Hauptauftraggeber gehabt. Nach den Feiertagen habe ihn der zu einem verlängerten Wochenende auf Mallorca eingeladen. Es solle eine Dankeschönreise und zugleich ein Brainstorming für die intimsten Mitarbeiter sein. Eine nette Art, sich bei seinen Leuten zu bedanken, dachte ich, und freute mich noch für Christian. Sein Job lief wirklich hervorragend. Aber er schoss auch tolle Fotos. Nun, da mein Wunsch, ihn unmittelbar nach Weihnachten zu sehen, geplatzt war, schlug ich ihm vor, dass er sich doch vor diesem Termin unbedingt noch unser neues Heim anschauen sollte. Er hatte nichts dagegen.

Mit zwanzig langstieligen roten Rosen stand er vor der Tür. Er trug helle Dockers, Cowboystiefel und ein hellblaues Hemd. Kurz vorher musste er beim Friseur gewesen sein, denn seine Haare waren ganz kurz geschnitten. Jetzt wirkten seine schönen, dunklen Augen noch mehr. Er lächelte genauso wie damals in der Praxis – siegessicher. Leider hatten wir nur wenig Zeit. Gleich wollten Tim und Benjamin nach Hause kommen, und Christian musste zu einer beruflichen Verabredung.

Er küsste mich zärtlich, und dabei ließ er seine Hand wandern. Ganz sanft schob sie sich erst unter mein T-Shirt und dann die Beine entlang. Je langsamer dies geschah, umso stärker begehrte ich ihn. Was mit adagio begann, endete mit einem Fortissimo. Der Sex mit Christian war der beste Sex meines Lebens.

Kurz bevor er meine Wohnung verließ, fragte ich ihn intuitiv: »Weiß deine Frau immer noch nichts von uns?« – »Nein«, antwortete er. »Aber das muss sie doch auch nicht; so können wir doch viel entspannter sein.« Ich wollte noch wissen, wo ich ihn auf Mallorca erreichen könne. Und er nannte mir den Namen eines der wenigen Hotels, die im Winter geöffnet hätten, bat mich aber, ihn lieber auf dem Handy anzurufen.

Christian reiste nach Mallorca. Ich verbrachte das Wochenende mit den Jungen. Es war schwierig. Tim und Benjamin waren sehr betrübt. Sie vermissten ihre alten Freunde, die Schule und natürlich Victor. Ich fand es unglaublich, dass er sich nicht bei den Jungen meldete, nur zwischen uns war vereinbart worden, keinen Kontakt aufzunehmen. Aber das war typisch Victor. Am Abend war ich ziemlich geschafft. Wir aßen vor dem Fernseher noch eine Pizza, das meiste von meiner bekam Clara Lenader, die treue Hundeseele vermisste mit Sicherheit den Garten. Anschließend gingen wir ins Bett. Von Christian hatte ich den ganzen Tag noch nichts gehört.

Ich knipste im Schlafzimmer das Licht an und nahm mein Handy in die Hand. Es meldete sich wieder einmal seine Mailbox. Schließlich rief ich im Hotel Bella Vista an. Es klingelte und klingelte. Nichts. Gut, überlegte ich, bei so wenigen Gästen nimmt nachts niemand das Telefon ab. Ich versuchte es am nächsten Morgen noch einmal. Wieder nichts. Langsam wurde ich hellhörig. Die Kinder aßen ihre aufgebackenen Brötchen. Bei all der schlechten Stimmung hatten sie wenigstens noch Appetit. Ich schlich mich wie ein Dieb in mein eigenes Schlafzimmer – Tim und Benjamin sollten von meiner inneren Unruhe nichts mitbekommen – und versuchte ein weiteres Mal, im Hotel anzurufen. Endlich, am späten Vormittag, hatte ich eine sehr nette Dame am Apparat, die mir sagte, dass das Bella Vista noch geschlossen sei. Hier im Nordwesten der Insel hätten zu dieser Jahreszeit nur wenige Hotels geöffnet. Sie selbst hätte gerade nur mal nach dem Rechten geschaut. Ich war verwirrt. Fahrig tippte ich Christians Handynummer ein. Wieder sprang die Mailbox an. Langsam beschlich mich ein eigenartiges Gefühl. Ich recherchierte, welche Hotels in dieser Gegend der Insel im Winter geöffnet hatten. Es blieben nur zwei übrig. Mir wurde mulmig zumute. Hatte ich wirklich so wenig Vertrauen zu Christian? Er hatte sich wahrscheinlich nur geirrt und den Namen des Hotels verwechselt. Aber warum konnte ich ihn nicht erreichen? Warum meldete er sich nicht? Hatte er sein Handy verloren?

Christian war tatsächlich in einem der beiden anderen Hotels. Als ich ihn verlangte, sagte der Mann an der Rezeption, er könne mich nur mit seiner Frau verbinden. Sie wäre sicher auf dem Zimmer. »Was?«, hörte ich mich so laut schreien, dass Tim sofort ins Schlafzimmer gerannt kam. Ich knallte den Hörer auf. Ohne eine Sekunde nachzudenken, wählte ich die Nummer von seiner Schwabinger Wohnung. Schon nach dem ersten Klingeln meldete sich seine Frau. Diese tiefe und heisere Stimme kannte ich ja bereits. Ich verstand die Welt nicht mehr. Es musste ein Irrtum sein. Ich flehte meine

Mutter an, noch einmal in diesem Hotel anzurufen und zu erfragen, ob Christian wirklich in Begleitung da sei. Sie war in solchen Sachen viel geschickter als ich. Aus Erfahrung wahrscheinlich. Christian war tatsächlich nicht alleine in diesem Hotel.

Kurz darauf meldete mein Handy eine Nachricht: »Wintersonne herrlich. Aber du fehlst mir. Ich küsse dich. C.« Ich schmiss mein Handy gegen die Wand. Dann brach ich in Tränen aus. Tim und Benjamin versuchten mich zu trösten, obwohl sie gar nicht verstanden, was jetzt schon wieder los sei. Am liebsten hätte ich noch unzählige Male in diesem Hotel angerufen und den Portier angebrüllt, dass er sich verdammt noch mal irren müsse. Stattdessen rief ich erneut meine Mutter an und flehte sie an, nur nicht diesen einen Satz zu sagen: »Ich habe dir doch gesagt, sei vorsichtig!« Sie war rührend. Mütter spüren, wenn Kinder wirklich in Not sind. Benjamin sagte plötzlich: »Dann können wir ja Papa anrufen und wieder nach Hause fahren.« Ich presste mir ein Kissen vor den Bauch, so fest, dass meine Finger ganz weiß wurden. Dass noch eine Dritte im Bunde war, hätte ich im Leben nicht vermutet. Ich trank einen Cognac, den ich für Notfälle immer parat hatte. Alles in meinem Kopf schwappte durcheinander. Wie kleine Blitze zuckten die Gedanken quer durch mein Gehirn: Vielleicht war alles ganz harmlos? Sie war vielleicht nur eine Mitarbeiterin. Quatsch! Du bist auf den größten Weiberheld reingefallen. Hast deinen Mann verlassen, die Kinder entwurzelt. Alles für das bisschen guten Sex.

Nach Stunden der Verwirrung sah ich ziemlich klar. Gedanken der Rache schlichen sich ein. Noch so eine geheuchelte Lüge würde mich sowieso nicht mehr erreichen. Meine Mutter riet mir, mich noch am selben Tag mit Victor zu vertragen. Der würde bestimmt bereit sein. Ich würgte bei dem Gedanken, reumütig und klein wie eine Ameise wieder ins traute Heim zurückzukriechen. Nein, niemals! Das war wenigstens das Einzige, worin ich mir sicher war.

Der Tag verging. Ich wollte es nicht glauben, aber ich hörte nichts von Christian. Hatte er denn keine Angst, dass ich ihn erwischen könnte? Hatte er mich für so blöd gehalten, dass ich nicht herauskriegen würde, in welchem Hotel sie vögelten? Ich war wütend. Am liebsten hätte ich seine Frau angerufen und ihr die Telefonnummer von dem Hotel auf Mallorca gegeben. Aber ich fand, es reichte, wenn sich eine Frau die Augen aus dem Kopf heulte. Und in diesem Fall war geteiltes Leid kein halbes Leid.

Am nächsten Tag rief Christian abends an. In seiner Stimme war nicht der leiseste Unterton eines schlechten Gewissens. Ich brüllte ihn an: »Ich weiß, dass du mit einer Frau auf Mallorca bist. Und diese Frau ist nicht deine Frau. Lass mich und meine Kinder für immer in Ruhe. Rufe mich nie wieder an!«

Wenigstens häuften sich durch meine Reaktion nicht noch weitere Lügen auf dem Berg der Unwahrheiten an. Christian stotterte, dass in letzter Zeit alles so kompliziert gewesen sei und er sich von mir bedrängt gefühlt habe. Vor allem durch meine Entscheidung, alleine leben zu wollen.

Ich knallte den Hörer so fest auf, dass ich dachte, ich müsste auch noch ein neues Telefon kaufen. Anschließend rannte ich auf die Straße und atmete tief durch. Es war kalt, es schneite. Ich mochte keinen Winter mehr.

Erfolgreich verarztet

Wir waren alle ganz aufgeregt. Heute sollte er kommen, der Neue, und sich vorstellen. Es war immer etwas Besonderes, wenn ein neuer Arzt kam. Schon nach wenigen Minuten wussten meine Kolleginnen von der Station VIII und ich Bescheid, ob er ein arroganter Weißkittel oder ein netter Typ ist. Bei uns gab es nur diese beiden Kategorien. Nicole, Frederike, genannt Rike, und ich waren ein eingeschworenes Team. »Die Acht« war die Station für Inneres, und sie war fest in unseren Händen. Umso entscheidender war es zu wissen, wie der Neue sich einfügen würde. Denn mit den Assistenzärzten hatten wir am meisten zu tun. Die Ober- und Chefärzte wehten nur ab und zu vorbei, und dann gab es meistens noch Ärger, über belanglose Dinge zwar, dennoch war es lästig.

Ich war schon zwei Jahre auf dieser Station und zwar als Krankenschwester im Städtischen Hospital in Stuttgart. Zuvor hatte ich eine Ausbildung zur Kinderkrankenschwester absolviert. Das war mein Traumberuf, sehr zum Leidwesen meiner Eltern, die immer gehofft hatten, ich würde einmal die elterliche Baufirma übernehmen. Aber dazu hatte ich überhaupt keine Lust, und ich ließ meiner älteren Schwester gerne den Vortritt.

In mir steckt einfach dieses Helfer-Gen. Schon als kleines Mädchen zog es mich geradezu magisch in jedes Krankenhaus hinein. Ich hatte nie Angst, weder vor Ärzten noch vor Spritzen. Meine Mutter erzählt oft die Geschichte von der Tetanusimpfung, bei der meine

Schwester die Praxis zusammenbrüllte, während ich die Ärztin fragte, ob ich mich nicht selbst pieksen könne.

Doch nach drei Jahren Arbeit als Kinderkrankenschwester entschied ich mich für eine Zusatzausbildung in der Erwachsenenpflege. Es gab auch einen sehr traurigen Anlass für meinen Veränderungswunsch. Ein Kind, das ich während seines Sterbeprozesses begleitet hatte, machte seinen letzten Atemzug am vierundzwanzigsten Dezember. Ich habe den ganzen Weihnachtsabend, den ich bei meiner Familie etwas außerhalb von Stuttgart verbrachte, nur geheult. Ich war damals erst knapp zwanzig Jahre alt, und es war das erste Kind, das ich habe sterben sehen.

Danach wechselte ich also in die Krankenpflege von Erwachsenen. Ich musste lernen, wie man beispielsweise mit Herzinfarktpatienten umgeht. Diese Krankheit tritt bei Kindern nicht auf. Für mich war das eine große Umstellung. Denn Erwachsene versinken oft in ihrem Leid, laben sich an ihren Krankheiten, machen sie zu ihrem Lebensinhalt. Kinder dagegen sind von Natur aus Optimisten. Sie stehen an der Schwelle zum Tod und freuen sich über ein neues Bilderbuch.

Obwohl ich in der Klinik immer wieder mit dem Tod konfrontiert wurde, genoss ich mein Leben. Es war trotz alledem unbeschwert. Ich hatte auch nie Angst, dass ich selbst bald sterben könnte. Vorwiegend waren es alte Menschen, die unsere Station liegend verließen, so nannten wir es damals, wenn ein Patient seine Augen zugemacht hatte.

Kurz nach meinem zweiundzwanzigsten Geburtstag begann ich nun meinen Dienst als Krankenschwester auf Station VIII. Schnell wurden Nicole, Rike und ich auch die »drei Hexen von der Acht« genannt. Wir lebten frei nach dem Motto: Ist der Ruf erst ruiniert, lebt sich's gänzlich ungeniert. Wir taten alles für unsere Patienten, aber wehe, es mischte sich einer in unser Revier ein. Nicole war zwar unsere Oberschwester, aber im Großen und Ganzen war sie uns gegenüber loyal. Rike und ich vertrauten uns blind. Wenn es um wichtige Veränderungen ging, wie zum Beispiel die Neudosierung eines Medikaments oder die Verlegung eines Patienten auf eine andere Station, standen wir drei immer geschlossen hinter unseren Entscheidungen und oftmals auch vor den Ärzten. Sie wussten, dass wir sehr fundiert arbeiteten, und sie schätzten uns auch, wenngleich sie uns für Zicken hielten. Deswegen war es ja so spannend, wie der Neue wohl sein würde.

Wir erwarteten ihn im Schwesternzimmer, mittags, nach Abschluss der Visite. In Begleitung des Chefarztes betrat er unser kleines, aber gemütliches Reich. Wir hatten von unserem Trinkgeld eine Espresso-Maschine gekauft, die fast immer in Betrieb war und auch jetzt einen herrlichen Duft verbreitete. Eine wunderbare Abwechslung zu dem Gestank der Desinfektionsmittel.

Der Neue, Dr. Axel Thomas, sah einfach phantastisch aus. Er war braun gebrannt, hatte streichholzkurze Haare, trug eine runde, randlose Brille, und seine Augen hatten schon alle begrüßt, bevor er überhaupt den Mund öffnete.

Es klingt so schrecklich kitschig, aber es war Liebe auf den ersten Blick – bei uns beiden. Ich sah in diese kaffeebraunen Augen und war blitz-, ja fast schockverliebt. Nicole und Rike checkten sofort, was los war, und zogen mich hinterher gewaltig auf.

Ich nahm es nur am Rande war, als der Neue über die Stationen seines beruflichen Lebens sprach. Das interessierte mich auch nicht. Doch dann, ganz zum Schluss, riss mich ein Satz aus meinem Liebesnebel heraus: »Meine Familie und ich freuen uns sehr auf Stuttgart. Schließlich ist es eine wirklich schöne Stadt.«

Wie bitte? FAMILIE! Das konnte doch nicht wahr sein! Dafür war der Typ doch noch viel zu jung. Frau und Kinder – das war doch erst etwas für Männer ab Mitte vierzig. Als seine Vorstellung beendet war, recherchierten wir in der Personalabteilung sofort sein genaues Alter. Dr. Thomas war erst fünfunddreißig. Eigentlich ganz normal für einen Assistenzarzt, der in zwei Jahren seinen Facharzt machen würde. Bei uns hatte er jedenfalls schon im Vorwege seine Prüfung bestanden! Nicht nur ich, sondern auch Nicole und Rike waren hin und weg von Dr. Thomas. In einem Monat sollte er an unserer Klinik anfangen. Ich freute mich schon auf die Zusammenarbeit mit ihm. Und ein kleiner Flirt während der Arbeitszeit tat doch auch gut. Schließlich gab es genug Trauriges und Tragisches im Krankenhaus. Etwas Aufheiterung brauchten auch wir. Aber ein Verhältnis, noch dazu mit einem Vorgesetzten, das war regelrecht verboten. Auf einer anderen Station hatte es mal einen solchen Fall gegeben. Der Arzt war verheiratet. Und was passierte? Natürlich kam die Affäre ans Tageslicht. Aber nicht der Arzt musste die Klinik verlassen, sondern die Krankenschwester. Damit der Herr Doktor in Ruhe seine Karriere weiterverfolgen konnte. Ich jedenfalls würde meinen Job auf gar keinen Fall riskieren wollen. Außerdem würde ich sowieso nichts mit einem verheirateten Mann anfangen. Das gibt doch immer nur Probleme, dachte ich mir. Probleme und Tränen. Ich hatte das schon öfter bei Freundinnen miterlebt, und letztlich ist der Mann dann doch bei seiner Ehefrau geblieben. Wertvolle Jahre sind einfach so verpufft. Nein, so sah ich meine Zukunft nicht!

Ich war mit mir und meinem Leben äußerst zufrieden. In Stuttgart bewohnte ich eine kleine Wohnung, mitten in der City. Die Miete konnte ich natürlich von meinem geringen Lohn nicht bezahlen, aber seit meine Eltern gemerkt hatten, dass es mir mit diesem Beruf wirklich ernst war, unterstützten sie mich finanziell. Außerdem war meine Schwester Isabell inzwischen in die elterliche Baufirma eingetreten, und die liebe Familie hatte ihren Frieden.

Rike wohnte im selben Haus wie ich. Beide liebten wir unseren Minibalkon mit Blick ins Grüne. Da verbrachten wir unsere Sommerabende, tranken eiskalten Weißwein und schmierten uns viel zu viele Leberwurstbrote. Zum Glück setzten diese Kalorien bei mir nicht an. Ich bin einfach dünn, egal, was ich esse. Allerdings vergaß ich auch manchmal zu essen. Es gab Wichtigeres in dieser Zeit: Klamotten zum Beispiel. Ich ging für mein Leben gern shoppen. Ich konnte jedes Wochenende, wenn ich keinen Dienst hatte, durch die Stadt ziehen und nach den neuesten Trends suchen. Bei Hennes & Mauritz war ich zu Hause. Ich kaufte damals fast nur dort Klamotten, weil sie so billig waren. Auch war es nicht schlimm, wenn ich sie nach einer Saison nicht mehr tragen wollte.

Manchmal verlief mir mein Leben viel zu schnell. Das lag bestimmt auch daran, dass ich viel arbeitete. Freizeit war Mangelware, und durch die Schichtdienste war ich oft sehr müde. Meine kleine Wohnung war meine Festung. Manchmal, wenn ich nach einem anstrengenden Dienst nach Hause kam, zündete ich im Bad eine Duftkerze an und ließ warmes Wasser in die Wanne ein. Zum

Schluss setzte ich dem wohligen Nass noch ein paar Spritzer Aromaöl hinzu. Dann tauchte ich ab und schob alle Klinikprobleme beiseite. Am Ende wusch ich mir noch meine halblangen, blonden Haare. Sonst hatte ich das Gefühl, diesen beißenden Geruch aus dem Krankenhaus mit nach Hause gebracht zu haben. Selbst an der frischen Luft wurde ich ihn nicht los.

Oft lagen schon Brötchen vor meiner Tür, wenn ich nach einer Nachtschicht nach Hause kam. Andreas hatte sie mir dorthin gelegt. Er war damals mein Dauerfreund. Wir kannten uns schon seit der Schulzeit in unserem Heimatdorf im Schwäbischen. Andreas war mein erster Mann, und irgendwie bin ich ihn seitdem nicht mehr losgeworden. Wir sahen unsere Beziehung allerdings nicht so eng, mal waren wir mehr engagiert und dann auch nicht, wenn einer von uns in einen anderen Partner verliebt war. Aber stets fanden wir wieder zusammen. Andreas war so etwas wie meine emotionale Basisstation. Mittlerweile studierte er Jura, fuhr einen schwarzen Porsche und sah ungemein cool aus, was er in Wirklichkeit aber gar nicht war. Rike sagte immer, Andreas sei ein verwöhntes Kind geblieben und er würde mich noch sein ganzes Leben lang lieben. »Ihr werdet bestimmt einmal heiraten«, sagte sie immer. Das glaubte ich nicht. Ich mochte Andreas, aber heiraten wollte ich doch nur einen Mann, bei dem mein Herz gehörig aus dem Takt kam.

Andreas war wie mein Riesenpinguin, den er mir einmal geschenkt hatte und der jetzt im Wohnzimmer seinen Frack präsentierte. Er gehörte genauso wie Andreas zu meinem persönlichen Inventar. In Sachen Sex lebten wir wie ein altes Ehepaar. Es war eine schöne Gewohnheit. Den Kick holte ich mir ab und zu bei einem One-

Night-Stand. Ich denke, Andreas auch, aber darüber sprachen wir nicht.

Ab und zu dachte ich in den nächsten Wochen an Dr. Thomas. Er hatte mir verdammt gut gefallen. Er strahlte so etwas Sanftes und doch Männliches aus. Seine Hände waren groß, nicht knochig, eher weich, das hatte ich mir genau gemerkt. Und ich weiß nicht, warum, aber ich war mir sicher, er würde auch auf Simply Red stehen. Seltsam, aber wenn ich einen Mann traf, der mir sympathisch war, hatte ich immer sofort die zu ihm passende Band im Kopf. Bei Andreas war es Supertramp gewesen. Musik war mir fast so wichtig wie Klamotten. Ich hatte mehr Platten und Kassetten als Bücher.

Dann kam der Tag der Tage. Gott sei Dank wusste ich noch nicht, dass mein Leben und meine Prinzipien in der nächsten Zeit auf den Kopf gestellt werden würden.

Dr. Thomas hatte seinen ersten Tag auf Station VIII. Er war souverän, nicht die leiseste Spur von Stress konnte man in seinem feinen, glatten Gesicht entdecken. Und er wirkte so klug mit dieser kleinen, runden Brille. Prompt nahm er mich mit zur Visite. Rike und vor allem Nicole waren ziemlich enttäuscht. Dr. Thomas war höflich, keine Spur von Flirt. Das gefiel mir. So konnte ich ihn in seiner Funktion als Arzt ernst nehmen. Er war bei jedem Patienten sehr konzentriert, und ich mochte die Art, wie er mit kranken Menschen umging. Er brachte ihnen Respekt entgegen. Gleichgültig, wie eingebildet oder wirklich schlimm die Ursache für deren Aufenthalt in diesem Krankenhaus war. Ich war an diesem Tag gut vorbereitet gewesen, hatte die Medikamentenlisten und die aktuellen Blutdruck- und Temperaturwerte der Patienten bei mir. Als wir fertig waren, tranken wir mit Rike und Nicole noch einen

Cappuccino bei uns im Schwesternzimmer. Dr. Thomas erzählte nichts Privates. Ich war jedoch neugierig, überlegte, wie seine Frau wohl war. Aber mein internes Claudia-Bewachungssystem gab mir ein Signal: nicht verlieben! Der Mann ist nicht nur dein Vorgesetzter, sondern auch schon vergeben!

Nach etwa zwei Wochen absolvierten Dr. Thomas und ich unseren ersten gemeinsamen Nachtdienst. Wir waren in der kurzen Zeit ein gutes Team geworden. Es schmeichelte mir, dass er zu jedem Thema immer meine Meinung hören wollte.

Es gab nicht viel zu tun in dieser Nacht. Wir hatten also mehrere Stunden Zeit, um uns zu unterhalten. Ich erzählte ihm von meinen Erfahrungen auf der Kinderstation, von meinen Eltern, von unserer kleinen Dorfschule. Eigentlich alles von meinem kleinen Leben, das man problemlos in eine Streichholzschachtel hätte packen können. Ganz anders als seines. Er war nach dem Abitur vier Monate lang mit einem Rucksack durch Asien gereist und hatte danach mit seinem Medizinstudium begonnen. Schon sein Vater sei ein ziemlich ambitionierter Arzt gewesen, erzählte er mir. Als ich ihn mutig fragte, ob er Kinder habe, strahlten seine Augen: »Ja, zwei klasse Jungs!« Das war das einzig private Detail in dieser Nacht, das für mich von wirklichem Interesse war. Aber wir spürten beide, dass wir eine starke Anziehung zueinander hatten. Sie war nicht erklärbar, aber doch zu fühlen. Als ich im Morgengrauen mit dem Fahrrad nach Hause fuhr, klopfte mein Beschützersystem erneut an: »Claudia, Hände weg! Der hat auch noch Kinder!«

Die nächsten Wochen und Monate verliefen eigentümlich. Zum ersten Mal in all den Jahren verhielt ich mich Andreas gegenüber so giftig wie ein Skorpion. Ich wollte ihn am liebsten gar nicht sehen, und wenn, wollte ich mit ihm in die Disco fahren, um mir bei härtester Techno-Musik die Gedanken an Dr. Axel Thomas aus dem Leib zu tanzen. Manchmal bewegte ich mich stundenlang auf der Tanzfläche, bis ich wirklich nicht mehr konnte. Dann schlief ich auf der Heimfahrt im Porsche von Andreas ein. Schon seit Wochen hatten wir keinen Sex mehr. Seit Dr. Thomas in mein Leben getreten war.

Rike, der ich instinktiv mehr vertraute als Nicole, fing an, sich Sorgen zu machen. Ich magerte zusehends ab. Mein Busen brauchte keinen BH mehr, und meine Jeans in Größe sechsunddreißig schlabberten am Bauch und an den Beinen. Eines Abends, Nicole hatte Nachtdienst, kam Rike zu mir, und wir setzten uns auf den Balkon. Sie sagte, sie hätte das Gefühl, Dr. Thomas ginge es ähnlich wie mir. Sie würde seine Blicke beobachten, und die erzählten ihr mehr als Worte. Rike stöhnte: »Mensch Claudia, wenn du wenigstens nur scharf auf ihn wärst! Aber du bist ja total verliebt!« Obwohl ich nicht wollte, fing ich an zu weinen.

In der Klinik gingen Dr. Thomas und ich völlig professionell miteinander um, und keiner von uns beiden hätte je eine Andeutung gemacht, aber ich war mir hundertprozentig sicher: Dieser Mann war meine große Liebe.

Ich schluchzte noch länger und sagte zu der geduldigen Rike, dass es so nicht weitergehen könne, ich wüsste es selbst. Aus diesem Grund hätte ich schon darüber nachgedacht, mich woanders zu bewerben. Schließlich hatte ich nicht das Recht, mich in eine mir fremde Ehe einzumischen. Obwohl ich nicht wollte, fing ich erneut an zu weinen und schüttete Rike mehr und mehr mein

Herz aus. »Weißt du, der Axel ist wahrscheinlich ein wunderbarer Ehemann und ein noch besserer Vater. Außerdem bin ich auch noch viel zu jung zum Heiraten. Und, ehrlich gesagt, ich liebe meine Freiheit! Selbst wenn er sich auch in mich verlieben würde, würde das gar nichts bringen. Ich will mein Leben noch genießen! Ich bin mir noch nicht einmal sicher, ob ich überhaupt Kinder will. Deswegen ist die Beziehung mit Andreas für mich bis jetzt auch so unkompliziert. Manchmal denke ich, wir sind wie zwei Sterne, die im All umherkreisen und sich noch keinen festen Platz suchen wollen, aber dennoch wissen wir, dass der andere noch auf der gleichen Umlaufbahn schwebt.« Es erleichterte mich sehr, dass ich diese Gedanken alle einmal laut aussprechen konnte. Rike war ziemlich sprachlos nach diesem Ausbruch, meinte nur: »Du musst mit Dr. Thomas doch nicht gleich zum Standesamt gehen. Und was faselst du da von Kindern? Komm erst mal auf den Teppich zurück. Du bist verknallt, weiter ist noch nichts passiert.«

Es fiel mir in diesem Moment auf, dass ich mich noch nie in private Situationen begeben hatte, in denen ich hätte verlieren können. Ich hatte bis zu Dr. Thomas noch nie aus Liebeskummer geweint. Ich war eine Sicherheitsfanatikerin. Das habe ich von meiner Mutter, die mir schon als kleines Mädchen mit auf den Weg gab: »Wer nichts wagt, kann auch nicht verlieren.«

Das sollte sich ändern. Auch Nicole fiel auf, dass ich immer dünner wurde und meine beständig gute Laune verflogen war. Sie wollte wissen, ob das etwas mit Dr. Thomas zu tun hätte. Sofort blinkten meine internen Warnsignale. Ich sagte ihr, es hätte schon etwas mit ihm zu tun, aber es sei völlig harmlos, weil er ja schließlich verheiratet sei.

Als ich schon fast sicher war, dass ich das Krankenhaus verlassen wollte, geschah das scheinbar Unvermeidliche. Auf unserem Stationsgang gab es ein Zimmer, das voll von verstaubten Akten war. Ein hässlicher, langer Schlauch, in dem es modrig roch. Es stand auch ein kleiner Schreibtisch darin. Unser Oberarzt hatte mich dorthin geschickt, um eine bestimmte ältere Patientenakte herauszusuchen. Als ich die Tür öffnete, sah ich ihn noch nicht einmal sofort. Axel saß an diesem wackeligen Tischchen und schrieb irgendetwas. Er schaute auf, unsere Blicke trafen sich. Ich erstarrte, bewegte mich keinen Millimeter. Dr. Axel Thomas kam auf mich zu, langsam, wie in Zeitlupe. Ich roch sein frisches Aftershave. Ich war mir sicher, dass er mein Herzklopfen hörte. Für eine hundertstel Sekunde dachte ich auch, seins zu hören. Er nahm mich einfach nur in seine Arme und hielt mich fest. Ich hatte das Gefühl, als wolle er mir mit dieser Geste zeigen, dass es ihm ebenso gehe wie mir. Verzweifelt verliebt! Als wir uns lösten, griff ich schnell die gesuchte Akte und verschwand - ohne ein Wort.

Abends erzählte ich Rike von dieser Begegnung. Sie meinte, dass ich bloß aufpassen sollte. Nicole hätte auch schon gefragt, ob zwischen Dr. Thomas und mir etwas sei. Natürlich verneinte Rike.

Am nächsten freien Wochenende fuhr ich mit dem Fahrrad in die Fußgängerzone. Als ich an einer Fußgängerampel stand, um die Straße zu überqueren, stoppte ein Saab Cabriolet, und jemand rief: »Hallo, Schwester Claudia!« Ich erkannte ihn sofort. Lässig sah er aus. Dr. Thomas trug ein blaues Polo-Shirt und eine dunkelbraune Ray-Ban-Sonnenbrille. Sekunden später fiel mein Blick auf den Beifahrersitz. Dort saß eine Frau mit dunklen Locken in einem roten Kleid. Zögernd hob ich meine Hand und winkte. Die Fußgängerampel schaltete auf Grün. Jetzt musste ich auch noch vor ihnen die Straße überqueren. Das war mir so unangenehm. Seine Frau zeigte nicht die geringste Reaktion.

Am folgenden Tag begegnete ich Dr. Thomas sehr kühl. Das Zufallstreffen an der Ampel hatte mir einfach wieder vor Augen geführt, dass es keinen Sinn hatte, mich noch mehr in diesen Mann zu verlieben.

Kurz darauf hatten wir wieder gemeinsam Nachtdienst, und als wir unsere Arbeit erledigt hatten, war es zwei Uhr morgens. Ich machte uns gerade einen Espresso, als Axel endlich Flagge zeigte. Er erzählte mir, dass er schon seit zwölf Jahren verheiratet sei. Mit Anfang zwanzig habe er seine Frau, eine Türkin, kennen gelernt, und ein Jahr später feierten sie Hochzeit. Eigentlich war ihm das viel zu schnell gegangen, aber wenn er noch länger gewartet hätte, hätte man ihre Ehre infrage gestellt. Man könne nicht ein Jahr lang mit einem türkischen Mädchen liiert sein und sie dann nicht ehelichen. Er erklärte mir das alles sehr sachlich, als ob es gar nicht um ihn ginge. Seine Hände lagen gefaltet in seinem Schoß. Also heiratete er Aisha, und schon ein paar Monate später wurde sie schwanger. Damals studierte er noch. Aber sie kam aus vermögenden Verhältnissen, und ihre Eltern hatten ihnen zur Hochzeit ein kleines Häuschen geschenkt. Damals lebten sie noch in der Nähe von Bremen. Die nächsten Jahre verliefen sehr harmonisch. Zugegebenermaßen hörte ich das nur ungern. Seine Frau wurde ein Jahr nach der Geburt des ersten Jungen erneut schwanger und ging völlig in ihrer Mutterrolle auf. Sie war mit fünfundzwanzig schon zweifache Mutter. Die Probleme in ihrer Ehe begannen erst, als Aisha noch ein drittes Kind wollte, er aber nicht. Er hätte sich gewünscht, dass seine Frau noch irgendetwas neben den Kindern machen würde. Sie hätte ja nicht zu arbeiten brauchen, aber irgendetwas, was ihren Kopf wieder forderte. Als die beiden sich ineinander verliebten, studierte Aisha Kunstgeschichte. Pro forma, wie Axel meinte. Nach der Hochzeit hörte sie sehr schnell damit auf.

Aisha wollte ausschließlich ihre Jungen großziehen, ihre Verwandten in Istanbul besuchen und sich ein schönes Leben machen. Sie hat es nie verwunden, dass es bei zwei Kindern blieb. Axel bat mich, ihm noch einen Espresso zuzubereiten. Er wirkte kraftlos in dieser Nacht, rieb sich mit beiden Händen die Augen. »Da sind einfach zwei Menschen zusammengekommen, die in Wirklichkeit nicht zusammenpassen, und das hat mir lange wehgetan«, gab er offen zu. Sie lebten nebeneinander her. Axel fing an, sich in seine Arbeit zu verkriechen, die Aisha nicht interessierte. Oft blieb er abends länger in der Klinik, als er musste. Sie tobte vor Eifersucht, schmiss ihm einmal sogar das Essen vor die Füße. Aisha begann ihn mehr und mehr zu kontrollieren.

Ich fragte ihn, warum er sich nicht schon längst von ihr getrennt habe, und er antwortete: »Sie ist die Mutter meiner Söhne, und meine Eltern haben mich mit einem hohen moralischen Anspruch erzogen. Sie hatten sich zwischendurch auch nicht mehr verstanden, und letztlich sind sie heute froh, dass sie zusammengeblieben sind. Außerdem gab es doch bis heute keinen Grund, sich zu trennen.« Als er das sagte, lächelte er das erste Mal in dieser Nacht. Seine müden Augen bekamen wieder Glanz. Und dann äußerte dieser Mann etwas Wunderbares, das ich nie vergessen werde: »Ich war noch nie in eine Frau so verliebt wie in dich, Claudia.« Normalerweise wäre ich bei solchen Komplimenten sehr skeptisch gewesen, aber als ich in seine Augen sah, wusste ich, es stimmte. Zudem ging es mir auch nicht anders. Wir küssten uns. Nur kurz, weil wir Angst hatten, es könnte uns jemand überraschen. Ein Patient oder, noch schlimmer, eine andere Schwester.

In dieser Nacht verabredeten wir uns, entgegen aller Vernunft, für einen Ausflug ins Grüne. Wir mussten, wegen der unterschiedlichen Dienste, nur noch einen gemeinsamen freien Tag ausfindig machen. Ich wollte Axel meinen Lieblingsplatz als junges Mädchen zeigen. Es war eine mit Blumen übersäte Anhöhe, etwa vierzig Kilometer von Stuttgart entfernt. Ich wusste, hier würden wir niemanden treffen. Es war ein verschwiegenes und zugleich romantisches Ziel.

Es war ein Tag wie aus einem sonst kaum zu ertragenden Heimatfilm. Sonne pur. Ein warmer Sommerwind wehte uns um die Nase. Ich hatte uns einen Picknick-Korb zurechtgemacht, mit allem, womit man einen Mann verführen kann: Sandwiches mit Mortadella und Brie belegt, gebratenes Hühnchen, Bier und selbst gebackenen Streuselkuchen. Axel holte mich nicht bei mir in der Wohnung ab. Wir trafen uns an der Ecke zwei Straßen weiter. Kaum stieg ich in sein Saab Cabrio ein, tönte mir der Song »Fairground« von Simply Red entgegen. Mir verschlug es die Sprache. Ich hatte Gänsehaut am ganzen Körper. So einen Treffer hatte ich noch nie gelandet. Es musste Bestimmung sein.

Ich denke, ich habe an diesem Nachmittag das erste Mal in meinem Leben erfahren, was es heißt, aus Liebe mit einem Mann zu schlafen. Unser Sex war ganz sanft. Es war kein Nehmen, nur ein gegenseitiges Geben.

Voller Zärtlichkeit – und eben mit Liebe. Als wir uns am frühen Abend trennten, sagte Axel zu mir: »Ich fahre bald mit meinem besten Freund eine Woche zum Segeln. Da möchte ich gerne über uns nachdenken, wie es weitergehen soll. Bist du einverstanden?« Ich war einverstanden. Auch mein Gefühlsleben war ein kompletter Wirrwarr. In sich verwoben wie ein Wollknäuel, den eine Katze in ihren Fängen gehabt hatte.

Lange Nächte saß ich mit Rike zusammen und diskutierte über mein Verhalten, obwohl ich mir längst sicher war. Ich wollte um diesen Mann kämpfen. Ich wollte ihn haben. Ich vergaß meine seit der Kindheit eingeimpften Prinzipien. Ich vergaß, dass ich lange Plädoyers gehalten hatte, wie dumm man sei, wenn man sich in einen verheirateten Mann verlieben würde. Ich vergaß sogar das ungeschriebene Gesetz, dass man mit einem Vorgesetzten nichts anfängt. Vor allem nicht in unserem Beruf, der mit solch einer Liebesgeschichte jedes Klischee bedient. Aber das Verrückte am Verliebtsein ist ja, dass man alle seine Grundsätze mit drei Worten sofort lahm legen kann. »Ich liebe ihn, Rike«, sagte ich ernst, als sie mich an die Hand nehmen und verbal auf den rechten Weg zurückführen wollte. Seit ich wusste, dass Axel genauso fühlte wie ich, hatte ich auch nicht mehr so ein schlechtes Gewissen. Er tat mir sogar Leid. Ich fand diese Eifersuchtsszenarien seiner Frau entsetzlich. Unsere Liebe, davon war ich überzeugt, würde alle Hindernisse außer Kraft setzen. Das hoffte ich wenigstens.

Axel kam zurück von seinem Segeltörn und hatte genauso entschieden wie ich. Er wollte mich, und für mich wollte er sich von seiner Frau trennen. Wir brauchten es wegen seiner Facharzt-Ausbildung nur noch ein gutes Jahr geheim zu halten.

Wir bemühten uns, so wenig wie möglich vertraulich miteinander umzugehen. Und dennoch beäugte uns Nicole mit misstrauischer Miene. Wo wir konnten, stahlen wir Zeit für uns. Einmal fuhren wir beide auf einen Kongress nach München. Wir meldeten uns dort an und erschienen einfach nicht, suchten uns ein Hotel, in dem keiner seiner Kollegen abgestiegen war. Axels Frau hinterließ mehrere Nachrichten, aber er rief nicht zurück. Es war ein wundervolles Wochenende. Wir hielten uns fest umschlungen. Wie würde es werden, wenn Axel erst Aisha verließe? Wie würden seine Kinder reagieren? Was würden meine konservativen Eltern sagen? In ihren Augen war ich dabei, eine Ehe zu zerstören. Am liebsten wäre ich auf den Kongress gefahren und hätte laut ins Mikrophon geschrien: »Seht her, wir gehören zusammen, auch wenn es verboten ist!«

Nach diesem gemeinsamen Wochenende stand für mich eins fest: Ich musste Andreas die Wahrheit sagen! Gedacht, getan. Wir trafen uns in meiner Wohnung und aßen Spätzle. Andreas hatte beste Laune, ich einen dicken Kloß im Hals, aber ich hoffte, er würde es verstehen. Stotternd und ungeschickt begann ich, ihm von Axel zu erzählen. Schon nach zwei Sätzen unterbrach mich Andreas und meinte: »Ich hatte immer Angst, dass mal ein anderer kommt und dich mir wegschnappt. Aber ausgerechnet so ein eingebildeter Weißkittel!« Da ich so viel Vertrauen zu Andreas hatte, erzählte ich ihm natürlich auch, dass Axel verheiratet war. Das war ein Kardinalfehler, wie sich schnell herausstellen sollte. Andreas ließ das Essen stehen und stand auf. Beim Hinausgehen sagte er: »Weißt du, Claudia, diesmal habe ich das Gefühl, es ist ernst. Und das trifft mich sehr.«

Tage später kam Axel aufgeregt ins Schwesternzimmer. Er hatte Schweißperlen auf der Stirn. Ich merkte sofort, dass es etwas mit uns zu tun hatte. Da gerade niemand außer mir im Raum war, konnte Axel reden. »Sie weiß es!«, sagte er und war fast atemlos. »Aber, was noch viel schlimmer ist, sie hat es unserem Chef mitgeteilt.« Mir lief ein Schauer über den Rücken. Ausgerechnet in diesem Augenblick betrat Nicole das Schwesternzimmer. Verdutzt schaute sie von einem zum anderen. »Stör ich?«, fragte sie süffisant. »Ehrlich gesagt, ja!«, antwortete Axel forsch. Mir rutschte das Herz in die Hose. War er verrückt geworden, ausgerechnet Nicole, die sowieso schon Verdacht geschöpft hatte, eine derartige Antwort zu geben? Mit beleidigtem Gesicht nahm sie das Blutdruck-Messgerät an sich und verschwand. Mir fiel nichts Besseres ein, als Axel zu fragen: »Und jetzt?« Er seufzte tief. Er wollte nach seinem Dienst zu mir kommen und mir alles ausführlich erzählen. Wie jedes Mal, wenn er kam, parkte er ein paar Straßen weiter.

Aufgelöst und hungrig stand Axel gegen zweiundzwanzig Uhr vor der Tür. Ich hatte ihn noch nie so gesehen. Schon beim Reingehen fing er an zu berichten. Unser Chefarzt habe ihn zu sich bestellt und gesagt, dass Aisha ihn angerufen und ihm ihren Verdacht mitgeteilt hätte, dass ihr Mann mit Schwester Claudia ein Verhältnis hätte. Er solle doch bitte ein Auge darauf haben. Als ich das hörte, konnte ich es nicht begreifen. Woher wusste Aisha, dass ich es war, woher kannte sie meinen Namen? Hatte sie bloß einen Verdacht, oder war sie sich sicher? Hatte uns vielleicht doch jemand in München gesehen? Axel, dem ich meine Gedanken offenbarte, schüttelte den Kopf, wusste aber auch keine Antwort. Er selbst hatte Aisha von uns erzählen wollen, wenn er seinen Facharzt in der Tasche hätte. Nach einer Stunde ging er. Uns war klar, dass wir ab heute noch vorsichtiger sein mussten. Axel umarmte mich ganz fest, als er sich verabschiedete, und sagte: »Es tut mir Leid, dass es so gekommen ist. Aber wir fangen neu an, wenn das Versteckspiel vorbei ist.«

Ich konnte nicht einschlafen, wälzte mich von links nach rechts. Schließlich setzte ich mich mit einer Flasche Bier ins Wohnzimmer. Mein Blick fiel auf den großen Pinguin, und plötzlich hatte ich einen ganz bösen Gedanken: Hatte Andreas in seiner Gekränktheit Axels Frau angerufen? Ich griff sofort nach meinem Handy und rief ihn an. Es klingelte, das Handy von Andreas war nie ausgeschaltet. Verschlafen nahm er meinen Anruf entgegen. »Hast du die Frau von Axel angerufen?«, fragte ich ihn scharf. »Was?«, murmelte er und war sofort hellwach. »Was fragst du da? Sag mal, Claudia, du spinnst wohl total! Ich weiß doch gar nicht, wie dein blöder Doktor mit Nachnamen heißt. So etwas traust du mir zu, nach all den Jahren! Lass mich in Ruhe, okay? Ich will nichts mehr mit dir zu tun haben.« Ich war hin- und hergerissen. Eine Hälfte meines Herzens bestätigte meinen Verdacht, die andere hätte vor Scham versinken mögen. Unentschlossen sagte ich: »Entschuldigung, aber es gibt Ärger.« – »Das ist dein Problem, Claudia«, antwortete er und schaltete das Handy aus.

Ich ging auf den Balkon und schaute, ob bei Rike noch Licht brannte. Fehlanzeige! Ich wollte sie nicht wecken. Erst mal wieder abkühlen, dachte ich.

Die nächsten Monate im Krankenhaus waren die Hölle: Axel und ich vermieden jegliche persönliche Bemerkung, und gerade dieser verkrampfte Umgang ließ die Wellen des Verdachts wahrscheinlich noch höher schlagen.

Plötzlich erschien der Chefarzt persönlich zu jeder Visite. Nur, um zu sehen, wie Axel und ich zusammen kommunizierten. Hinter unserem Rücken befragte der Chef auch Nicole, die aber den Verdacht nicht bestätigte, wenigstens nicht offiziell. Privat löcherte sie mich zwar, aber Rike und ich waren uns darüber einig, niemanden mehr in die prekäre Situation einzuweihen. Ich fand die ganze Situation völlig absurd. Ich arbeitete hier in einem Krankenhaus, um kranken Menschen zu helfen. Ich war keine Verbrecherin, der man nachspionieren musste.

Es kam noch schlimmer: Wir hatten eine junge Diabetikerin auf der Station, der es während einer meiner Nachtwachen nicht besonders gut ging. Da ihr Zuckerwert aber stabil niedrig blieb, entschied ich mich, ihr kein Insulin zu spritzen, sie lieber noch weiter zu beobachten und am frühen Morgen den Arzt entscheiden zu lassen. Ich hatte selbstverständlich jede Messung und jeden Wert genauestens protokolliert. Bei der Übergabe wies ich Nicole auf die Problematik hin. Erschöpft fuhr ich nach Hause. Kaum war ich eingeschlafen, weckte mich das Klingeln des Telefons. Es war Axel, der mir erzählte, dass der Chef außer sich sei. Die Zucker-Patientin liege jetzt auf der Intensivstation und meine Entscheidung, ihr nicht das Insulin zu spritzen, hätte diesen Zustand verursacht. Weinend erklärte ich Axel, dass das gar nicht der Fall sein könne, weil ihr Zuckerwert stets stabil gewesen und nicht einmal minimal abgefallen war. Es musste einen anderen Grund für ihren schlechten Zustand geben.

Als ich wieder meinen Dienst in der Klinik antrat, herrschte um mich herum eisiges Schweigen. Rike war leider im Urlaub und konnte mir auch nicht helfen. Nicole war sehr kühl und meinte: »Da hast du echt Mist gebaut. Die Patientin liegt noch immer auf der Intensivstation.« Sie wollte wissen, warum ich in der besagten Nacht nicht einen Arzt zu Rate gezogen hätte. Ich rechtfertigte mich, indem ich das Buch mit den Patientenwerten holte und ihr erklären wollte, dass es in dieser Nacht keinerlei Bedarf gegeben hätte, Alarm zu schlagen. Nicole schob das Buch zur Seite und zischte: »Du bist einfach durch den Wind wegen deines Doktors. Gib es doch endlich zu!« Ich merkte, wie sich meine Augen mit Tränen füllten und meine Knie zitterten. Ich gab Nicole keine Antwort.

Ich hatte das Gefühl, das gesamte Krankenhaus würde nur noch über Axel und mich reden. Zufällig hörte ich, wie unser Oberarzt bei einem Flurgespräch zu einer anderen Schwester sagte: »Die Claudia ist fällig.« Als er merkte, dass ich diese Äußerung gehört haben musste, lief er rot an. Ich fühlte mich wie eine Aussätzige. Ich ging auf die Intensivstation und fragte nach dem Zustand der Patientin. Sie hatte eine Lungenembolie bekommen, aber ihr Zustand war jetzt stabil.

Wenig später überschlugen sich die Ereignisse. Ich ging zurück auf Station VIII und hatte beschlossen, meine Arbeit so normal wie möglich zu verrichten und erst abends mit Axel über alles zu sprechen. Wir hatten uns in einer kleinen, abgelegenen Bar in Stuttgart verabredet.

Plötzlich kam Axel auf mich zu und bat mich, kurz mit ihm die Klinik zu verlassen. Sein Gesicht war sehr ernst und blass. Er hatte dunkle Ringe unter den Augen.

Vor der Klinik lag ein kleiner, künstlich angelegter Weiher mit einem Wasserspiel. Axel stand wie hypnotisiert am Ufer. Ich hatte mir eine dicke Jacke angezogen, obwohl es eigentlich frühlingshaft warm war. Wenn ich nervös war, fror ich immer fürchterlich. Axel erzählte, er hätte aus privaten Gründen um eine Versetzung auf eine andere Station gebeten. Der Chef habe natürlich sofort gefragt, ob ich der Grund für diesen Wunsch sei. Nach kurzem Zögern fuhr Axel mit fester Stimme fort: »Ich habe ihm gesagt, dass ich dich liebe. Aber dass ich deine und meine Arbeit nicht gefährden möchte.« – »Und Aisha?«, fragte ich vorsichtig. »Ich habe gestern Nacht mit ihr gesprochen und ihr gesagt, dass ich mich von ihr trennen will.« In der Stimme von Axel konnte ich Erleichterung heraushören. In meinem Kopf herrschte Chaos.

Ich sagte Axel, dass das Outing viel zu früh sei. Vor allem jetzt, wo ich nach dem Insulin-Desaster sowieso das Krankenhaus verlassen müsste. Axel nahm mein Gesicht in seine Hände. »Du warst nicht schuld. Es hätte der Patientin überhaupt nicht geholfen, wenn du ihr Insulin gespritzt hättest«, beruhigte er mein Gewissen. Er habe sich ihre gesamten Werte aus in jener Nacht angesehen und ich hätte völlig korrekt gehandelt. Die Embolie sei erst akut geworden, als ich bereits zu Hause war. Auch dies habe er dem Chef bereits mitgeteilt.

Ich stotterte vor mich hin, dass ich aber in der fraglichen Nacht trotzdem einen Arzt hätte fragen können. Axel aber bestätigte, dass ein Arzt bei leichtem Unwohlsein nun wirklich nicht zu rufen sei. Noch dazu, wenn ein Arzt in einer Nacht drei Stationen zu versorgen hätte. Die Patientin sei ansprechbar gewesen, lediglich leicht verschwitzt und etwas unruhig.

Auf einmal sah Axel mich fragend an: »Was sagst du denn zu uns?« Für mich war das im Moment alles zu viel. Meine Angst und meine Sorge wegen Axels Job überwogen meine Freude, dass unsere Beziehung nun endlich offiziell war. Schluss mit dem Versteckspiel!

Schluss mit dieser Angst, entdeckt zu werden. Schluss mit dem Gefühl, eine Sünderin zu sein!

Es war bestimmt schon eine Viertelstunde her, dass ich die Station verlassen hatte. Ich gab Axel einen flüchtigen Kuss auf die Wange und sagte ihm, dass wir später weiter darüber reden würden. Ich müsste jetzt zurück. Kaum wieder auf Station VIIII, passte mich Nicole ab und sagte in schnippischem Ton: »Claudia, du sollst bitte zum Chef kommen!« Ohne etwas darauf zu erwidern, lief ich wie narkotisiert den Flur zum Fahrstuhl entlang. Obwohl ich besonders nervös hätte sein müssen, hatte ich plötzlich das Gefühl, dass alles gut werden würde. Der Chef sprach sehr sachlich mit mir. Er bestätigte, dass ich meinen Dienst fortsetzen könnte und von den Vorwürfen gegenüber der Patientin nach genauer Untersuchung entlastet sei. Ich saß stumm auf dem braunen Ledersessel und hörte ihm zu. Aber ich musste mich stark konzentrieren, weil ich erst in diesem Moment so langsam begriff, welche Lawine ins Rollen gekommen war. Zum Glück brauchte ich meinem Gegenüber keine Antwort zu geben. Der Chefarzt hatte nun alles gesagt und war fertig mit mir, wir standen beide auf. Da legte er seinen Arm um meine Schulter und sagte: »Sie sind doch noch so ein junges Mädle, überlegen Sie sich mal genau, ob Sie diese Ehe wirklich zerstören wollen. Da wäre der Herr Vater sicher auch nicht glücklich drüber.« Wortlos stürmte ich aus dem Chefbunker, so nannten wir das mit schwerem Ledermobiliar voll gestopfte Büro des Chefs.

Wie kommt er auf meinen Vater?, überlegte ich mir im sicheren Schwesternzimmer. Ich beschloss, abends meine Mutter anzurufen und vorsichtig nachzufragen. Stolz erzählte sie mir, dass mein Vater und mein Chef erst vor einer Woche zusammen Golf gespielt hätten. Dass ich mich glücklich schätzen könne, für so einen tollen Chefarzt zu arbeiten. Ich erfand irgendeine Ausrede und beendete schnell das Gespräch. Ich wollte meine Eltern noch nicht in alles einweihen. Ihre Meinung kannte ich sowieso und wollte sie nicht auch noch hören.

Als Axel klingelte, hatte er einen Arm voller Kirschblütenzweige bei sich. Er sagte, er habe direkt vor dem Haus geparkt, und strahlte dabei. Wir küssten uns, und jeder weitere Kuss verscheuchte dumme Gedanken und Ängste. Wir waren jetzt auf einem gemeinsamen Weg, und an diesem Abend wollten wir erst einmal nur feiern und uns lieben.

Ruckartig wachte ich gegen drei Uhr morgens auf und weckte Axel. »Willst du nicht nach Hause gehen?«, fragte ich ihn. »Von Wollen kann keine Rede sein«, antwortete er, setzte sich gähnend im Bett auf und fügte hinzu: »Aber ich muss, wegen der Kinder.« Aisha habe ihn übrigens in sein Arbeitszimmer ausquartiert und würde kein Wort mehr mit ihm reden, teilte er mir noch mit. Hellwach, wie ich nun war, fragte ich, wie Aisha es nun herausbekommen habe, dass ich es sei. Sie habe ihm keine Antwort gegeben auf seine Frage, fuhr er fort, nur ein schrilles »Tja, das wüsstest du wohl gern, was!«, bekam er entgegengeschleudert. Als Axel sie nachmachte, konnte ich sie mir so richtig vorstellen. In meinem Hinterkopf hatte ich immer noch den Gedanken, dass Andreas uns verraten hatte.

In der Klinik veränderte sich nicht viel. Aus dem eisigen Schweigen war heftiges Getuschel und Getratsche geworden. Nicole war offensichtlich beleidigt, weil ich sie nicht mit Details aus meinem Privatleben versorgte. Glücklicherweise ging sie in Urlaub, als Rike zurückkam.

Axel wurde versetzt. So sahen wir uns zwar innerhalb des Krankenhauses seltener, aber das war auch besser so. Die Patientin mit der Lungenembolie war wieder auf unserer Station, und langsam schienen sich die Wogen zu glätten. Dachte ich, aber dann rief mein Vater an und bat mich zu einem Gespräch. Erst allein und dann gemeinsam mit Axel. Papas Stimme klang nicht wütend, sondern eher besorgt. Aber ich fand es gut von ihm, dass er Axel kennen lernen wollte. Wir trafen uns in einem kleinen Restaurant bei uns auf dem Dorf. Axel sollte eine Stunde später hinzukommen. Er war damit einverstanden. Schließlich hätte er nichts mehr zu verbergen und er würde sich darauf freuen, meinen Eltern zu begegnen und ihnen mitzuteilen, wie ernst es ihm mit ihrer Tochter sei. Ich liebte ihn für seine Konsequenz.

Wie ich an diesem Abend erfuhr, hatte unser Chefarzt in der Tat bei meinem Vater angerufen und zufällig einfließen lassen, dass die Claudia ja einen ganz schönen Wirbel in der Klinik machen würde und ob nicht er mal mit mir reden könne. Auf die Nachfrage meines Vaters nach dem »ganz schönen Wirbel« folgte die Geschichte von Axel und mir in der Chefversion. Im Restaurant fielen nun alle Sätze, die in solch einer Situation von Eltern einfach kommen müssen: »Der Mann ist doch verheiratet und hat auch noch Kinder. Ist dir der nicht irgendwann zu alt? Dreizehn Jahre ist ein großer Unterschied. Willst du ihn denn jemals heiraten? Und wenn er keine Kinder mehr mit dir will? So ein Verhältnis bei der Arbeit, das macht man doch nicht.« Es wurde noch viel mehr gesagt. Bis ich meinen Eltern klar mitteilte: »Aber ich liebe ihn, dass ihr es nur wisst!«

In diesem Moment ging die Tür auf, und Axel kam herein. Ich sah meinem Vater sofort an, dass er ihn sympathisch fand. Er zwinkerte leicht, und das verhieß zumindest nichts Schlechtes. Auch meine Mutter war ganz angetan von Axel. Wie erwartet, erklärte er meinen Eltern die Sach- und Gefühlslage. Für sie war es das Wichtigste, dass Axel ernste Absichten hatte und nicht noch eine Frau unglücklich machte.

Die nächsten Monate waren für uns beide nicht einfach. Axel nahm sich in der Nähe der Klinik ein Ein-Zimmer-Appartement. Wir fanden es besser, nicht sofort zusammenzuziehen. Das würde die Gemüter der anderen noch mehr erhitzen. Aisha verhielt sich genauso, wie wir es erwartet hatten. Sie startete nächtliche Terroranrufe, bei denen sie mich wüst beschimpfte. Seltsam, wenn man von einem völlig fremden Menschen beleidigt wird. Ich legte einfach immer wieder auf. Einmal wurde es derart schlimm, dass ich zu Rike zog.

Von Andreas hatte ich nie wieder etwas gehört. Irgendwann trafen Axel und ich ihn in der Stadt, aber er wechselte die Straßenseite. Bis heute weiß ich nicht, ob er Aisha damals angerufen hat oder ob sie uns beschatten ließ. Aber mittlerweile glaube ich, dass er es getan hat. Vielleicht hatte ich seine Gefühle zu mir doch unterschätzt? Auch Rike ist sich dessen völlig sicher, und sie würde Andreas so einen Verrat aus verletztem Männerstolz ohne weiteres zutrauen.

Das Hauptproblem aber war Aisha. Sie erfand ständig Ausreden, warum Axel die Kinder nicht sehen könne. Mal war es die Schule, mal der Sport, mal sagte sie, die Jungen wollten Axel nicht treffen. Darunter litt er wahnsinnig. Es zermürbte ihn, und in dieser Zeit dachte ich oft an meine Mutter, die mir prophezeit hatte, dass mein schlechtes Gewissen eines Tages doch anklopfen würde. Ich versuchte Axel zu trösten, aber ich wusste auch, dass ich das nicht konnte. Ich ermunterte ihn nur immer wieder, sich friedlich zu verhalten. Wenn er Aisha für ihr Verhalten auch noch attackierte, würde alles noch schlimmer. Er grollte Aisha und ihrer ganzen Familie, die unsere Beziehung in ähnlicher Weise kommentierten wie Aisha bei ihren nächtlichen Terroranrufen. Da war von einem guten Elternhaus wirklich nichts mehr übrig. Aishas Vater hatte seiner Tochter sofort den besten und teuersten Rechtsanwalt besorgt, doch Axel betonte immer wieder, er wolle nur möglichst schnell die Scheidung, sonst nichts.

Als Axel mit seiner Ausbildung fertig war, hatten wir längst den Entschluss gefasst, eine eigene internistische Praxis aufzumachen, als finanziell gleichberechtigte Partner. Mein Vater lieh mir das Geld für meinen Anteil, das ich bei Erfolg in Raten zurückzahlen sollte. Er glaubte an uns beide und an diese Idee.

Manchmal wurde mir schwindelig bei dem Gedanken, wie schnell sich mein Leben gedreht hatte. Gestern noch wollte ich meine Unabhängigkeit und bloß keinen verheirateten Mann mit einem Rattenschwanz voller Probleme, und dann befand ich mich mitten in einem Ehekrieg. Axel aber hatte eine unglaubliche Kraft. Ich hatte das erste Mal in meinem Leben das Gefühl, dass ich mich fallen lassen konnte. Außerdem kannte ich keinen Menschen, der so konsequent war wie er. In beruflichen wie auch in privaten Dingen. Wenn sich seine Frau nur ein bisschen mehr auf ihn eingestellt hätte, wäre Axel niemals von ihrer Seite gewichen.

Ich wollte von ihm wissen, warum er am Anfang unserer Beziehung derart lange geschwiegen hätte. Es sei doch bei uns beiden Liebe auf den ersten Blick gewesen. Axel antwortete: »Weil ich mir erst ganz sicher sein wollte.« Was auch sonst! Axel ist mein Fels in der Brandung. In all den Jahren, die wir jetzt zusammen sind, gab es kein Zweifeln an unserer Beziehung.

Unsere Praxis, die unweit von meinem Elternhaus liegt, ließ sich gut an. Ganz in der Nähe fanden wir auch eine schöne Wohnung. Wir kauften uns nur das Nötigste, denn ich hatte ja bereits einen kompletten Haushalt. Das Verhältnis zwischen Axel und seinen Kindern war auch nach der vollzogenen Scheidung schwierig, aber immerhin war es geregelt. Alle vierzehn Tage holte Axel die Buben ab. Erst nach anderthalb Jahren lernte ich sie kennen. Das war aufregend, aber ich hatte ein positives Gefühl. Ich mochte die beiden sofort.

Das alles liegt jetzt schon Jahre zurück. Wir blieben weiterhin so glücklich wie am Anfang und völlig ahnungslos, was uns noch erwartete.

Axel und ich fuhren zur Hochzeit meiner Schwester Isabell, die mittlerweile in Tübingen lebte. Mir ging es nicht besonders gut an diesem Tag. Ich fühlte mich schwindelig und hatte das Gefühl, mein Herz würde schwerer als sonst arbeiten. Aber ich sagte niemandem etwas, auch Axel nicht. Nach der Trauung in der Kirche brach ich ohnmächtig zusammen. In meinen Beinen hatte sich viel zu viel Wasser angesammelt. Axel brachte mich sofort ins Krankenhaus. Die Diagnose war hart: beidseitige Niereninsuffizienz. Was bedeutete, dass ich von jetzt an regelmäßig zur Dialyse musste, denn eine Spenderniere ist nicht leicht zu finden. Ich bekam starke Medikamente, und wir konnten erst einmal wieder nach Hause. Axel schlief keine Nacht mehr. Er wälzte sich hin und her, und wenn ich ihn fragte, was ihn denn so belaste, sagte er nur: »Ich habe vielleicht eine Idee, wie ich dir schnell helfen kann.«

Ein paar Tage später saßen wir beide abends am Tisch. Und als er mir sagte, worüber er nachgedacht hätte, konnte ich es nicht glauben: Axel wollte mir eine Niere schenken. Er habe bereits alle wichtigen Gänge erledigt und alle seine Werte testen lassen. Ein Freund von ihm, ein renommierter Professor aus einer Uniklinik, würde den Eingriff vornehmen. Axel hatte sogar schon einen Termin vereinbart. Ich weinte vor Glück, aber auch vor Angst. Eine Lebendtransplantation beinhaltet ein doppeltes Wagnis: Zwei Menschen können dabei ihr Leben lassen. Die Vorstellung, dass ich Axel verlieren könnte, weil er mir ein Organ schenken wollte, war äußerst beunruhigend. Er hat Kinder, dachte ich. Ich nicht! Und wahrscheinlich würde ich auch keine mehr bekommen können. Ich führte Hunderte von Argumenten an, warum ich diesen riesigen Liebesbeweis nicht annehmen könnte. Aber Axel hatte sich bereits entschieden. Wir gingen gemeinsam zu seinem Freund, der die Operation machen sollte, und ich ließ mich über alle Risiken aufklären. Auch er riet mir, trotz der emotionalen Bedenken, zu dieser Operation.

Heute bin ich überglücklich, gesund und über alle Maßen dankbar, dass ich damals zugestimmt habe. Mittlerweile leben Axel und ich zehn Jahre zusammen. Wir haben immer noch unsere Praxis, allerdings betrete ich sie nur noch selten wegen meines geschwächten Immunsystems. Aber ich erledige die Buchhaltung und arbeite an Konzepten, das Management in Arztpraxen zu verbessern.

Es gibt einen Moment in unserer Beziehung, den ich nie vergessen werde. In der Nacht vor unser beider Operation hielten wir uns an den Händen und waren uns einig: Andere sterben, ohne ihre große Liebe je getroffen zu haben.

Geliebte sucht Liebhaber

Wenn ich früher nervös wurde, spielte ich immer mit meinen drei ineinander verschlungenen Goldringen. Ich drehte sie immerzu. Mal vorwärts, mal rückwärts. Sie waren wunderschön. Einer war Gelbgold, einer Weißgold, einer Rotgold. Es war eine Kreation von Cartier. Ich liebe den Schmuck von Cartier. Er ist klassisch und doch nicht langweilig. Kein Firlefanz. Etwas Dauerhaftes.

Ich saß mal wieder auf meiner Couch mit den dicken weißen Kissen. Ich trug eine schwarze Hose und dazu einen pastellfarbenen Kaschmirpullover. Meine Finger drehten die Ringe, als ob sie auf diese Weise die Zeit zurückdrehen könnten. Tobias schrie: »Du hast mich belogen und betrogen. Obwohl ich dir diesen ganzen Mist hier finanziere.« Er nahm den neuen Bang & Olufsen-Fernseher und wuchtete das Designerstück auf den Boden. Das fiel ihm nicht schwer. Manche seiner Hanteln, mit denen er tagaus, tagein trainierte, waren mit Sicherheit leichter. Als Nächstes flog die Fernbedienung gegen die Wand. So ausgerastet war er noch nie. Direkt hässlich sah er aus. Die Spucke sammelte sich in seinen Mundwinkeln. Seine grünen Augen waren weit aufgerissen. Er erinnerte mich an einen wilden Drachen, dessen schlimme Streiche ich jahrelang meiner Tochter Julia vorgelesen hatte. Doch das hier war kein Märchen. Das war bittere Realität. Erschreckend, wie ein Mensch, den man einmal geliebt hat, sich so verändern kann.

Alles begann vor siebzehn Jahren. Ausgerechnet im Fitnessstudio. Nach einer unglücklichen Liebe war ich nach Hamburg gezogen. Ich brauchte einen Ortswechsel, und ein gutes Jobangebot als fest angestellte Visagistin beim Fernsehen machte mir diesen Schritt leicht. Zuvor hatte ich viele Jahre in Köln gelebt und dort als freie Mitarbeiterin für einen großen Sender mehrere Vorabendserien als Maskenbildnerin betreut. Ich war lange mit einem Regisseur liiert gewesen, aber der ließ mich dann irgendwann sitzen, weil er sich in eine andere Frau verliebt hatte. Das traf mich sehr, nicht nur, weil ich ihn wirklich mochte, ich war auch ganz schön gekränkt. Damals war ich dreiunddreißig und wollte noch nicht heiraten und Kinder kriegen. Ich wollte einfach nur weiter mit Andreas zusammen sein und viel Spaß mit ihm haben. Er aber hatte Familienpläne. Mich dagegen faszinierte mein Job. Gesichter zu verändern, das finde ich spannend. Auch die Schauspieler passten in mein Bild von interessanten Menschen. Selbst wenn sie alle ausnahmslos Egomanen sind. Noch heute habe ich Spaß an dieser Arbeit.

Ich hatte eine süße, kleine Wohnung gefunden, und Hamburg gefiel mir sehr. Ein bisschen konservativ, aber es gibt dort viele tolle Geschäfte und groß gewachsene Männer mit schnellen Autos. Ich war einfach nur gespannt, wie mein Leben weitergehen würde. Da ich sehr kommunikativ bin, machte ich mir um die Freizeit wenig Gedanken. Ich würde schon Freunde finden. Und ein Fitnessstudio ist die ideale Kontaktbörse in einer neuen Stadt. Außerdem musste ich dringend mal wieder etwas für meine Figur tun. Meine Pölsterchen an den Hüften wären sonst bald Polster.

Gedacht, getan. Neben mir im Studio – es war ein Sonntagmorgen – trainierten zwei sehr sportliche, sympathisch aussehende Männer. Wir unterhielten uns über

Belangloses wie das Wetter, die Alster, die Reeperbahn und so weiter. Maximilian, der Schlagfertigere von den beiden, lud mich zu einem Rundgang am Hafen mit anschließendem Abendessen ein. Tobias, sein Freund, stellte sich ebenfalls kurz vor und sagte, er würde sich uns anschließen wollen. Ich hatte nichts dagegen. Ich fand beide Männer absolut seriös. Maximilian war der Draufgänger, Tobias der Stille, aber deshalb war er nicht weniger interessant.

Es wurde ein sehr lustiger Abend zu dritt. Maximilian gehörte eine bekannte Baufirma, und Tobias war Investmentbanker. So, wie die beiden angezogen waren, mussten sie gut verdienen. Silberne Manschettenknöpfe, Maßhemden mit Initialen. Sie waren sehr höflich und hatten ausgezeichnete Manieren. Weit nach Mitternacht setzte mich Tobias zu Hause ab. Leider fuhr er einen schwarzen Porsche. Auch noch ein Cabriolet. Vielleicht ein schönes Auto, aber diese Männer glauben immer, sie könnten mit ihrem Gefährt direkt bis zur Bettkante fahren. Tobias war Gott sei Dank eine Ausnahme. Ein flüchtiges Küsschen auf die Backe und eine dezente Frage nach meiner Telefonnummer, das war alles. Beschwingt und fröhlich tanzte ich die Stufen zu meinem Appartement hinauf. Ein guter Start in ein neues Leben, dachte ich.

Zu diesem Zeitpunkt wollte ich von keinem Mann etwas Konkretes. Auch nicht von diesen beiden Männern. Ich wollte flirten, mich amüsieren und in meinem Job gut sein. Noch immer konnte ich ihn auf meiner Zunge schmecken, den fahlen Beziehungs-Nachgeschmack.

Tobias traf ich beim Sport wieder. Er mühte sich gerade auf dem Laufband ab. Wieder war unser Zusammentreffen sehr ungezwungen, wir tranken noch ein

Glas Fruchtsaft in einer Bar in der Nähe des Studios. Ein paar Wochen sah ich weder ihn noch Maximilian. Bis plötzlich Tobias anrief und fragte, ob ich nicht Lust hätte, für das Wochenende mit nach Sylt zu kommen. Sie seien dort in einem schönen Haus von Bekannten. Nachdem ich die Nordseeinsel nur aus dem Fernsehen kannte, beschloss ich, mit dem Zug hinzufahren. Ich sollte mich melden, hatte Tobias gesagt, wenn ich eingetroffen sei.

Auf dem Bahnsteig in Westerland war es kalt, windig, aber sonnig. Ein echter Sylttag. Ich rief von einem öffentlichen Telefon bei meinen beiden Verehrern an. Handys gab es ja noch nicht. Eine Viertelstunde später holte mich Maximilian ab. Mindestens dreimal betonte er, wie sehr sich Tobias freue, dass ich gekommen sei.

Das Haus war ein Traum. Reetgedeckt, eine Eingangshalle mit Kamin, eine perfekt ausgestattete Küche mit alten Sylter Kacheln. Die Wand meines Zimmers war mit einer gelben Stofftapete ausgekleidet. Die grünen Vorhänge an den kleinen Giebelfenstern gerafft. Die Bettüberdecke sah aus wie eine Blumenwiese. Ich hatte mir ein schwarzes Cocktailkleid eingepackt und rote Pumps. Nicht zu sexy, aber doch für einen gelungenen Auftritt, der gefallen sollte. Nach einem langen Spaziergang am Strand mit einem glutroten Sonnenuntergang über dem Meer freute ich mich richtig auf den Abend, summte leise vor mich hin. Das Restaurant, das Tobias und Maximilian ausgesucht hatten, war wirklich außergewöhnlich. Es hieß Sansibar, lag mitten in den Dünen und war aus Holz gebaut. Obwohl es eigentlich viel zu kalt war, zog ich meine Pumps aus und lief barfuß durch den Sand. Langsam begann es in meinem Bauch zu kribbeln. Der Champagner unterstützte dieses schöne Gefühl. Tobias' grüne Augen ließen mich nicht mehr los. Damals wusste ich ja noch nicht, wie sehr sie sich zum Bösen verändern konnten. Er hatte dunkle Haare mit ein paar grauen Strähnen, ausgeprägte Wangenknochen, weiche, volle Lippen. Als er wegen der Hitze im Lokal sein Hemd hochkrempelte, fielen mir wieder seine leicht gebräunten, muskulösen Unterarme auf. Wegen seiner grauen Strähnen und der wenigen, aber tiefen Stirnfalten schätzte ich ihn auf Mitte vierzig. Seinen Körper allerdings auf Mitte dreißig.

Tobias begann mir zu gefallen. Ich hatte richtig Lust, mit ihm zu flirten, nahm mir aber fest vor, nicht mit ihm ins Bett zu gehen. So leicht wollte ich es ihm nicht machen. Etwas später gingen Tobias und ich noch in eine Diskothek, Maximilian verabschiedete sich vorher höflicherweise. Ich bestellte mir noch einen Gin Tonic und wurde immer fröhlicher. Tobias aber nippte nur an seinem Wasserglas. Also riss ich mich zusammen und verzichtete auf einen weiteren Drink. Gegen zwei Uhr morgens fuhren wir zurück in die reetgedeckte Villa.

Tobias legte Patricia Kaas auf, nicht zu laut, da Maximilian gewiss schon schlief. Ich schmolz dahin – und ebenso meine Vorsätze. Seine Lippen erwarteten mehr. Wanderten das Dekolletee hinab. Er war nicht zärtlich, sondern voller Lust. Ich spürte es. Sein Atem wurde immer schneller. Jeder seiner Griffe saß. Bevor ich mich in seinen Händen und unter seinen Lippen verlor, bat ich ihn, nicht mit mir zu schlafen. Zu meiner größten Überraschung antwortete er: »Das will ich auch nicht, Carolin. Ich will dich mir noch ein wenig aufheben.« So etwas hatte ich noch nie von einem Mann gehört, der so in Fahrt war. Fühlte mich aber irgendwie geschmeichelt, ernst genommen. Wenn der Sex mit ihm genauso gut war wie seine Küsse, würde ich meinem Ex nachträglich danken, dass er mich sitzen gelassen hatte.

Sex war und ist mir sehr wichtig. Ich hatte immer ein gutes Gespür für Männer, die leidenschaftlich sind. Mir gefällt es, wenn ein Mann fordert. Wenn die Stimmung die richtige ist, brauche ich kein langes Vorspiel. Irgendwann löste ich mich von Tobias und fiel glücklich in meine Blumenwiese.

Zurück in Hamburg, hörte ich ein paar Tage nichts von Tobias. Das ärgerte mich zwar, aber mein Stolz war mehr verletzt als mein Herz. Ich dachte, dass er verheiratet sei. Und als er schließlich anrief, fragte ich ihn sofort danach. Er zögerte keine Minute. Ja, er sei verheiratet, außerdem hätte er zwei kleine Töchter. Das traf mich nicht besonders. Ehrlicherweise war ich nicht einmal traurig darüber. Denn zu diesem Zeitpunkt wollte ich noch keine neue Beziehung. Die alte hatte mit Problemen aufgehört, und eine neue hätte sofort mit ihnen begonnen. Nein. Das sollte erst gar nicht eintreten. Aber ich fand diesen Tobias zugegebenermaßen spannend. Er war anders als die Typen, die ich so kannte, und das reizte mich. Ein Erfolgstyp mit Geld und Geschmack, noch dazu so attraktiv wie ein Boss-Model. Sehr direkt, aber trotzdem distanziert. Manchmal sogar unsicher. Extrem diszipliniert, viel zu eitel und dann doch bereit, über sich selbst Witze zu machen. Das war eine mir bislang unbekannte Mischung, vielleicht sogar eine explosive. Er fragte, ob wir uns weiter treffen wollten. Ich war einverstanden. Warum nicht? Er war bestimmt ein großartiger Liebhaber.

Das nächste Mal rief Tobias sonntags an. Ich war überrascht, weil verheiratete Männer doch eigentlich sonntags nie Zeit haben. Ich lud ihn zum Frühstück ein. Er kam mit einer Tüte frischer Brötchen vom Bahnhofsbäcker und einer Flasche Champagner. Er betrat meine Single-Wohnung und schaute sich um. Wie ein Baum stand er in der Mitte meines hellen Wohnzimmers. Seine Hände hatte er in der grauen Flanellhose mit tiefen Bundfalten vergraben. Kein bisschen Bauch wölbte sich über die Hose. Das leichte Baumwollsakko legte er ganz selbstverständlich über den Stuhl. Mir stockte der Atem. Ich fühlte mich plötzlich so ausgeliefert, so bezwingbar. Beethovens drittes Klavierkonzert im Hintergrund machte alles noch dramatischer. Er sah mich an. Unsere Augen waren sich schon einig, hatten ja gesagt. Langsam kam er auf mich zu. Er küsste mich nicht. Er schob mich langsam an die Wand, griff mir zwischen die Beine. Es gefiel mir. Zwischen den tiefen Bundfalten spürte ich die Härte, mit der er mich gleich nehmen würde. Ich ließ alles zu. Er tat mir sanft weh. Es war immer an der Grenze zwischen Lust und Schmerz. Ich vergaß, wo ich war. Mein Kopf schlug gegen die Wand. Es war vorbei. Jetzt küsste er mich. Zärtlich, als ob er »Danke« sagen wollte.

Der Champagner wanderte in den Kühlschrank. Tobias trank ja sowieso kaum Alkohol. Ich machte uns einen Cappuccino. Was für eine verdrehte Reihenfolge, dachte ich. Irgendwie hätte ich nun erwartet, er würde bald gehen. So war es zumindest immer, wenn ich mal eine Affäre mit einem verheirateten Mann hatte. Aber Tobias blieb. Er wollte wissen, wie mein neuer Job beim Fernsehen sei, wie hoch meine Miete für die Wohnung und wo ich aufgewachsen war. Schließlich fragte ich nach seinem Leben. Tobias hatte seine Karriere mit einer Banklehre begonnen. Danach studierte er, ging ins Ausland. Kam zurück und bewarb sich bei einer kleinen, aber sehr renommierten Privatbank. Ein Lebenslauf ohne

Pannen. Er war übertrieben ehrgeizig und übertrieben von sich überzeugt. Aber ein faszinierender Liebhaber!

Ich wollte auch wissen, wann er seine Frau geheiratet habe. »Zu früh«, sagte er. Sie sei Malerin und würde ein ganz anderes Leben führen als er. Auch die Freunde, die sie hätte, seien ihm fremd. Zu intellektuell, zu abgedreht.

Inzwischen lagen wir nebeneinander auf meinem hellblau bezogenen Bett. Ich setzte mich langsam auf, bat ihn, meinen schwarzen BH wieder zu schließen. Mit beiden Händen hielt ich meine braunen Locken nach oben und fand mich sehr sexy in dieser Pose. Gekonnt hakte er die kleinen Häkchen ein. Kein Streicheln. Kein Kompliment. Ein heißer Vormittag mit kühlem Ende? Tobias ging mit ernstem Blick, als ob er etwas für sich beschlossen hätte.

Nun war ich doch mehr verwirrt, als mir lieb war. Instinktiv nahm ich mir vor, mich zurückzuziehen. Aber daraus wurde nichts. Gleich am nächsten Tag rief er wieder an. Wir trafen uns abends beim Thailänder. Ich sagte ihm, dass es mich überrasche, dass er so viel Zeit habe. Er schaute mich verwundert an. Er wolle mit mir am Wochenende wieder nach Sylt fahren, mehr sagte er dazu nicht. Irgendwie ahnte ich, dass es nicht das Haus eines Bekannten war, wie er gesagt hatte, sondern sein eigenes. Aber seltsam, ich hatte dort kein einziges Familienfoto, keine Kinderspielsachen gesehen. Ich fragte ihn, ob sich seine Familie nicht auch dort aufhalten würde. »Kaum«, antwortete er. Die wären lieber in Italien als an der rauen See. Ich fand das alles höchst merkwürdig. Aber je länger ich mit Tobias zusammen war, desto mehr verliebte ich mich in ihn.

Ich hatte noch viele wunderschöne Wochenenden mit ihm. Tobias verwöhnte mich mit teuren Kleidern, exklusiven Hotels und ausgesuchten Ohrringen. Ich weiß nicht, was er seiner Frau erzählte, aber er hatte immer Zeit für mich. Mir ging es lange Zeit blendend an seiner Seite, und ich muss zugeben, dass ich mich an diesen Luxus gewöhnte. Auch hatten wir abenteuerlichen Sex. Wir trieben es überall. Sogar in einem alten, scheppernden Hotelfahrstuhl. Manchmal hatte ich dabei das Gefühl, als würden wir darum kämpfen, wer wen beherrscht. Fühlte er sich mir überlegen, kam er so heftig, dass ich dachte, er sei von Sinnen. Nur beim Sex glaubte ich ihm wirklich nahe zu sein.

Ab und zu erwähnte er, er müsse zu einem Kindergeburtstag nach Hause oder seine Frau habe ihn gebeten, sich mehr um den Garten zu kümmern. Das war alles.

So ging es über Jahre. Ich war einfach bequem und habe alle unangenehmen Gedanken gar nicht erst aufkommen lassen. Ich war eine Meisterin im Verdrängen. Das lag sicher auch an der chaotischen Beziehung vor Tobias. Ich wollte es mir einfach gut gehen lassen.

Weil ich kaum etwas über seine Familie wusste, plagten mich auch nicht irgendwelche Gedanken. Einmal fragte ich ihn, ob er sich nicht für einen miserablen Vater halte. Er antwortete sachlich, als ob es um eine Bankauskunft ginge: »Doch, aber meine Frau wollte die Kinder. Und ich bin bereit, alles zu tun, damit aus ihnen anständige Menschen werden.« Da musste ich laut lachen, Tobias gefiel das aber gar nicht. Was sein eheliches Leben betraf, durfte ich keine Meinung haben, sie jedenfalls nicht äußern, das spürte ich.

Eines Abends geschah etwas, das mir fast den Atem nahm: Wir waren in einem Restaurant, und Tobias befand sich auf der Toilette. Er hatte ausnahmsweise sein Handy auf dem Tisch liegen, weil er den Anruf eines wichtigen Kunden erwartete. Inzwischen besaß auch ich ein Mobiltelefon. Das vereinfachte die Kommunikation zwischen Tobias und mir. Als es plötzlich klingelte, las ich die Kennung »Sohn Max«. Mein Hals schnürte sich zusammen. Starr saß ich da. Als Tobias zurückkam, fragte ich ihn sofort, ob er inzwischen noch einmal Vater geworden sei. Wieder erhielt ich eine seiner verdammt nüchternen Antworten: »Ich wollte noch warten, bevor ich es dir sage.« – »Wie alt ist denn dein Sohn?«, fragte ich ihn schnippisch. »Ein Wunderkind vielleicht, das schon mit vier Wochen telefonieren kann?« Tobias schüttelte den Kopf. »Sieben, er ist sieben«, sagte er aufgebracht. Mehr nicht. Ich schmiss ihm die Serviette vor die Füße und stürmte aus dem Lokal. »Das war es jetzt!«, dachte ich. Das ging mir wirklich zu weit. Niemals hätte ich gedacht, dass Tobias noch mit seiner Frau schläft. Niemals! Ich war wütend! So wütend, dass ich ihm am liebsten seinen Porsche zerkratzt hätte. Zu Hause rechnete ich sofort nach und kam zu dem Ergebnis, dass sein Sohn gezeugt wurde, als Tobias und ich uns gerade kennen gelernt hatten.

Am nächsten Morgen fing er mich auf dem Weg zur Arbeit an der Wohnungstür ab und bat mich um Verzeihung. Seine Frau habe dieses dritte Kind unbedingt gewollt. Er habe seit der Schwangerschaft nichts mehr mit ihr. Sie lege absolut null Wert auf Sex. Jeder Pinselstrich sei ihr wichtiger als Körperkontakt. Ich war zwar immer noch sehr wütend, aber irgendwie glaubte ich ihm. In diesen vielen Jahren hatte ich Zutrauen zu Tobias gefasst. Anders hätte unser Verhältnis wahrscheinlich nie so lange gehalten. Die Sonntag-kann-ich leider-nicht-Nummer hätte ich längst beendet. Und

Weihnachten war mir meinerseits nicht so wichtig. Ich verbrachte dieses Fest immer noch gerne mit meinen Eltern im Rheinland. Die freuten sich, wenn ich kam und wir endlich etwas Zeit miteinander verbringen konnten. Da konnte Tobias ruhig den Weihnachtsmann mit den vielen Geschenken für seine Kinder spielen.

Aber ich wollte nicht gleich wieder einlenken. Ich ließ ihn stehen, drehte mich noch einmal um und sagte: »Hast du mal darüber nachgedacht, ob ich nach so vielen Jahren vielleicht ein Kind will?«

Daraufhin hörte ich tagelang nichts von ihm. Mir ging es schlecht. Ich ärgerte mich über mich selbst, über meine Naivität. Aus einem schönen Sylt-Wochenende waren acht Jahre geworden. Jahre, in denen ich die verwöhnte Geliebte eines verheirateten Mannes und Vaters wurde. Nicht mehr und nicht weniger. Und ich wollte in der Tat irgendwann vor meinem vierzigsten Geburtstag ein Kind. Unbedingt sogar. Als frustrierte TV-Visagistin wollte ich nicht enden. Der Job war mir immer noch sehr wichtig und machte mir auch nach wie vor großen Spaß, aber was würde sein, wenn eine magische Fünf vor meinem Alter stehen würde? Ich war auch nicht so erzogen worden, ohne Familie zu leben. Ich hatte zwei ältere Brüder und eine heile Kindheit, die ich sehr genossen hatte.

Unsere Beziehung nahm nach diesem Wortwechsel vor meiner Wohnungstür eine überraschende Wende: Tobias kam eines Abends wieder und überreichte mir wortlos ein kleines Schmuckkästchen. Ich machte es auf und sah diesen wunderschönen Drillingsring von Cartier. Einer sei für mich, sagte er, einer für ihn und der dritte für ein gemeinsames Kind. Ich war in all den Jahren nicht so gerührt gewesen. Und eine ähnliche Szene wiederholte sich auch nie wieder.

Ich wurde schnell schwanger. Ich glaube, bereits vier Monate später. Meine Hormone tanzten, mal Blues, mal Rock 'n' Roll.

Ich war zutiefst betrübt und dann wieder Mrs. Selbstbewusst. Tobias wirkte die ganze Zeit über ziemlich abgeklärt. Wie es halt so ist beim vierten Kind. Mein Busen dagegen spannte. Meine Hüften speicherten jede Kalorie. Ich war ein Vollweib. Wenn ich nicht weiterhin so viel Lust auf Sex gehabt hätte, wer weiß, ob mich Tobias nicht schon viel früher verlassen hätte?

So passierte es erst im sechsten Monat meiner Schwangerschaft. Er machte mit mir Schluss. Seine Begründung erschien mir banal. Er müsse sich mehr um seinen Job kümmern und um seinen Sohn. Und er hätte gesundheitliche Probleme. Aber ich solle mir keine Gedanken machen, er würde für mich und das Kind sorgen. Das Kind! »Unser Kind«, schrie ich ihn an. Ich war außer mir. Dieser Mistkerl! Jetzt, wo ich ihn zum ersten Mal wirklich gebraucht hätte, ließ er mich sitzen. Ich heulte ein ganzes Waschbecken voll. Und ich ärgerte mich über mich selbst, dass ich mich so gehen ließ. Ich hatte seine Familie einfach in mein Unterbewusstsein verschoben. Zugleich hatte ich in all den Jahren auch nie verstanden, warum sich Tobias nicht von seiner Frau trennte. In diesem Moment tauchte das grundsätzliche Problem einer Geliebten glasklar vor meinen Augen auf. Und was wollte sie überhaupt noch von ihm? Die Ehefrau? Tobias verbrachte doch die meiste Zeit mit mir. Wir fuhren sogar gemeinsam in die Ferien.

Ich fand auf all meine brennenden Fragen keine Antworten. Ich wusste einfach zu wenig über sie, auch hatte ich sie noch nie gesehen. Sonst hätte ich wenigstens eine Vorstellung von ihrem Typ gehabt: War sie weich, hart, Femme fatale oder eher die Hausmütterchennummer? Ich malte sie mir in den hässlichsten Gewändern aus, mit einem alten Gesicht, zwischen den zusammengewachsenen Brauen tiefe Gramesfalten. Ganz das Gegenteil von Frida Kahlo. In meinen wüsten Vorstellungen trug sie außerdem eine randlose Intellektuellenbrille und flache, abgelatschte Sandalen. Hatte Tobias nicht gesagt, dass ihr jeder Pinselstrich wichtiger sei als Körperkontakt? War damit der Make-up-Pinsel oder das Malerwerkzeug gemeint? »Halt! Jetzt ist Schluss! Jetzt kümmere dich um dein Kind«, schimpfte ich mit mir.

Also begleitete mich statt des Vaters meine beste Freundin bei der Geburt. Julia kam gesund und ohne Komplikationen auf die Welt. Kaum krähte sie nach Milch, tauchte Tobias wieder auf. Mit einem Strauß roter Edelrosen erschien er im Krankenhaus. Er sah blendend aus. Im Vergleich zu mir. Ich war erschöpft und hatte ungemein viele Kilos zugelegt. Es täte ihm Leid, aber jetzt seien viele Dinge geordnet, gab er mir zu verstehen. »So!«, sagte ich kurz. Ich wusste nicht recht, wie ich mich verhalten sollte.

Seine kleine Julia gefiel ihm gut, aber wie er sie auf dem Arm hielt! Man hätte denken können, es sei sein erstes Baby. Es dauerte nur ein paar Tage, bis wir uns wieder versöhnten. Ich weiß nicht, was es war, aber ich war einfach noch nicht fertig mit ihm. Zudem gab es unser Baby. Vielleicht würden wir ja doch einmal eine echte Familie werden? Wie auch immer, für Julia sei ein halber Vater besser als gar keiner, dachte ich. Und Tobias war wirklich großzügig. Er kaufte uns eine Wohnung mitten in Hamburg, in einem sehr guten Viertel. Vier Zimmer Erdgeschoss mit Garten. Er bestand darauf, dass ich nicht mehr voll arbeitete. Das war kein Problem. Ich hatte inzwischen eine so gute Position im Sender, dass mein Chef eine Drei-Tage-Woche akzeptierte. Ich organisierte mir ein Kindermädchen, und Tobias zahlte. Er bestand auf ein teures Kindermädchen, das auch abends Zeit hatte, weil er mich ganz für sich wollte.

In den nächsten Monaten wurde mir klar, dass ihm Julia ziemlich egal war. Er hatte es – wie bei seiner Frau – für mich getan. Und mich wollte er wohl auf gar keinen Fall verlieren. Also verzichtete ich auf gemeinsame Spaziergänge mit Kinderwagen und Vater. Man kann nicht alles haben im Leben, auf diese oder andere Weise belog ich mich selbst. Trotzdem war ich überglücklich mit meiner kleinen Tochter. Sie war ein süßes Baby. Manchmal war ich direkt froh, dass Tobias nicht immer bei uns war. So holte ich sie mir ins Bett, wann ich wollte, wir badeten zusammen, und ich hatte keinen eifersüchtigen Mann neben mir.

Die Beziehung zwischen mir und Tobias ging weiter. Geradezu unspektakulär. Wie zuvor änderte sich nichts. Wieder war ich in seinem weichen Schoß gelandet. Wieder hatte ich mich kaufen lassen. Er behandelte uns fürsorglich, aber wir waren eben seine Zweitfamilie. Wenn ich ihn zum wiederholten Male fragte, warum er denn nicht endlich seine Frau verlassen würde, sagte er: »Wenn man einmal ja gesagt hat, kann man nicht plötzlich nein sagen.« Aber er hatte doch auch zu mir ja gesagt, entgegnete ich. Das sei etwas anderes, bekam ich zu hören. Tobias konnte sehr streng, sehr unnahbar sein. Wenn ihm irgendetwas nicht passte, setzte er seinen Schutzhelm auf, überhaupt versteckte er sich gerne in einem Panzer. Sein Brustkorb, sein Bauch, seine Beine – sie waren steinhart wie bei einem Profi-Bodybuilder. Er trainierte immer noch jeden Tag. Als ob er verwundbar werden würde, wenn er seine Muskeln nicht dauernd stählte.

Ich gebe zu, dass es mich von Jahr zu Jahr mehr nervte, dass Tobias sich nicht von seiner Familie trennte. Ich verstand sein Verhalten nicht und verstehe es auch heute nicht, jetzt, wo er immer noch bei ihr ist. Weil ich seine Frau nicht mehr aus dem Kopf bekam, sie zu einer fixen Idee wurde, beschloss ich eines Tages, sie mir anzuschauen. Wenn ich Tobias fragte, wie Hanna denn aussähe, bekam ich nie eine befriedigende Antwort. Aber ich dachte, dass Tobias bestimmt keine Vogelscheuche geheiratet hatte.

Ich wartete auf eine günstige Gelegenheit, die sich mir bald bot: die Konfirmation einer seiner Töchter. Es war ein Leichtes, die Kirche und die Uhrzeit der Feierlichkeit herauszubekommen. Ich lieh mir von einer Freundin eine Perücke, setzte mir eine Baseballkappe und eine dunkle Sonnenbrille auf. Dann wartete ich vor der Kirche in einem ebenfalls geliehenen Auto einer Freundin. So lange, bis Herr und Frau Michaelsen – Tobias und Hanna – mit Gefolge in ihrer Familienkutsche, einem großen Mercedes, anrollten. Als Erstes stieg Hanna aus. Ich konnte es nicht fassen und musste meine Sonnenbrille abnehmen. Hanna war richtig dick. Dick wie ein gut gefüttertes Haflinger-Pferd. Sie hatte zwar einen blonden, perfekt geschnittenen Pagenkopf und wirkte dadurch ganz pfiffig, aber ihre breiten Hüften konnte auch das dunkelblaue Schneiderkostüm nicht verdecken. Dazu hatte sie eine fleischfarbene Seidenbluse mit Rüschen kombiniert. Ihre Garderobe erinnerte mich an Fräulein Rottenmeier, das Kindermädchen aus Johanna Spyris Weltbestseller »Heidi«. Die nächste Person, die aus dem Benz stieg, war sein Sohn. Dann kamen die Töchter und zuletzt Tobias. Er sah blendend aus in seinem dunklen Anzug. Allerdings trug er eine Rose im Knopfloch. Meine Güte, wie spießig!

Mir reichte es! Ich hatte gesehen, was ich sehen wollte. Natürlich ist es angenehmer, nicht Catherine Deneuve zur Konkurrentin zu haben, aber irgendwie machte mich dieser Anblick aggressiv. Sie passte – zumindest äußerlich – so gar nicht zu Tobias. Warum, verdammt noch mal, verließ er diese hässliche Frau nicht? Er, der so viel Wert auf das Äußere legte. Und warum quälte ich mich eigentlich im Fitnessstudio ab? Nur ein Pfund zu viel, und ich dachte schon, Tobias würde mich zu fett finden. Nach dieser Detektivleistung fühlte ich mich jedoch auch nicht besser. Als Erstes schaltete ich mein Handy aus. Was absurd war, weil Tobias an diesem heiligen Familienfest sowieso nicht mehr angerufen hätte. Aber für den Fall, dass er es doch noch probierte, sollte er mich nicht erreichen. Zu Hause angekommen war ich froh, dass Julia nicht bei irgendeiner Freundin war, sondern in ihrem Zimmer. Sie merkte sofort, dass etwas nicht stimmte. »Mama, bist du sauer wegen Papa?«, fragte sie. Ich schaute sie lange an. Seufzte. Atmete tief ein. Nein, dachte ich mir, es ist noch zu früh. Mit der ganzen Wahrheit will ich noch ein paar Jahre warten. Jedes Jahr, das Julia in dieser Illusion von Familie lebt, ist ein gewonnenes, riet mir mein Mutterverstand. Sie hatte sich daran gewöhnt, dass ihr Vater nur selten an Schulveranstaltungen teilnahm. Wenn ihre Freundinnen sie fragten, warum denn ihr Papa nie da sei, antwortete sie überzeugt, dass er viel im Ausland arbeite. Es wusste ja außer ein paar Freundinnen niemand, dass das Ausland nur ein paar Kilometer weit entfernt lag und trotzdem unerreichbar für uns war. Sperrzone!

Ich erzählte Julia, dass ich mich tatsächlich über Papa geärgert hatte, aber das dies nicht so schlimm sei. Julia merkte, dass weitere Fragen unbeantwortet geblieben wären. Wir beschlossen, den Sonntag gemeinsam zu verbringen, setzten uns in das blaue Käfer-Cabrio, das ein Geschenk von Tobias war. Wir fuhren aufs Land zum Mittagessen. Mein Handy blieb daheim. Und mein Groll auch – wenigstens für ein paar Stunden.

Tatsächlich hörte ich an diesem Tag nichts mehr von Tobias. Im Bett malte ich mir aus, wie Tobias zu Hause, von seiner Ehefrau und den drei Kindern verwöhnt wurde. Wie sah eigentlich unsere Zukunft aus? Die von mir und Julia? Gab es überhaupt eine? Nachts träumte ich von meinem Grabstein, auf dem zu lesen war: Sie war die Geliebte von Tobias. Ich wachte schweißgebadet auf. Geliebte heißt doch, dass man *geliebt* wird. Geliebt – ja, dachte ich, aber geheiratet – nein. Nicht einmal ein offizielles Zusammenleben ohne Trauschein war möglich. Ich kam mir vor wie ein Fisch im Netz. Ich wollte ausbrechen, aber ich konnte nicht. Draußen wartete das Meer auf mich. Mit all seinen Strömungen und den anderen Gefahren. Ich hatte es verlernt, mit den Gezeiten umzugehen. Wenn ich heute zurückdenke, weiß ich nicht mehr, wie ich da hineingeschliddert bin. Dieses Leben hatte ich mir nicht gewünscht.

Am nächsten Morgen rief ich Tobias an und sagte ihm, dass ich das Gefühl hätte, ich müsste wieder mehr arbeiten. Jetzt, wo Julia schon auf dem Gymnasium und noch dazu in einer Ganztagsschule sei. Ich sei schließlich allein erziehende Mutter und immer nur zu Hause sitzen und auf seinen Anruf warten, das könne nicht den Rest meines Lebens so weitergehen. Tobias gab mir keine Antwort. Sagte nur, er sei im Büro, käme aber abends, und dann würden wir in Ruhe über all die Flausen in meinem Kopf reden.

Es nervte mich, dass Tobias nicht mal mehr klingelte, bevor er die Haustür aufsperrte, so auch an diesem Abend. Er hatte den Schlüssel zu unserem Leben, aber ich hatte keinen zu seinem.

Unsere Abende liefen immer nach dem gleichen Muster ab. So, wie man sich darauf verlassen konnte, dass an jedem Silvesterabend der Klassiker *Dinner for One* gesendet wurde. Ich hatte selten große Lust, etwas Tolles zu kochen. Also warf ich ein paar Gnocchi vom Feinkostladen ins kochende Wasser und mischte eine Soße aus Tomaten und Sahne zusammen. Wir aßen stets gemeinsam mit Julia. Ich sah, wie Tobias in seinem Essen stocherte, und wusste, dass es ihm nicht besonders schmeckte. Auch in kulinarischer Hinsicht stellte er hohe Ansprüche, und wenn ich die nicht erfüllte, bekam er schlechte Laune. Ich war längst satt, besonders von dem Gefühl, dass gleich das passieren würde, was immer passiert. Tobias drückte die Starttaste und sein Programm *Mein Abend mit Carolin* lief: Alle dreißig Minuten schaute er auf die große Küchenuhr, wann Julia denn endlich ins Bett ginge. Punkt neun Uhr. Wie immer sagte er: »Jetzt wird es aber Zeit für dich, Julia. Sonst bist du morgen müde in der Schule.« Julia verließ wortlos die Küche. Sie schaute mich an, und ich rollte in einem Moment, in dem Tobias nicht zuschaute, genervt mit den Augen. Julia hatte keine Lust auf Diskussionen, hatte Respekt vor Tobias und seinen Anordnungen.

Kaum war Julia im Bett, schlich sich Tobias von hinten an und küsste meinen Nacken. Auf Knopfdruck

High Volume, das wünschte er sich. Und das Verrückte war, es klappte. Ich verabscheute zwar diese Routine, aber ich war wild auf Sex, auf Sex mit Tobias. Denn diese Wer-von-uns-ist-stärker-Nummer fand ich nach wie vor höchst erotisch.

Schließlich war das Programm beendet. Wir lagen nebeneinander auf dem Bett. Tobias dachte nicht daran, mich an die Flausen in meinem Kopf zu erinnern. Ich hatte sie aber nicht vergessen. Brav wiederholte ich noch einmal mein Sprüchlein von heute Morgen am Telefon. Keine Reaktion. Das kannte ich nicht an ihm, auch wenn er nicht viel redete. Ich provozierte ihn: »Tobias, wenn du dich nicht für mich und deine Tochter entscheidest, muss ich mir noch ein anderes Leben aufbauen. Ich möchte nicht mit dem Gefühl sterben, dass ich mein Leben mit Warten verbracht habe.« Eben noch entspannt, war Tobias jetzt gereizt. Ich sei ungerecht, wir würden doch quasi wie ein verheiratetes Paar leben. Die meiste Zeit würde er doch sowieso schon mit mir verbringen, meinte er, nun aufrecht im Bett sitzend. Und dann beging er diesen fatalen Fehler und sagte mit einem gemeinen Grinsen: »Oder zahle ich nicht genug?«

Ich rastete aus. Brüllte ihn an, dass er sofort meine Wohnung verlassen solle. Seine kühle Antwort: »Es ist meine Wohnung! Aber wenn sie dir nicht mehr gefällt, such dir bitte eine neue.« Und dann schmiss er, nachdem er sich schnell angezogen hatte, so laut die Haustür ins Schloss, dass ich sofort nach Julia sah, ob sie wach geworden war. Zum Glück nicht.

Ich flennte die ganze Nacht. Aus Wut, aus Verzweiflung über die Situation und über meine Dummheit. Ich selbst hatte es ja toll gefunden, dass Tobias so großzügig war: die Wohnung, das Cabriolet, die teuren Wochenenden, die Klamotten. Aber dafür bezahlte ich eben auch einen hohen Preis. Ich war die Frau im Schatten. Ich durfte nichts und sollte den Mund halten. Zu viel Selbständigkeit gefiel ihm nicht, und wenn ich ihn anflehte, doch endlich ganz zu uns zu kommen, fuhren automatisch seine Rollläden runter. Tobias war ein Kontrollfreak, und es verunsicherte ihn, wenn man sich dieser Kontrolle entziehen wollte. Langsam begriff ich das.

Als Julia in der Schule war, zog ich mich extra schick für meinen Arbeitstag im Sender an. Ich wollte meinen Chef fragen, ob ich nicht wieder voll arbeiten könne. Egal, ob Tobias das recht war oder nicht. Für den Nachmittag bekam ich einen Termin bei meinem Boss.

Tobias meldete sich den Tag über nicht. Sein Schweigen zermürbte mich. Hatte er denn nicht kapiert, dass es nicht um Geld, sondern um Gefühle ging? Sobald ich irgendetwas tat, was ihm nicht passte, war er beleidigt, ausfallend oder schaltete auf taub. Das war jedes Mal so. Und ganz besonders, wenn das Thema auf seine Familie kam.

Am Nachmittag hatte ich Glück: Mein Chef, mit dem ich mich immer sehr gut verstanden hatte, fand es prima, dass ich wieder ganztags arbeiten wollte. In den nächsten Wochen wollte er sich um eine Änderung meines Arbeitsvertrags kümmern. Bevor ich aus seiner Tür ging, rief er mir noch nach: »Carolin, Sie wissen doch, gute Visagistinnen brauche ich immer.«

Am nächsten Abend hatte ich es satt, auf einen Anruf von Tobias zu warten. Julia war bei einer Freundin, sie wollten zusammen Französisch lernen, und ich machte mich auf den Weg ins Sportstudio, um meinen Frust loszuwerden. Tobias war dort schon lange kein Mitglied mehr. Er trainierte mittlerweile mit einem Personal-

Trainer in seinem ehelichen Zuhause. Während ich mit meinen Gewichten kämpfte, merkte ich, dass ich im Visier eines jungen, schönen Mannes war. Seine Haut, seine Augen und seine Haare waren olivfarben, sofort tippte ich auf Italiener. Er lächelte charmant, und ohne es geplant zu haben, lächelte ich zurück. Das Lächeln gehörte Marcello. Marcello war Musiker und spielte in einem Münchner Orchester Kontrabass. Sein Deutsch war genauso, wie man es von dem Patrone aus seinem italienischen Lieblingslokal kennt. Wir tranken nach dem Training noch einen Kaffee zusammen, und er fragte nach meiner E-Mail-Adresse. Ich gab ihm die von einer Kollegin aus dem Sender, eine eigene hatte ich nicht. Irgendwie fühlte ich mich geschmeichelt, dass mich so ein junger, attraktiver Mann ansprach. Marcello war tatsächlich erst fünfunddreißig.

Zurück in meiner Wohnung, fiel mein Blick als Erstes auf das rote Lämpchen des Anrufbeantworters. Wieder keine Nachricht von Tobias. Ich fühlte mich wie ein altes, ausrangiertes Kleidungsstück auf dem Weg zum Rot-Kreuz-Altkleider-Container. War das das Ende nach sechzehn Jahren Beziehung? Ich litt, aber noch nicht genug, um mich bei ihm zu melden. Ich hatte auch meinen Stolz.

Zu diesem Stolz gesellte sich nun auch noch die gekonnte Verführung von Marcello. Es verging kein Tag, an dem ich nicht eine hinreißend formulierte E-Mail von ihm bekam. Dass er schon morgens an mich denke und es kaum erwarten könne, mich bald wieder zu sehen. Die Freundin im Sender war schon richtig neidisch. Ich kannte sie allerdings nicht gut genug, um sie in die ganze Story einzuweihen.

Es dauerte nur ein Abendessen lang, bis ich beschloss, mir diesen Marcello näher anzuschauen. Leider versprach sein Anblick mehr als der anschließende Sex. Im Bett war Tobias einfach besser. Dafür hatte Marcello meine Seele gestreichelt und mein Herz geküsst. Er baute mein wankendes Selbstbewusstsein wieder auf. Und genau das brauchte ich auch. Denn Tobias meldete sich noch weitere vier Wochen nicht.

Eines Abends klingelte es jedoch an der Haustür. Ich saß gerade mit einer Flasche Rotwein auf dem weißen Sofa, und Marcellos telefonische Komplimente in Kombination mit dem samtigen Getränk hatten meine Laune gehoben. Tobias stand vor der Tür. Immerhin war er nicht so dreist gewesen, seinen Schlüssel zu benutzen und so ohne Vorankündigung wieder in mein Leben zu platzen. Ich beendete das Gespräch mit Marcello und wendete mich leicht beschwipst Tobias zu. Der war sehr verwundert, mich in so guter Stimmung vorzufinden. Mich freute das.

Tobias sprach in leisen Tönen zu mir. Das war ungewöhnlich. Ohne große Umschweife sagte er, dass er mich bitte, noch drei Jahre auf ihn zu warten. Diese Zeit bräuchte er, um wichtige finanzielle Dinge zu regeln. Als ich wissen wollte, welche, antwortete er: »Carolin, mein Schatz, das ist sehr kompliziert. Frag bitte nicht.« Wir fingen da an, wo wir aufgehört hatten. Bei dem Thema Geld oder Familie wurde die Konversation mit mir grundsätzlich abgewürgt. Tobias war wieder von seiner undurchdringbaren Mauer umgeben.

Trotzdem merkte er sofort, dass irgendetwas anders war mit seinem Schatz Carolin. Wie ich diesen Allerwelts-Kosenamen hasste. Tobias spürte meine innerliche Distanz, konnte sie aber nicht einordnen. »Na, dir scheint es ja gut zu gehen«, sagte er nahezu beleidigt. »Hast du mich verheult erwartet?«, erwiderte ich pampig. Leider war Tobias wirklich ein attraktiver Mann, das musste ich ihm selbst in dieser Situation noch zugestehen. Mittlerweile waren seine Haare silbergrau geworden, das sah verdammt gut aus.

Tobias versuchte mich in den Arm zu nehmen. Ich bekam Gänsehaut. Nicht vor Erregung, sondern aus innerer Abwehr. Vorsichtig schob ich ihn weg. »Bitte lass mich. Wir müssen reden, Tobias«, bat ich ihn. Aber er zerrte mich am rechten Arm und hielt mich fest. Es tat richtig weh. »Bist du verrückt!«, herrschte ich ihn an. »Lass mich los.« – »Sei nicht so zickig, Carolin, du willst doch auch mit mir schlafen. Du wartest schon drauf«, provozierte er mich nun. Das hätte mich normalerweise animiert, aber ich war einfach zu tief verletzt.

Ich weiß nicht mehr, was oder wer in mich gefahren war. Aber plötzlich hörte ich mich sagen: »Ich bin bestens ausgelastet. Vielen Dank.« Tobias schubste mich aufs Sofa. »Was soll das heißen?« Plötzlich wurde er laut. Zum Glück war Julia nicht da. Ich verschränkte meine Arme vor der Brust, als wollte ich mich schützen vor diesem Mann. Tobias machte mir Angst. Ich hatte bis zu diesem Augenblick noch nie daran gedacht, dass er mir auch körperlich wehtun könnte. Schließlich konnte ich ihn beruhigen. Ich sagte, dass ich ihn nur ärgern wollte, mich hätten unser letzter Streit und sein Schweigen so geschmerzt. Immer würde ich nur die zweite Geige spielen. Immer müsse ich Rücksicht nehmen. Ich weiß nicht, was ich noch alles sagte, ich tat mir am Ende selbst Leid. Niemals hätte ich zugeben können, dass ich mit einem anderen Mann geschlafen hatte. Tobias wäre total ausgerastet. Aus Eifersucht und aus verletztem Stolz, zumal wenn er erfahren hätte, dass sein Gegenspieler auch noch jünger als er sei.

Tobias fing an diesem Abend immer wieder an, von diesen drei Jahren zu reden. Er versprach mir, sich dann endgültig von Hanna zu trennen und mit mir und Julia zusammenzuleben. Ich kannte mich zwar mit Finanzgeschäften nicht aus, aber ich hatte ein komisches Gefühl. Irgendwie glaubte ich ihm nicht.

Es gab keinen Versöhnungssex in dieser Nacht. Tobias fuhr grollend nach Hause. Ich beobachtete ihn von meinem Fenster aus. Es war nicht nur Enttäuschung in seinem Gesicht, sondern auch blanke Wut. Man verstößt einen Mann wie ihn nicht. Das war er nicht gewohnt. Weder von seinen Angestellten noch von seiner Familie, noch von mir.

Seit diesem Vorfall fürchtete ich Tobias. Ich hatte Angst, er könne mich schlagen. In seinen Augen hatte ich gesehen, dass er fähig dazu war, die Kontrolle zu verlieren.

Einen Tag später traf ich mich mit Marcello in seiner Wohnung. Als ich bei ihm ankam, waren in seinem kleinen Wohnzimmer überall Teelichter verteilt. Er hatte Lasagne vorbereitet und Weißwein kalt gestellt. Es war das erste Mal seit Jahren, dass jemand etwas für mich tat. Etwas, das diese Person in erster Linie Zeit und nicht Geld gekostet hatte. Nach dem Essen erzählte ich Marcello die ganze Geschichte. Auch, dass ich vor Tobias Angst hätte und wir vorsichtig sein müssten. Wie schizophren, dachte ich. Ich verstecke meinen Liebhaber vor einem verheirateten Mann, dessen Geliebte ich seit sechzehn Jahren bin. Marcello hörte mir nur zu und versprach, in jedem Fall für mich da zu sein. Aber er sagte auch, dass ich das Problem Tobias nur alleine lösen könnte. Schweigend saß ich an Marcellos Esstisch. Ich hatte wieder dieses beklemmende Gefühl in meinem Bauch. Ich wusste nicht, wie es weitergehen sollte. Wollte ich noch einmal drei Jahre warten? Liebte ich Tobias überhaupt noch so sehr? War es überhaupt noch möglich für mich, mit ihm ein normales, alltägliches Leben zu führen? Hatte Tobias Seiten, die ich noch nicht oder erst jetzt kennen lernen sollte? War er ein Choleriker? Gar einer, dem die Hand locker saß?

Gegen Mitternacht ging ich nach Hause. Ich war noch warm von Marcellos Bett. Julia war vor dem Fernseher im Wohnzimmer eingeschlafen. Ich strich ihr sanft über den Kopf. Irgendwann musste ich mich entscheiden – schon allein wegen Julia. Ihre Fragen nach dem Papa wurden, seit sie in der Pubertät war, immer intensiver. Ich musste ihr früher oder später die ganze Wahrheit sagen, sonst würde sie sich betrogen fühlen.

Bei unserem nächsten Telefonat bat ich Tobias, mir ein wenig Zeit zu lassen. Er sagte, es käme ihm gelegen, er müsste sich rund um die Uhr ums Geschäft kümmern. Das kam mir zwar etwas merkwürdig vor, aber ich war froh, ihn nicht sehen zu müssen. Ich wollte über seinen Vorschlag nachdenken.

Leider kehrten wir doch irgendwann zu unserer Beziehungsroutine zurück. Ich kochte, wir aßen zusammen mit Julia, wir hatten guten Sex. Manchmal dachte ich dabei an Marcello. Aber die Domäne Sex war eindeutig durch Tobias besetzt. Trotzdem traf ich mich weiter mit meinem Italiener. Mal in seiner Wohnung, mal in einem Café, mal hörte ich ihn in einem Konzert spielen. Er war mächtig aufgeregt, wenn ich ihn beklatschte. Marcello tat mir einfach gut. »Carolina, du bist die schönste und leidenschaftlichste Frau, mit der ich je geschlafen habe«, schwindelte er, und seine schwarzen Augen strahlten. Auch Lügen schmeicheln, dachte ich mir.

Dennoch, Tobias war verändert. Ich spürte es an meiner Unsicherheit ihm gegenüber. An einem Sonntagmorgen, an dem er wusste, dass Julia nicht da war, weil sie bei einer Freundin übernachtet hatte, hörte ich seinen Schlüssel in der Tür. Ich war überrascht. Seit unserem Streit hatte er immer geklingelt, bevor ich anschließend die Haustür öffnete. Ich stand gerade in der Küche und machte mir einen Espresso. Es war noch nicht allzu lange her, dass ich die Wohnung von Marcello verlassen hatte. Ich rief: »Hallo, Tobias, bist du's?« »Hast du etwa gedacht, es ist dein kleiner Italiener?«, fragte er spöttisch. Mit einem Ruck drehte ich mich um, sah ihm in die Augen. Sie verhießen nichts Gutes. »Jetzt weiß ich ja, warum du bestens versorgt bist. Du Schlampe, hast dich einfach zu einem anderen ins Bett gelegt. Der kann dir aber deine teuren Fummel nicht kaufen.« Tobias bewarf mich mit verbalem Dreck und drängte mich aus der Küche. Ich wollte ihn besänftigen, ahnte aber, dass das nicht leicht war, wenn er derart in Rage war. »Tobias, nur du bedeutest mir etwas. Aber bitte, versteh doch. Ich warte seit über sechzehn Jahren auf dich. Wir haben ein Kind zusammen, das den Vater nur sieht, wenn er Zeit hat. Von ihren drei Halbgeschwistern weiß Julia gar nichts. Du willst mich unter Kontrolle haben, aber deine Familie nicht aufgeben. Das ist nicht möglich. Ich kann das nicht mehr aushalten«, erklärte ich mit fester Stimme.

Tobias tobte weiterhin. »Nun kannst du dir abschminken, dass ich in drei Jahren meine Familie verlassen werde. Jetzt, wo ich so weit war, diesen Schritt für dich zu tun, betrügst du mich mit einem Spaghettifresser«, donnerte er. Ich bekam Panik. In seinen Mundwinkeln klebte Spucke. Ich fühlte mich ihm restlos ausgeliefert, fürchtete, er würde mich schlagen. Instinktiv setzte ich mich, mich klein machend, auf das Sofa und begann an meinem Cartier-Ring zu drehen. Tobias knallte Fotos von mir und Marcello auf den Tisch. Arm in Arm waren wir da zu sehen, vor seiner Haustür. Tobias zitierte nun sogar Wortlaute aus Gesprächen, die ich mit Marcello geführt hatte. Mir wurde klar, dass er einen Detektiv beauftragt hatte, mir hinterherzuspionieren, mein Telefon abhören zu lassen.

Ich konnte es kaum glauben. So etwas kam doch sonst nur in schlechten Liebesfilmen vor! Und nun war ich ein solches Opfer geworden. Wie makaber! Ich spielte noch hektischer an meinem Ring, der einmal für das Glück zu dritt stand, das von Tobias, Carolin und Julia. »Pack deine Sachen und zieh zu deinem Italiener. In dieser Wohnung schläfst du nicht mehr, und deine Tochter auch nicht.« Anschließend wuchtete er den nagelneuen Nobelfernseher von Bang & Olufsen auf den Boden. Schluss mit der Besänftigungstaktik, dachte ich und schrie: »Hör sofort auf! Sonst rufe ich die Polizei. Ich habe Angst, Tobias. Richtige Angst, verstehst du das?« Nun warf er auch noch die Fernbedienung gegen die Wand, das Glas eines Bildes zersprang. Er führte sich schlimmer auf als ein Trunkenbold in einer Gummizelle. Das letzte Fünkchen Gefühl für ihn erlosch in mir. Wer war eigentlich dieser Mann? Ich kannte ihn nicht wieder. Warum hatte ich es überhaupt so lange mit ihm ausgehalten? Mit diesem wahnwitzigen Berserker.

Sicher, es war angenehm, in dieser schicken Wohnung in einem feinen Hamburger Stadtteil zu leben. Sicher, es war schön, für sich und seine Tochter teure Outfits kaufen zu können und in Luxushotels am Pool zu liegen. Aber nie war ich ihn losgeworden, den Beinamen »Carolin, die Geliebte von Tobias«. In diesem

Moment spürte ich, ich war zu alt für eine Geliebte. Und der Sex? Gut, er hatte uns über Jahre zusammengehalten, aber diese Verletzungen, die er mir heute angetan hatte, sie würden nicht mehr verheilen. Und auf Sex mit einem Mann, der mich beschatten ließ, konnte ich sowieso nur pfeifen.

Die grauen Haare klebten Tobias auf der Stirn. Er schwitzte und blickte jetzt fassungslos auf den zertrümmerten Fernseher. Schließlich setzte er sich zu mir aufs Sofa. Ich drehte den Ring von meinem Finger und legte ihn vor Tobias auf den Sofatisch. Ich wollte, dass er ihn zurücknimmt. Ich konnte die Zeit nicht zurückdrehen, aber unsere gemeinsamen Tage waren hier und heute beendet. »Warum hast du mich betrogen? Ich habe doch alles für dich und Julia getan«, sagte er plötzlich fast lautlos, als ob er seinen Wutausbruch bereue. »Tobias, ich kann auf diese Weise nicht mehr weitermachen. Ich denke, du solltest bei deiner Frau und deinen Kindern bleiben. Oder du suchst dir eine neue Geliebte. Mich kannst du nicht halten. Auch nicht mit mehr Geld. Bitte geh!«, sagte ich entschlossen.

Der, der sich noch vor wenigen Minuten wie ein Monster benahm, zog den Kopf ein und ging. Den Ring ließ er an dem Tisch liegen, geradezu sanft fiel die Tür ins Schloss. Seinen Schlüssel hatte Tobias mitgenommen.

Seit diesem Tag steckte ich mir den Ring nie wieder an. Ich habe auch nicht versucht, ihn erneut zurückzugeben. Er liegt in einer kleinen Schatulle in einer Nachttischschublade in der neuen Wohnung.

Die nächsten Monate waren sehr hart für mich. Ich sagte Julia die Wahrheit, nachdem ich mit einem Kinderpsychologen gesprochen hatte. Julia reagierte sehr nüchtern auf alles und gestand mir, dass sie Tobias eigentlich nie richtig gemocht hatte. Sie hatte es gehasst, wenn er sie nach den gemeinsamen Abendessen ins Bett schickte. Sie sagte, er hätte sich doch nie wirklich für sie interessiert. Und sie hatte Recht.

Unsere neue Wohnung ist viel kleiner, aber nicht weniger hübsch. Ich verdiene ausreichend für uns beide, aber nicht genug, um damit teure Kleider und Reisen zu finanzieren. All das ist Vergangenheit. Dennoch geht es mir langsam besser, auch wenn ich mich noch manchmal ärgere, dass zweihundertfünfzig Euro für ein Paar Schuhe einfach nicht mehr drin sind. Ab und zu schminke ich einige Schauspieler, zu denen ich einen besonders guten Kontakt habe, für private Anlässe außerhalb des Senders. Dieses Geld bekomme ich dann cash auf die Hand. Zum Glück bezahlt Tobias Julias teure Ganztagsschule. Er hat für sie auch eine Ausbildungsversicherung abgeschlossen.

Seit unserer schmerzlichen Trennung haben Tobias und ich uns ein paar Mal getroffen. Immer in anonymen Lokalen, hauptsächlich wegen Formalitäten. Er sieht immer noch gut aus, aber ich werde nie dieses Bild los, wie er durch die Wohnung tobte, mit welchem Hass er diesen Fernseher zerstörte. Es gibt Scherben, die man nicht wieder kitten kann. Ich war enttäuscht, dass Tobias sich nicht für mich von Hanna getrennt hatte. Über die Jahre bin ich einfach mürbe geworden. Meine Haut wurde dünner und rissiger. Nach diesem Wutausbruch wollte ich nicht zurück zu Tobias. Und er unternahm auch keinen Versuch mehr, mich zurückzugewinnen. Er hätte mir die Affäre mit Marcello, den Sex mit ihm, nie verziehen. Dazu war er viel zu eitel.

Marcello hat sich rührend um mich und Julia gekümmert, uns sogar beim Umzug geholfen. Doch als er merkte, dass ich nur noch eine Freundschaft zu ihm wollte und nicht mehr, hat er sich irgendwann zurückgezogen. Ich konnte einfach nicht mehr mit ihm schlafen, weil ich zu sehr damit beschäftigt war, die Jahre mit Tobias zu begreifen. Außerdem wusste ich, das Marcello von einer festen Bindung träumte und nicht von einer lockeren Affäre. Und etwas Ernstes war Marcello nie für mich. Ich möchte erst einmal mit meiner Tochter Julia alleine leben und als freie Frau atmen.

Nie wieder würde ich etwas mit einem verheirateten Mann anfangen. All die luxuriösen Jahre stehen nicht für dieses schmerzhafte, traurige Ende. Tobias war meine große Liebe. Ich habe ihm die besten Jahre meines Lebens geschenkt. Aber ich war auch naiv. Ich denke sogar, auch wenn Marcello nicht gewesen wäre, hätte sich Tobias niemals von seiner Frau getrennt.

In der neuen Wohnung habe ich ein einziges Foto von Tobias aufgestellt, da sitzt er am Strand in Italien und lächelt in die Kamera. Das ist über zehn Jahre her, als wir gemeinsam mit Julia im Sommer am Meer waren. Ich habe ihn nicht oft lächeln sehen. Tobias ist ein ernster, in sich gekehrter Mensch. Er hat mir ein Stück meiner Fröhlichkeit genommen.

Langsam versuche ich die Trennung auch als Chance zu sehen. Ich habe wieder Kontakt zu alten Freunden aufgenommen und lerne auch neue Leute kennen. Irgendwann möchte ich gerne wieder eine Beziehung haben, denn Sex ist mir einfach wichtig. Aber ich möchte nie wieder das Gefühl haben, dass ich etwas Verbotenes tue oder mich verstecken muss. Ich möchte niemals mehr in meinem Leben gegen eine andere Frau kämpfen müssen. Ich wünsche mir eigentlich nur eine normale, glückliche Beziehung.

Eine Affäre im Westen

Schon als kleines Mädchen hatte ich immer nur einen Wunsch: Ich wollte eine Prinzessin sein. Eine richtige Prinzessin mit einer Krone, einem Collier um den Hals, einem rosafarbenen Satinkleid, spitzen silbernen Schuhen und einer angemessenen Portion Stolz. Manchmal stand ich an dem kleinen Fenster im ersten Stock unseres Hauses und stellte mir vor, dass der winzige Grünstreifen vor unserer Eingangstür mein Schlosspark ist. Mit duftenden Blumen, alten Apfelbäumen und bunten Schmetterlingen. Wenn ich als Kind meine Phantasie nicht gehabt hätte, wäre ich, so glaube ich heute, unter die Räder gekommen. Drogen, Alkohol, ich weiß nicht, was. Aber irgendetwas tief in mir drinnen hat mir immer Mut gemacht: »Gib nicht auf! Auf dich wartet noch ein völlig anderes Leben.«

Es gab Zeiten, da besaß ich nicht ein eigenes Kleidungsstück in meinem Schrank. Nur die aufgetragenen Hosen, Pullover und Strümpfe meiner älteren Stiefschwester. Ich hatte auch kein Zimmer für mich allein, nur einen Durchgangsraum ins obere Wohnzimmer, in dem ich schlief. Das einzige wirkliche Kinderzimmer im Haus bewohnte Sabine. Meine Mutter sagte immer, die Ältere geht vor. Dabei war sie nicht einmal eine echte Tochter meiner Mutter. Mein Stiefvater hatte sie in die Ehe mitgebracht. Sabine war ein Ekel. Ich hasste ihre langen, dicken Zöpfe, ihre kleinen Schlitzaugen, ihre Sommersprossen, ihre weiße, schwabbelige Haut.

Jeden Tag dankte ich dem Herrgott, dass ich anders aussah. Ich hatte mahagonibraune Haare und große

Käthe-Kruse-Kulleraugen. Als Kind war ich ein Hungerhaken. Mir verging der Appetit, wenn ich Sabine nur essen sah. Manchmal stopfte sie mehr hinein als ihr Vater. Wenn wir alle bei Tisch saßen, suchte ich oft nach dem Stückchen Mutter, das mir einmal ganz allein gehörte. Damals, als ich noch fünf Jahre alt war und mein wirklicher Vater bei einem mysteriösen Autounfall tödlich verunglückte. Er hatte für die Stasi gearbeitet, und als er ums Leben kam, brachten uns die Beamten die Nachricht von seinem Tod ins Haus und nahmen meine Mutter zur Identifizierung der Leiche mit. Mir kam das immer seltsam vor.

Anschließend wohnte ich ein Jahr allein mit meiner Mutter. Wir durften sogar in unserem Haus wohnen bleiben. Eigentlich ging es uns gar nicht schlecht. Wenn ich meine Mutter heute frage, wie das damals alles war, warum mein Vater sterben musste und wir trotzdem noch Geld vom sozialistischen Staat bekamen, wischt sie meine Neugier wie alte Brotkrumen vom Tisch. Man solle die Vergangenheit und die Toten ruhen lassen, sagt sie dann.

Dieses eine wirklich schöne Jahr werde ich nie vergessen. Als Fünfjährige trauert man nicht richtig, man ist froh, dass überhaupt noch jemand da ist. Und damals war meine Mutter auch noch nett. Sie arbeitete nicht, und deswegen konnte sie mich mittags immer vom Kinderhort abholen. Dann haben wir zusammen gegessen, meistens Bratkartoffeln mit Spiegelei. Eines Mittags offenbarte sie mir: »Sarah, ich will wieder einen Mann und einen Vater für dich. Wir können nicht immer zu zweit leben.« Ich fragte sie, warum das nicht ginge. Aber ich erhielt keine Antwort.

Ich wusste zu diesem Zeitpunkt nicht, dass sie ihren nächsten Ehemann, meinen Stiefvater, schon kannte. Er leitete einen gut florierenden Handwerksbetrieb außerhalb von Chemnitz in einem kleinen Dorf. Erst viel später hatte sie mir erzählt, dass sie mich oftmals abends, wenn ich tief und fest schlief, allein gelassen hatte, um sich mit ihm, Gustav, zu treffen.

Es ging dann alles sehr schnell. Eines Sonntagnachmittags kamen Gustav und Sabine zu uns zum Kaffeetrinken. Als Sabine und ich uns in die Augen sahen, war alles zu Ende, ohne dass es je begonnen hätte. Sie mit ihren blonden Zöpfen war das weiße Schaf, das spürte ich deutlich, und ich mit meinen langen, dunklen Haaren das schwarze. Es passte genau. Meine Mutter und ich zogen also in das Dörfchen, in dem Gustav den Betrieb führte. Das Reihenhaus, in dem Gustav wohnte, war im Prinzip zu ertragen, es lag am Ende der Straße, gleich dahinter kam der Wald. Deshalb war es nicht so schlimm, dass wir anstelle unseres früheren Gartens nun den schmalen Grünstreifen rund ums Haus hatten. Gustav war ebenfalls Witwer. Seine Frau, Sabines Mutter, war an Krebs gestorben.

In Gustavs Leben kam ich nicht vor. Er ignorierte mich. Vielleicht auch, weil ich sehr still war. Ich schlief in diesem Durchgangszimmer, und das einzig Persönliche, was mir geblieben war, verwahrte ich sorgsam in einem alten Nachttisch aus Holz neben meinem Bett. Ein Foto von meinem Vater, meiner Mutter und mir an unserem letzten Weihnachten, ein goldenes Armkettchen mit meinem Namen und ein Märchenbuch der Gebrüder Grimm. Mittlerweile konnte ich lesen, und da sich sonst keiner mit mir beschäftigte, verschlang ich die Seiten wie Sabine Süßigkeiten. Mit Freude sah ich, dass sie immer dicker wurde. Sie war uneitel vom Kopf bis zum kleinen Zeh.

Ganz im Gegenteil zu mir! Ich fing an, mehrmals am Tag meine Haare zu bürsten, sie hochzustecken oder andere Frisuren auszuprobieren. Nur keine Zöpfe! Ich schaute in den Badezimmerspiegel, und eine Prinzessin lächelte zurück. Meine ausgeprägten Wangenknochen unterstrichen den immer überheblicher werdenden Gesichtsausdruck. Ich nahm mir einen kleinen Taschenspiegel zur Hand und betrachtete mit seiner Hilfe im Großen mein Profil. Das alles musste ich natürlich heimlich machen, wenn niemand im Haus oder das Badezimmer leer war. Von Jahr zu Jahr wob ich mir einen immer dichteren Kokon um meine Seele. Und von diesem aus beobachtete ich mein Opfer genau. Sabine war schlecht in der Schule. Ich nutzte jede Gelegenheit, ihr das zu vergegenwärtigen. So wie ihr Körper plump war, war auch ihre Sprache. Sie glaubte, mich wegen meiner Eitelkeit aufziehen zu können, aber sie verstand nicht, dass ich sie mir nur antrainiert hatte, um den Graben zwischen uns nur noch zu vergrößern. Ich reifte zu einer arroganten, besserwisserischen Ziege heran. Meine Zensuren waren erstklassig, und aus dem dürren Ding, wie mich meine Mutter gerne nannte, wurde eine hübsche, junge Frau.

Ich hatte oft das Gefühl, dass ich mit meinem Verhalten alle anderen ärgerte. Aber ich wollte unantastbar für sie sein. Und ich wollte mich von ihnen abheben: in meinem Benehmen, in meiner Bildung und in meinem Aussehen. Ich ging in unsere Dorfbücherei und lieh mir Bücher über Manieren, die Kultur des Essens, Philosophie und Geschichte aus. Eines Morgens deckte ich den Frühstückstisch, obwohl ich eigentlich Wäschedienst hatte. Ich setzte mich auf einen Küchenstuhl und faltete unsere blauen Papierservietten so, dass sie aussahen wie Schmetterlinge. Anschließend lief ich in den Wald vor unserem Haus, pflückte ein paar Blumen und stellte sie in ein Wasserglas auf den Tisch. Außerdem holte ich eine Stofftischdecke aus der Kommode. Als nach und nach alle zum Frühstück kamen und verdutzt auf meine Dekoration blickten, wartete ich gespannt auf ihre Reaktion. Ich hatte kein Lob erwartet, aber das, was dann passierte, auch nicht. Gustav meinte, dass doch niemand Geburtstag habe. Sabine kniff ihre Augen zusammen, kicherte blöd und sagte: »An einen normalen Tisch kannst du dich wohl nicht mehr setzen, was?« Und meine Mutter räumte wortlos und mit versteinertem Gesicht meine ganzen Mühen ab.

Das war das letzte Mal für viele Jahre, dass ich etwas für meine so genannte Familie getan habe. Ich ging auf Konfrontationskurs. Ich las noch mehr, ich wurde altklug und im Umgang noch unerträglicher. Ich sah sie öfters hinter meinem Rücken tuscheln und wusste genau, dass sie sich über meine enge Hose, die knappen T-Shirts oder die kurzen Röcke ausließen. Damals war ich fünfzehn. Meine Mutter ohrfeigte mich verbal: »So gehst du nicht aus dem Haus!« Ihrer Meinung nach trug ich zu ordinäre Klamotten, so durfte kein ehemaliges sozialistisches Mädchen in einem ehemaligen Bauern- und Arbeiterstaat auf die Straße gehen. Sie verbot mir regelrecht, das Haus zu verlassen. Wenn ich frech wurde, knallte es. Ich spürte ihre kalten Hände. Ich glaube, meine letzte Ohrfeige bekam ich mit sechzehn. Ich sollte um zehn Uhr abends zu Hause sein und kam eine halbe Stunde zu spät. »Du bist nur schön. Sonst bist du nichts«, keifte meine Mutter. Sie hasste es, wenn ich sie mit Denkern wie Kant oder Freud konfrontierte. Bildung dieser Art war ihr zuwider. Sie wusste nicht einmal, was Begriffe wie »kategorischer Imperativ«, »ethische Ordnung« oder »Psychoanalyse« bedeuteten.

Ich schloss die zehnte Klasse mit Bravour ab. Inzwischen war Deutschland drei Jahre vereinigt. Bei uns im Dorf mochte man keine Wessis. Viele von uns hielten sie für eingebildete Protze. Wenn die Leute sich wieder mal über sie hermachten, schwieg ich. Ich war eher neugierig auf diese Menschen, die mit ihren großen Karossen durch unsere kleine Ortschaft fuhren und nicht zur Stasi gehörten. Und da ich zu diesem Zeitpunkt nur wenige von ihnen gesehen hatte, wollte ich sie auch nicht verurteilen. Das widerstrebte mir.

Gustav hatte mir nach meinem Schulabschluss eine Lehrstelle als Friseuse besorgt. Er kam nach Hause, teilte mir diese Tatsache mit, drehte sich um und ließ mich damit in der Küche stehen. Friseuse war das Letzte in meinem Leben, was ich werden wollte. Ich wollte nicht anderer Leute Haare waschen, bürsten und föhnen. Ich mochte mich gar nicht um fremde Köpfe kümmern. Ich wollte doch eine Prinzessin sein.

»Was glauben die eigentlich, dass sie mich so behandeln können?«, fragte ich mich. Sabine, die Dumme, macht zumindest eine Ausbildung zur Bürokauffrau, und ich soll fremder Leute Locken drehen? Nein, ich verweigerte diese Lehre. Ich wollte am liebsten mein Abitur machen und dann irgendwo im Westen studieren. Alles hätte ich dafür gegeben, aus diesem Ossi-Nest auszubrechen – für eine gewisse Zeit jedenfalls. Ich wusste einfach, hier würde ich nie eine Prinzessin werden, niemand würde mir ein rosafarbenes Satinkleid und silberne Spitzenschuhe kaufen. Meine Mutter lachte höhnisch, als ich ihr zu verstehen gab, dass ich nicht

Friseuse werden wollte, und sagte: »Dann such dir mal 'ne neue Bleibe, Sarah.«

Ich versuchte, irgendeine andere Lehrstelle zu bekommen, bewarb mich als Volontärin bei der Lokalzeitung, als Lehrmädchen in einem Hotel in Chemnitz, als Verkäuferin in einer neu eröffneten Drogerie. Nichts! Die Lehrstellen waren entweder schon vergeben, wie im Hotel, oder die Betriebe bildeten erst gar nicht aus. Aber klein beigeben wollte ich auch nicht. Mein Entschluss, dieses Haus und seine Bewohner zu verlassen, stand fest. Und je früher, desto besser. Doch dazu musste ich Geld verdienen.

In unserem kleinen Dorf gab es eine einzige Musikkneipe, da ging ich öfters hin. Ich kannte den Besitzer, erklärte ihm meine Situation und fragte ihn nach einem Job. Am nächsten Tag fing ich bei ihm an, und das Beste war, dass er auch noch ein kleines Zimmer zur Untermiete bei einer alten Dame wusste. Er meinte, wenn ich mich tagsüber ein bisschen um die Frau kümmern würde, würde sie mir das Zimmer auch umsonst geben. Ich fühlte mich auf dem richtigen Weg zum Ziel. Der Schlosspark lag zwar noch in weiter Ferne, aber ich war jung, hübsch, intelligent und der festen Meinung, dass der Wille einen immer dorthin bringt, wo man gerne hin möchte. Außerdem war ich mächtig stolz, endlich meine ersten eigenen vier Wände zu beziehen. Mit einer Tür, die mich vor aller Unbill da draußen trennte.

Ich packte meine wenigen Klamotten zusammen, die persönlichen Dinge aus meinem Nachttisch und meine Bücher. Weder meiner Mutter noch Gustav teilte ich mit, wohin ich ging. Das würden sie noch früh genug erfahren. Ich sagte nur, ich hätte jetzt eine Bleibe. Keiner war traurig, als ich ging. Besonders nicht die dicke

Sabine. Einer weniger, der uns auf der Tasche liegt. Das war die Devise dieser Familie.

Am Ende meines sechzehnten Lebensjahrs lernte ich Markus kennen. Er kam ab und zu in die Kneipe, in der ich nun als Bedienung arbeitete. Seit sie von meinem Job wussten, verweigerte meine Familie den Kontakt zu mir. Mit einer Bardame wollten sie nichts zu tun haben. Sie meinten, so eine passe nicht in die Familie.

Markus war Mittelklasse-Gewichtheber. Das erfuhr ich von Stammgästen. Bei jedem Schritt beobachtete ich das Zusammenspiel seiner Muskeln. Er hatte schwarze, etwas längere Haare, geschwungene Augenbrauen, eine kleine Stupsnase und einen weichen Mund. Jedes Mal, wenn er die Kneipe betrat, wünschte ich, er würde mich endlich ansprechen. Ich hatte außer ein paar Knutschereien noch keine sexuellen Erfahrungen gesammelt. Wenn ich mal freihatte, las ich oder verbrachte die Zeit mit meiner alten Dame. Ich kümmerte mich um sie, auch weil ich sie sehr mochte. Ich kochte für sie, und manchmal las ich ihr aus der Zeitung vor. Ich wollte mich auch ehrlich gesagt nicht mit irgendwelchen Männern aus dem Dorf abgeben. Eine Prinzessin verschenkt sich schließlich nicht einfach so.

Markus war schüchtern, zu schüchtern, um mich anzusprechen. Der Besitzer der Kneipe, Jürgen, der sich übrigens als echter Freund erwies, merkte genau, dass ich ein Auge auf Markus geworfen hatte. Also stellte Jürgen uns vor.

Es dauerte mehrere Monate, bis Markus und ich intim miteinander wurden. Mein Gewichtheber hatte ebenfalls noch mit keiner Frau geschlafen. Er war ein sehr liebevoller, zärtlicher Mann, trotz seiner körperlichen Stärke. Ich kann nicht sagen, dass ich besinnungslos in ihn verliebt war, aber ich sah ihn mir so gerne an.

Obwohl ich in der Schule aufgeklärt worden war, wurde ich gleich beim ersten Mal schwanger. Wir waren bei der Verhütung zu ungeschickt gewesen. Ich hatte auch nicht damit gerechnet, dass es so schnell gehen würde. Markus war gerade mal neunzehn Jahre alt, ich mittlerweile achtzehn. Seine Eltern waren zwar nicht begeistert, aber der festen Meinung, dass man eine junge Frau mit Kind nicht sitzen lässt. Das gab es bei uns im Osten auch nicht. Außerdem waren wir mit der Familienplanung schon immer früher dran als die Frauen im Westen. Junge Mütter wurden in der DDR sehr unterstützt, auch jetzt noch, nach der Wende. Es gab genügend Krippenplätze und einen nicht geringen finanziellen Zuschuss.

Die Nachricht von meiner Schwangerschaft verbreitete sich wie ein Lauffeuer im Dorf. Als meine Mutter erfuhr, dass Markus ein anständiger Mann mit Aussicht auf eine Sportlerkarriere war, lud sie uns zu Kaffee und Kuchen ein. Es war kein herzliches Wiedersehen, aber immerhin herrschte zwischen uns Waffenstillstand.

Als Markus und ich uns verabschiedeten, versprach Gustav, uns mit Geld zu unterstützen. Er konnte das ohne weiteres, da sein Handwerksbetrieb seit der Wiedervereinigung noch besser lief. Sabine hatte an diesem Treffen nicht teilgenommen. Schade, ich hätte so gerne den Neid in ihrem Gesicht gesehen. Sie war schon zwanzig und hing noch immer zu Hause rum.

Ich zog mit Markus in eine günstige Wohnung, nur ein paar Straßen von meinem vermeintlichen Zuhause entfernt. Trotz meiner Schwangerschaft arbeitete ich weiter in der Kneipe. Mir war weder schlecht noch sonst irgendetwas. Manchmal vergaß ich meinen Zustand sogar. Wenn ich freihatte, las ich. Das Zusammenleben mit Markus war in Ordnung. Wir fühlten uns manchmal wie zwei Kinder, die Vater, Mutter und Kind nur spielten. Viel Gemeinsames hatten wir nicht miteinander. Markus interessierte sich nicht für Literatur oder Philosophie. Er war lieb und nett, einfach eine hübsche Sofadekoration. Wenn Markus und ich abends im Bett lagen, begann ich zu träumen. Von einem Mann, der erkannte, wie durstig ich nach Wissen war, wie sehnsüchtig ich nach der großen Welt blickte – dem so lange verbotenen Westen oder Amerika. Ich würde nicht in diesem sächsischen Dorf alt werden. So viel stand fest.

Und dann starb das Baby. Zum Glück noch vor der zwölften Woche. Mir war so, als ob es mich verließe, damit ich schneller meinen Weg fände. Als ob es gewusst hätte, dass die Eltern nicht zusammengehörten. Heute, mit sechsundzwanzig, bin ich froh, dass »das« passiert ist. Ich war so naiv damals. Erst jetzt fühle mich wirklich bereit, Mutter zu werden. Vielleicht auch deshalb, weil sich in den letzten sechs Jahren tatsächlich mein Traum erfüllt hat. Ich lebe, denke und fühle wie eine Prinzessin. Genauso hatte ich mir mein Leben immer vorgestellt. Und das kam folgendermaßen: Nachdem Markus, unsere Familien und ich den ersten Schreck über das tote Baby überwunden hatten, fuhr ich mit dem Bus nach Chemnitz und bewarb mich in einem Kaufhaus für eine Lehrstelle als Dekorateurin. Ich trug einen knielangen Rock, eine Bluse und Sandaletten mit einem kleinen Absatz. Die hatte ich extra angezogen, damit ich etwas älter wirkte. Meine langen, rotbraunen Haare hatte ich zu einem Pferdeschwanz zusammengebunden und meine Wimpern dunkelbraun getuscht. Die

Lippen glänzten durch den aufgetragenen Gloss. Auf dem Rückweg, nach einem Erfolg versprechenden Vorstellungsgespräch, stoppte ich vor dem Hotel Merkur, um noch eine Tasse Kaffee zu trinken. Ich kam jedes Mal hierher, wenn ich in Chemnitz war. Der Portier kannte mich schon. Ich mochte die Atmosphäre, sie hatte etwas Internationales. Hier stiegen viele Geschäftsleute aus dem Westen ab, die ich gern beobachtete. Sie waren alle gut gekleidet, trugen ein Sakko, Krawatte und gut geschnittene Hosen. Ihre Aktenkoffer schienen mir voll von Geheimnissen aus einer mir unbekannten Welt. Man hatte das Gefühl, hier, in dieser kleinen Hotellobby, entscheide sich die Zukunft von Chemnitz. Und Chemnitz mit seinen über zweihundertfünfzigtausend Einwohnern war für mich damals schon etwas Großes.

Ich nahm auf einem der blauen Sessel Platz und inhalierte den Mix aus teuren Aftershaves und Zigarillos. Ich fühlte mich gut. Erstens hatte ich Hoffnung auf die Stelle, zweitens fand ich mich attraktiv. Zwei Sessel weiter saß ein Mann, der mir sofort auffiel, weil er laut telefonierte und wild gestikulierte. Er trug einen grauen Anzug aus feinem Tuch, dazu die passende Weste und eine knallrote Krawatte. Als sein Gespräch beendet war, stand ich auf und ging direkt an ihm vorbei. Die Sessel waren sehr eng gestellt, sodass ich mich ein bisschen winden musste. Michael – den Namen erfuhr ich später – war vertieft in irgendwelche Papiere. Er grummelte, als ich ihn berührte, sah auf und grinste schließlich. »Sie suchen sich aber auch nicht immer den einfachsten Weg, oder?«, frotzelte er. Ich war in diesem Moment von meinem eigenen Mut erschlagen, nicht ohne Absicht hatte ich diesen Weg gewählt, und lief knallrot an. Zwar wollte ich auf mich aufmerksam machen, aber nicht auf derart plumpe Art und Weise. Und dann hatte ich nicht im Traum damit gerechnet, dass dieser Mann mich ansprechen würde. Ich entschuldigte mich, lavierte mich durch den Rest des Sessellabyrinths und verschwand erst einmal auf der Toilette. Ich beschloss, beim Zurückgehen den Gang außen herum zu nehmen, um ja nicht noch einmal an ihm vorbeizumüssen.

Als ich meinen Platz erreicht hatte, ohne Michael nahe zu kommen, sah ich, dass er wieder telefonierte. Dabei rutschte ihm ständig seine Brille von der Nase. Es nervte ihn. Er schwitzte leicht. Diesmal beschuldigte er offensichtlich irgendjemanden, weil er zu spät geliefert habe. Kaum hatte er aufgelegt, suchte mich sein Blick. Michael stand entschlossen auf, ging auf mich zu und lud mich zu einer weiteren Tasse Kaffee ein. An seiner Art spürte ich, dass er es nicht gewohnt war, Absagen zu bekommen, und wenn, sie dann auch nicht so einfach hinzunehmen. Ich bot ihm einen Platz an und bedankte mich. Er rief – wieder laut – nach dem Kellner und bestellte zwei Cappuccino. Meiner wurde kalt, weil ich nicht dazu kam, ihn auszutrinken. Michael bombardierte mich mit Fragen. Zuerst das Standard-Repertoire: Wie ich heiße? Wo ich lebe und arbeite? Ob ich Geschwister hätte? Und was ich als Ossi in diesem Hotel machen würde? Brav erzählte ich ihm alles. Noch immer rutschte seine Brille von der Nase. Ich sagte, dass ich einen Optiker um die Ecke wüsste, der dieses lästige Problem sofort beheben könne. Michael war überrascht, das merkte ich an seinen Augen und daran, dass er bei seinen Fragen eine Pause machte. Ich hatte noch nie einem Fremden so schnell vertraut wie ihm. Ich hatte das Gefühl, ich würde ihn schon seit Jahren kennen. An seinen grauen Haaren und den tiefen Falten in den Mundwinkeln erkannte ich, dass er die fünfzig schon überschritten hatte. Wir gingen also zu diesem Optiker, und dann verabschiedeten wir uns vor dem Geschäft. Michael war in der Markisenbranche und musste noch einen Lieferanten besuchen. Spontan fragte er mich, ob ich Lust hätte, in zwei Wochen nach Frankfurt zu reisen. Dort sei eine große Inneneinrichtungs- und Dekorationsmesse. Und natürlich Michael. Ich sagte ihm, dass ich mir das überlegen wolle. Ich würde ihn anrufen. Er gab mir seine Karte und schrieb auf die Rückseite seine Mobilnummer.

Ich musste keine Minute mehr überlegen. Selbstverständlich fuhr ich nach Frankfurt. Über eine Ausrede machte ich mir keine Gedanken. Markus und ich waren inzwischen ein gutes Team geworden, aber sobald das Licht ausging, waren wir wie Bruder und Schwester. Markus trainierte tagaus, tagein, und ich hatte alle Freiheiten. Wir lebten wie in einer Wohngemeinschaft. Freundschaftlich und ohne Sex. Dieser Zustand hatte sich eingestellt, nachdem ich das Baby verloren hatte. Markus hatte mir irgendwann einmal gesagt, dass er über den »Zwischenfall« eigentlich auch gar nicht so traurig sei und dass man ja jetzt auch nicht mehr heiraten müsse. Ich fühlte mich ihm nah, er war mein Kumpel, aber ich liebte ihn nicht. Und um unseren Familien nun nicht gleich wieder die Illusion des jungen Glücks zu nehmen, blieben wir einfach zusammen wohnen. Ich weiß nicht mal, ob Markus in den letzten Jahren mit einer anderen Frau geschlafen hat. Mir gegenüber hat er nichts erwähnt. Nur, dass er irgendwelche Pillen schlucke, bei denen ihm sowieso die Lust vergehen würde.

Obgleich Markus ein Freund geworden war, erzählte ich ihm nur, dass ich einen interessanten Wessi kennen gelernt hätte, der mir beruflich weiterhelfen wolle. Mit dieser Ausrede meldete ich mich auch bei meiner Mutter ab. Sie schluckte. Aber sie wusste, dass ich mich weder von ihr noch von sonst jemandem von dieser Reise abbringen lassen würde. Sie meinte nur: »Pass auf! Diese reichen Männer aus dem Westen verderben einen.«

Die zwei Wochen bis zur Abreise zogen sich wie Kaugummi. Zweifel und Ängste meldeten sich. Was will ein Mann wie Michael von mir? Will er nur mit mir ins Bett? Habe ich mir diese Nähe nur eingebildet? Ist dieser reiche Wessi nicht eine Nummer zu groß für mich? Bestimmt hat er ganz viele Frauen, die ihn so bewundern wie ich? Ist er eigentlich verheiratet? Und warum habe ich eigentlich dieser Begegnung zugestimmt, ohne großes Zögern?

Es war seit langer Zeit das erste Mal, dass ich gedanklich an meine Grenzen gelangte. Zuletzt fühlte ich mich so, als ich die Durchsetzungsstrategie innerhalb meiner Familie plante, nicht Friseurin werden zu wollen. Dennoch liebe ich es, über das Denken und Verhalten von Menschen nachzusinnen, so auch über mein eigenes. Durch den frühen Tod meines Vaters, durch die Härte meiner Mutter und durch den Tod meines Kindes fühlte ich mich gewappnet für das Leben da draußen. Ich wollte es gar nicht mehr einsperren, so wie damals, als ich das Zimmer bei der alten Dame bezog.

Aber wenn ich jetzt abends in meinem Bett lag und neben mir immer noch der alte, fast haarlos gestreichelte Teddy über meinen Schlaf wachte und Markus leicht schnarchte – wenn er nicht gerade auf irgendwelchen Wettkämpfen Gewichte stemmte –, dann fragte ich mich schon, was für ein Mensch, was für eine Frau ich wirklich war.

Einmal stand ich nachts auf und hatte das dringende Bedürfnis, mein Gesicht mit kaltem Wasser zu waschen. Ich tat es noch ein zweites und ein drittes Mal. Als ob mir das Wasser helfen würde, klarer zu sehen. Ich jener Nacht wurde mir auch bewusst, dass ich mich überhaupt noch nicht von zu Hause abgenabelt hatte. Denn im Guten wie im Bösen beschäftigte ich mich noch zu intensiv mit meiner Familie. Ich hatte sie zwar alle domestiziert, aber jetzt, kurz vor meinem ersten Auftritt auf der echten Lebensbühne, hätte ich am liebsten meine Mutter angerufen und sie um Rat gefragt. Ich hätte alles hören wollen, nur nicht, dass alle Wessis, und erst recht Wessi-Männer, nichts taugen.

Ich war mittlerweile zwanzig Jahre alt, hatte einen wachen Verstand und eine nicht schlechte, jedoch angelesene Bildung, wartete auf einen Ausbildungsplatz, lebte neben einem Mann, den ich mochte, aber nicht liebte, und hatte eine Familie, mit der mich eine Hassliebe verband. Ich wollte ihnen beweisen, dass ich ohne sie zurechtkam, dass ich etwas Besseres war als sie. Aber letztlich wollte ich doch nur ein kleines bisschen Anerkennung.

Nach einer Woche Warten und nicht mehr Aushalten rief ich Michael an. Es klingelte einmal, und er war sofort am Handy. Seine Stimme klang genauso aufgebracht wie damals im Hotel in Chemnitz. »Ich bin es, Sarah. Ich wollte nur sagen, dass ich gerne nach Frankfurt komme.« Die Worte purzelten nur aus meinem Mund. Ich hatte Angst, er könne sich gar nicht mehr an das ungeschickte Mädchen aus Chemnitz erinnern. »Schön. Ich freue mich. Wenn du angekommen bist, setz dich ins Taxi und fahr ins Hotel Interconti. Wir treffen uns dann am Spätnachmittag da. So gegen siebzehn Uhr!«, bestimmte Michael.

»Ja, ist gut«, antwortete ich und wollte eigentlich noch ganz viel von ihm wissen, aber er beendete das Gespräch. »Also dann, bis nächste Woche«, sagte er und drückte mich weg.

Die Strecke Chemnitz-Frankfurt: ungefähr drei Stunden Fahrt mit dem Zug. Ich musste erst einmal zur Bank und mir Geld von meinem Sparbuch abheben, weil ich so viel Bares nicht hatte. Das würde sich allerdings bald ändern, weil ich die Lehrstelle als Dekorateurin tatsächlich bekommen hatte. Tja, besser Dekorateurin als Friseuse, lieber Gustav. In vier Wochen würde ich meine Ausbildung beginnen, und dann würde sich ein Besuch auf dieser Deko-Messe in Frankfurt erst recht gelohnt haben, beruhigte ich mein Gewissen.

Auf der Zugfahrt versuchte ich ein spannendes Buch zu lesen, aber ich saß eigentlich nur auf meinem Sitz und schaute aus dem Fenster. Es war meine erste Reise in den Westen. Sicher wegen der Vorurteile meiner Familie, aber auch, weil ich nicht gewusst hätte, wohin ich hätte reisen sollen. Markus hatte schon öfters Wettkämpfe irgendwo im Westen gehabt, aber immer wenn ich ihn fragte, wie es war, sagte er: »Weiß nicht. Es ist dort alles sehr teuer und auch nicht schöner als bei uns.«

Und dann schlug sie endlich, die Stunde meines neuen Prinzessinnen-Daseins. Ich rollte auf dem Hauptbahnhof in Frankfurt ein. Zuerst wollte ich gar nicht aussteigen. Meine Hände waren feucht vor Aufregung. Stromlinienförmige Züge, die aussahen wie aus einem Science-Fiction-Film. So viele Menschen, die anscheinend alle wussten, wohin sie wollten. Ich stieg als Letzte aus. Ich hätte mir gewünscht, dass Michael mich abgeholt hätte, aber ich verstand natürlich, dass er keine Zeit hatte. Langsam ging ich mit meinem kleinen Köfferchen in Richtung Ausgang. Ein Schaffner sagte mir, ich solle immer auf die kleinen Hinweistafeln schauen, sie würden mir den Weg zum Taxistand weisen. Viel Geld hatte ich nicht mehr. Ich hoffte, fürs Taxi würde es noch reichen.

Mir gefiel die Stadt im ersten Moment überhaupt nicht. Ich mochte ihren Geruch nicht – überall Müll und Abgase, dazu gehetzte und unfreundliche Gesichter. Automatisch drückte ich meine Handtasche, die über der Schulter hing, noch fester an mich. Ich stieg hinten in ein Taxi ein, und das Erste, was mich der Taxifahrer fragte, nachdem ich ihm mein Ziel nannte, war: »Na, kommst wohl von drüben. Woher bist du denn?«

Ich war verunsichert. Warum duzte mich dieser Mann? Ich beschloss, ihm keine Antwort zu geben, und er akzeptierte das auch. Zum Glück dauerte die Fahrt nicht lange. Er hielt direkt vor dem Eingang des Interconti. Mein Köfferchen hatte ich bei mir auf dem Sitz. Ich hatte nicht gewollt, dass der Taxifahrer es in den Kofferraum packte.

Das Hotel erschien mir riesig. Mit kleinen Schritten ging ich auf die Rezeption zu und suchte nach einem Menschen, dem ich mich anvertrauen konnte. Ich entdeckte eine gleichaltrige junge Frau und bat sie, auf dem Zimmer von Herrn Michael Meister anzurufen und ihm mitzuteilen, dass ich da sei. Mit einem freundlichen Lächeln sagte sie: »Nehmen Sie doch bitte in unserer Halle Platz, er wird gleich kommen. Ihren Koffer können Sie derweil hier deponieren.« Und schon hatte sie mein einziges Stückchen alte Welt hinter die Rezeption gezogen.

Ich wollte sofort auf die Toilette verschwinden, aber ich hatte Angst, dass ich Michael dann verpassen würde. Also setzte ich mich auf eine Sitzgruppe, unweit von den Fahrstühlen entfernt. Ich trug wieder denselben Rock und dieselben Schuhe wie damals bei unserem ersten Treffen in Chemnitz. Nur eine andere Bluse hatte ich an. Ich zählte leise vor mich hin. Diese Angewohnheit beruhigte meine Nerven. Ich hatte sie schon als Kind, als mich Sabine zu Tode nervte.

Ich starrte gebannt auf die sich ständig öffnende Fahrstuhltür, wie bei einer Quizshow, bei der gleich der prominente Gast auf die Bühne heraustritt. Schließlich erschien auch Michael. Er kam auf mich zu. Und vor Freude hätte ich am liebsten in die Hände geklatscht. Michael streckte mir seine Hand entgegen, zog mich an sich und drückte mir links und rechts einen festen Kuss auf die Wange. »Schön, dass du da bist. Ich habe im Hotelrestaurant schon einen Tisch für heute Abend reserviert. Willst du dich noch umziehen?«, fragte er so selbstverständlich, als wenn er die Uhrzeit wissen wollte. »Kann ich auch so bleiben?«, fragte ich schüchtern zurück. »Na, klar, dann komm. Wir nehmen noch einen Drink an der Bar«, erwiderte er und schob mich in Richtung derselben.

Meine Hände waren immer noch feucht, und je öfter ich sie an meinen Kleidern trocknete, desto schneller schwitzten sie wieder. Ich dachte an meine Mutter, an früher, als wir noch ein Team waren. Mir war zum Heulen zumute. Ich fühlte mich so wahnwitzig winzig in Michaels Gegenwart. Und mein ganzes Selbstbewusstsein, das ich zu Hause, in meiner vertrauten Umgebung, an den Tag legte, schien nicht mitgereist zu sein.

Michaels Handy klingelte. Er sah auf das Display und ging nicht ran. Er hatte zwei Gläser Champagner bestellt. Einfach so, ohne mich zu fragen. Ich hatte noch nie Champagner getrunken, nur Sekt. In der Kneipe, in der ich gearbeitet hatte, stand dieses teure Getränk nicht einmal auf der Karte. Ich leerte mein Glas schnell. Ich wollte mir Mut antrinken. Michael orderte zwei weitere Gläser. Ich weiß gar nicht mehr, worüber wir sprachen. Ich glaube, er erzählte irgendetwas von dieser Messe. Langsam wurde mir warm, meine Hände trocken und mein Wunsch, in seinen Armen zu liegen, immer größer. Er trug eine andere Brille. Sie saß fest auf seiner langen, schlanken Nase. Michaels Parfum hypnotisierte mich. Es war sehr herb. Wie ein Mann von Welt saß er nur mit einem Bein auf dem Barhocker, das andere stand lässig wippend auf dem Boden. Als wir ausgetrunken hatten, sagte er, er müsse schnell etwas aus seinem Zimmer holen, und zog mich einfach mit sich. Oben angekommen tat er genau das, worauf ich gehofft hatte. Er nahm mich in seine kräftigen Arme. Für einen Blitzmoment fühlte ich mich wie seine Tochter, die endlich wieder in den Armen des verschwunden geglaubten Vaters lag. Langsamer als in Zeitlupe begannen sich unsere Körper miteinander bekannt zu machen. Michael war sehr erregt, als ich nur noch in Unterwäsche bekleidet auf dem großen, weichen Doppelbett lag. Ich war glücklich, dass ich diesem Mann auch etwas bieten konnte, wonach er sich sehnte. Wir liebten uns mehrere Male. Draußen war es längst dunkel.

Erschöpft lagen wir nebeneinander. Meine Lippen brannten. Michael hatte seine Uhr auf den Nachttisch gelegt. Sie war so massiv, dass er Angst hatte, mich damit verletzen zu können. Er band sie wieder um und sagte: »Hast du auch so einen großen Hunger wie ich? Für das Restaurant ist es zu spät, aber ich bestelle uns etwas aufs Zimmer.« Ich nickte und betrachtete ihn. Die Haare auf seiner Brust waren weiß, sein Bauch verriet gute Küche und bestimmt auch nicht wenig Alkohol. Ich dachte an Markus' Körper, der mich damals in der Kneipe so magisch angezogen hatte. Diese glatte, muskulöse Haut, diese erotische Körperspannung. Nichts davon fand ich bei Michael wieder, und trotzdem war ich noch nie so glücklich wie in diesem Hotelbett in Frankfurt. Es war Michaels Aura, die mich fesselte, die mich wünschen ließ, mit ihm zu schlafen. Sein Körper spielte keine so große Rolle. Ich schlief mit seiner Selbstachtung, mit seiner Bestimmtheit, mit seiner Sicherheit, mit seiner Intelligenz und mit seiner Macht, die er unaufhörlich ausstrahlte – selbst wenn ihm die Brille von der Nase rutschte. Mich erotisierte es, dass dieser Prinz meinen Körper begehrte. Was für eine geglückte Kombination!, dachte ich. Nicht eine Sekunde lang hatte ich Skrupel wegen der dreißig Jahre, die zwischen uns lagen. Michael war tatsächlich fünfzig.

Der Zimmerservice brachte uns zwei Club-Sandwiches, Weißbrottürme mit verschiedenen Schichten aus Salat, Mayonnaise, Eiern und Hühnerfleisch. Dazu hatte Michael eine Flasche Chablis bestellt. Ich fragte den Zimmerkellner, ob er auch etwas Wasser für mich habe. Aber Michael fiel mir ins Wort: »Das haben wir hier.« Als der Mann unseren Raum wieder verlassen hatte, holte mir Michael eine Flasche Mineralwasser aus der Minibar. Was für ein Luxus! Meine innere Stimme hatte also Recht gehabt. Alles musste so sein, damit ich das hier erleben durfte. Satt und zufrieden schliefen wir ein.

Am nächsten Tag um sechs Uhr riss uns der telefonische Weckservice aus dem Schlaf. Michael war sofort hellwach, setzte sich auf, fuhr sich durch die grauen Strähnen und sagte mit rauer Morgenstimme: »Hast du gut geschlafen?« So wie der Lebensrhythmus dieses Mannes tickte, war mir klar, dass ich nicht weiterschlafen konnte. Ich war auch viel zu aufgeregt. Michael ging unter die Dusche, und ich wartete, bis er wieder zurück ins Zimmer kam. Ich hatte begriffen, dass die Langsamkeit der gestrigen Nacht ihr Ende gefunden hatte. Also stand ich auf und umarmte ihn. Ich war wie ein Kind, das darauf wartete, Anweisungen zu empfangen, wie der Tag weitergehen würde. Michael streichelte meinen Busen. »Du bist schön, Sarah, wirklich schön«, sagte er, und ich dachte, wir könnten es noch einmal tun. Aber Michael drückte mich sanft aufs Bett und bat mich, mich anzuziehen. Ich war verunsichert, hatte Sorge, irgendetwas falsch gemacht zu haben. »Willst du mich denn nicht mehr?«, fragte ich ihn ein wenig ängstlich. »Doch, doch«, antwortete er, »aber ich habe um halb acht meinen ersten Termin.« Er bestellte für mich ein kleines Frühstück und für sich eine Kanne Kaffee und einen frisch gepressten Orangensaft. An Michaels Gesicht sah ich, dass jetzt andere Themen als ich durch seinen Kopf wanderten. Ich zog mich an und setzte mich neben ihn. Schließlich nahm ich meinen ganzen Mut zusammen und fragte ihn nach der Deko-Messe. Er sagte, dass er mich nach seinem ersten Termin abholen und wir dann mit dem Taxi aufs Messegelände fahren würden. Dann wollte er noch wissen, wann ich am Zug sein müsste. Michael streichelte meine Haare, nahm mich in seine Arme und hielt mich fest. Es war ihm wohl gerade bewusst geworden, dass ich mich ohne ihn nicht gut zurechtfinden würde.

Der Tag verflog. Ich lief durch all die riesigen Hallen und wusste gar nicht mehr, wo ich war und was ich schon gesehen hatte. In meinem Kopf gab es keine Kapazität für Farben und Stoffe mehr. Ich fühlte mich erschlagen. Von der Masse des Angebots und der Masse an Menschen. Hier schlug das Leben in einem schnelleren Takt. Ich war stolz, dass mich Michael zu dieser Messe mitgenommen hatte, und dachte, dass ich zu Beginn meiner Lehre gleich viel zu erzählen hätte.

Michael führte durchgehend Gespräche mit Kunden. Ich traf ihn nur noch zu einer schnellen Suppe an irgendeinem Stand. Beim Verabschieden drückte er mir fünfhundert Mark in die Hand und küsste mich auf den Mund. Seine Lippen schmeckten verschwitzt, salzig. »Das ist für die Fahrtkosten, Sarah«, sagte er, und im Geiste war er schon unterwegs zum nächsten Termin. Ich solle gut nach Hause kommen, er würde sich melden.

Auf der Heimfahrt schlief ich vor Erschöpfung ein. Ich hatte das Gefühl, mindestens eine Woche lang weg gewesen zu sein. So fremd kam mir alles in unserem kleinen Ort vor, so banal, geschrumpft und langsam.

Ich fühlte mich vom Glück geküsst. Markus und meinen Eltern erzählte ich natürlich nur von meinen Messeeindrücken. Ich vermied – jedenfalls bei meiner Mutter – nur die kleinste negative Schilderung, zum Beispiel über Frankfurt. Diesen Triumph wollte ich ihr nicht gönnen. Michael erwähnte ich nur in einem Nebensatz. Ich wusste, dass niemand wagen würde, mich zu fragen, wo ich denn übernachtet hätte.

Zwei Tage später rief Michael mich abends an. Markus war nicht da. Die Stimme dieses Prinzen klang zum ersten Mal ruhig, ja richtig müde. Er sagte, dass er mich wiedersehen wolle und dass er es wunderbar gefunden hätte, mit mir zusammen zu sein. Er entschuldigte sich sogar, dass er manchmal etwas hektisch sei. Am liebsten wäre ich durchs Telefon gekrochen und in seinen Armen eingeschlafen.

Bis zu unserer nächsten Verabredung in Nürnberg sollte es aber noch ein paar Wochen dauern. Ich begann meine Lehre zur Dekorateurin in dem Chemnitzer Kaufhaus, Michael, das hatte er mir gesagt, musste zuvor noch geschäftlich nach Amerika reisen.

Nach zwei Wochen schossen Zweifel wie Giftpilze aus dem Boden direkt in meinen Kopf, in mein Herz, und breiteten sich neben meiner Begeisterung für Michael aus. Seit diesem einen Telefonat hatten wir keinen Kontakt mehr gehabt. Diese Achterbahnfahrt der Gefühle strengte mich an, machte mir oft schlechte Laune. Und das Schlimmste war, dass ich mit niemandem darüber reden konnte. Eine beste Freundin hatte ich nicht, und Markus und meine Familie kamen nicht infrage. Es ist nicht leicht als Einzelkämpferin, aber man geht wenigstens keinerlei Abhängigkeiten ein.

Als Michael und ich uns in Nürnberg dann endlich trafen, freuten wir uns sehr. Ich wartete auf ihn, wieder in einem Nobelhotel, aber diesmal gleich auf dem Zimmer. Ich entdeckte ein Grübchen neben Michaels Mundwinkel. Das Gefühl, dass nur dieser Mann der Richtige sei, wuchs Stunde um Stunde. Wir gingen in ein feines Restaurant, und Michael erzählte von seiner USA-Reise, von seinen Exportplänen, von seinen unternehmerischen Visionen. Ich hätte ihm die ganze Nacht zuhören können, so einnehmend, ja faszinierend waren seine Geschichten und seine Gedanken. Manchmal fragte er mich sogar nach meiner Meinung zu irgendeinem geschäftlichen Thema. Wir blieben sehr lange sitzen, und Michael hatte schon fast zwei Flaschen Rotwein ausgetrunken. Er sah müde aus.

An diesem Abend schliefen wir schnell ein. Ich versuchte gar nicht erst, ihn noch zu verführen. Zum Glück hatte Michael am nächsten Tag keinen frühen Termin.

Wir frühstückten im Speisesaal des Hotels. Michael war bester Laune. Er wirkte zufrieden mit dem bisherigen Ablauf des Morgens. Erst Sex, dann eine Dusche und jetzt Spiegeleier mit Speck. Ich sah ihn gerne so zufrieden. Anschließend wollte Michael ein paar Telefonate erledigen und etwas auf seinem Computer nachsehen. Ich blieb für kurze Zeit alleine auf dem Zimmer. Da entdeckte ich Michaels Geldbörse neben dem Telefon, und ohne eine Sekunde nachzudenken, öffnete ich sie. Ich wollte kein Geld, ich wollte nur mehr von ihm wissen. Ich fand ein Foto von einer sehr hübschen Frau mit schwarzen Locken und schwarzen Augen. Auf der Rückseite stand »Love Catherine«. Dieses englische Wort war so ziemlich das Einzige, was ich verstand. Außerdem war da noch ein Foto von zwei Kindern, einem Jungen und einem Mädchen. Sie waren beide noch sehr klein. Minutenlang hielt ich die Bilder in meiner Hand. So fest, dass meine Finger taub wurden.

Natürlich gab es da eine andere. Ein Mann wie Michael konnte nicht nur einer Frau gehören. Aber es tat trotzdem weh. Ich war also doch nur irgendein Verhältnis für ihn. Ich schluckte, schämte mich zugleich für meine Neugierde. Aber ich beschloss, mir nichts anmerken zu lassen.

Aber im Überspielen von solchen gravierenden Dingen war ich nicht gut. Ich weiß es noch genau: Wir standen vor einem teuren Luxusladen, und Michael wollte gerade mit mir dort hineingehen, um mir ein

Kleid zu schenken, das ich nur für ihn anziehen sollte.

Ich begann zu weinen. Michael wusste gar nicht, wie ihm geschah, und versuchte mich zu trösten. Ich bat ihn, mit mir ins Hotel zurückzugehen. Als ich mich wieder beruhigt hatte, fragte ich ihn, ob er verheiratet sei. Er lachte laut, in seiner gewohnten Art. »Deswegen weinst du, Sarah? Das ist aber wirklich kein Grund. Ja, ich bin verheiratet. Aber ich lebe schon lange von meiner Frau getrennt. Getrennt heißt bei mir von Tisch und Bett. Schon seit die Kinder aus dem Gröbsten raus sind«, vermittelte er mir glaubhaft.

Er fragte zum Glück nicht, warum ich so plötzlich auf diesen Gedanken gekommen sei. Michael sagte weiter: »Du hast doch auch noch deinen Muskelmann.«

Ich konnte nicht weiter über dieses Thema reden. In meinem Hals saßen Stacheln. Ich trank im Badezimmer ein Glas Wasser. Dann schliefen wir wieder zusammen. Kurz bevor die Läden schlossen, kaufte mir Michael doch noch das schöne Kleid. Es war schwarz und hatte einen sehr tiefen Ausschnitt. Als es so unschuldig ausgebreitet auf dem Hotelbett lag, erzählte ich Michael alles, mein ganzes Viertel Leben. Von meinen Träumen, eine Prinzessin zu sein, von meinem Vater, meiner Mutter, der ollen Sabine und Gustav. Michael war sehr lieb. Er meinte, das nächste Mal würde er mir ein rosafarbenes Kleid schenken.

Immer wieder überlegte ich an diesem zweiten Wochenende, ob ich noch mehr über seine Frau und seine Kinder wissen wollte, aber ich entschied mich dagegen. Ich war hier, weil Michael mich mochte. Und das zählte für mich. Was interessierte mich eigentlich seine Frau? Je mehr ich von ihr wüsste, desto mehr

Gedanken würde ich mir machen. Und diese Gedanken würden mir meine Zeit mit Michael ruinieren. Perfekter Verdrängungsmechanismus!

Nach diesem zweiten Wochenende trafen wir uns weiterhin mindestens einmal im Monat. Michael rief mich an. Meistens am Freitag, manchmal aber auch unter der Woche. Wenn wir uns lange nicht gesehen hatten, meldete ich mich bei meiner Arbeitsstelle auch mal krank, oder ich nahm mir einen Tag Urlaub. Jedenfalls saß ich einen Tag nach Michaels Anruf im Zug auf dem Weg zu meinen Traum-Schlössern. Wir wohnten immer in den besten, feudalsten Hotels in ganz Deutschland. Oftmals nächtigten wir sogar in einer Suite. Die Bettwäsche war so fein, dass sie einen streichelte, wenn man nackt in ihr schlief. Im Badezimmer standen Proben von edlen Duschgels oder Körperlotionen. Allein die Badewannen waren so groß, dass vier Leute in ihnen Platz gehabt hätten. Mittlerweile kannte ich schon unsere Zimmernummern in den einzelnen Prachtbauten.

Ich lebte zwei Leben. Das der Geliebten und das der braven jungen Frau an der Seite ihres Gewichthebers, die artig ihre Lehre absolvierte. Die machte mir sogar Spaß. Ich hatte zwar davon geträumt, die Schaufenster nach meinem Geschmack zu dekorieren, aber das Kaufhaus hatte feste Vorgaben. Leider! Auch im kaufmännischen Bereich lernte ich viel. Kontakt zu Kollegen hatte ich wenig. Sie interessierten mich nicht. Michael interessierte mich.

An einem Abend irgendwann vor zwei Jahren – ich war vierundzwanzig – bat mich Markus um ein Gespräch. Er hatte sich verliebt und wollte ausziehen. Auch das harte Muskeltraining wollte er aufgeben und lieber Kfz-Mechaniker werden. Es war ihm sichtlich peinlich, als er mir seinen neuen Lebensentwurf präsentierte. Ich verstand gar nicht, warum. Ich gönnte ihm sein neues Glück von Herzen. In dieser Konstellation hätten wir ja wirklich nicht ewig leben können. Ich fand es schon rührend von ihm, dass er das überhaupt so lange mitgemacht hatte.

Alleine konnte ich mir die Wohnung nicht mehr leisten. Ich suchte mir ein paar Straßen weiter ein Ein-Zimmer-Appartement. Unsere Eltern nahmen das alles hin. Meine Mutter wetterte für ihre Verhältnisse sogar sehr wenig. Für sie war die Hauptsache, dass ihre Tochter nicht mehr in einer Bar arbeitete.

Manchmal war ich nur noch physisch anwesend in Chemnitz oder in unserem Dorf. Immerhin konnte ich wunderbar belanglos kommunizieren. Meine Lehre hatte ich inzwischen abgeschlossen, aber das Kaufhaus konnte mich nicht übernehmen. In einer anderen Stadt wollte ich mich nicht bewerben, irgendwie fühlte ich mich doch in meinem kleinen Dorf verwurzelt. Über einen Bekannten meiner Eltern bekam ich schließlich einen Job als Verkäuferin in einer Modeboutique in Chemnitz. Abhängig sein von Michael, so wie seine Frau und seine Kinder, das wollte ich in keinem Fall.

Mittlerweile sind Michael und ich sechs Jahre zusammen. Wenn wir uns sehen, haben wir immer noch eine schöne, intensive Zeit miteinander. Die Wahrheit ist, dass ich Michael natürlich ganz für mich haben möchte. Ich würde ihn morgen in irgendeiner Autobahnkapelle heiraten, aber ich weiß, dass er sich nie von seiner Frau scheiden lassen wird. Wir reden auch nie über sie. Ich weiß nur, dass sie Catherine heißt und Amerikanerin ist. Sie hat Michael geholfen, dass er sein Business in den Staaten ausbauen konnte. Dort ist sie wohl auch ziemlich oft, seit die Kinder ihre eigenen Wege gehen. Sie ist für mich kein Thema und so soll es auch bleiben. Meine Einstellung zu damals, als ich ihr Foto in der Geldbörse sah, hat sich nicht geändert. Ich kann Michael auch keine Vorwürfe machen, dass er noch verheiratet ist. Er hat nie ein Geheimnis aus seiner Ehe gemacht und mir sehr klar mitgeteilt, dass sie bestehen bleibt. Ich akzeptiere das, obgleich ich nicht weiß, wie lange ich den Status Geliebte noch beibehalten will.

Michael nennt mich mittlerweile »Prinzesschen«. Bei unserem letzten Urlaub auf Mauritius kaufte er mir am Flughafen ein Collier mit Saphiren. Er sagte, dass er vorher noch nie so viel Geld für eine Frau ausgegeben habe. Das schmeichelt mir. Ich weiß, dass ich ihm wichtig bin, auch wenn wir uns nicht jede Woche sehen. Michael ist ein Mann, den man lieben kann, aber mit dem man nicht leben kann. Er ist zu unruhig, zu unstet. Sein Job ist ihm das Wichtigste. Er ist eine stärkere Konkurrenz als jede Blondine. Immer öfter nimmt mich Michael auch zu Geschäftsfreunden mit. Bevor wir dorthin gehen, stimmen wir aber genau ab, was ich sagen kann und was nicht. Meistens läuft es daraus hinauf, dass ich erzähle, ich würde demnächst beginnen, Philosophie zu studieren. Michael unterstützt mich bei meinem Weiterkommen. Er möchte unbedingt, dass ich mein Abitur nachhole und dann studiere. Und ich weiß, dass er mir bei jedem meiner Entschlüsse in dieser Richtung behilflich sein wird. Es ist ein fairer Deal. Michael hat aus mir eine Prinzessin gemacht. Aber er wird nie mein Prinz sein.

Endstation Einsamkeit

Als ich meine Augen öffnete, erblickte ich als Erstes eine Fliege. Unruhig tanzte sie an der weißen Zimmerdecke hin und her. Schnell schloss ich meine Augen wieder. Jetzt sah ich den Sarg meiner Tochter Nana vor mir. Sie hatte sich mit achtzehn Jahren den goldenen Schuss gesetzt. Etwas später öffnete ich meine Augen ein zweites Mal, und plötzlich dachte ich, vielleicht könnte ich ja selbst tot sein. Vielleicht war das gar nicht Nanas Sarg, sondern mein eigener? War das nicht überhaupt mein Ziel gewesen? Mein Kopf fühlte sich an, als wäre er in eine andere Sphäre gewandert. Ich hatte einmal gelesen, man würde sich in den letzten Augenblicken seines Lebens ganz leicht fühlen und über den Dingen schweben. Endlich! Mir ist das zeit meines Lebens nie gelungen. Im Gegenteil. Alles, was ich hatte, habe ich zertrampelt und zerstört. In den Boden getreten. Und deswegen hatte ich all diese Tabletten geschluckt. War das nicht gestern gewesen? Ich ließ mir sogar die Weisheitszähne ziehen, nur um an dieses starke Zeug zu kommen. Tramal-Tabletten, ein Morphium-Ableger. Gemischt mit einer Packung Schlafmittel – das sollte mein goldener Schuss sein.

Meine Augen suchten die Fliege. Sie war fort oder vielleicht auch nie da? Ich dämmerte wieder weg, so kam es mir wenigstens vor. Ganz ohne Gedanken, dennoch wirr. Irgendwann spürte ich, dass mein Mund so trocken war, als ob man ihn geföhnt hätte. Es wurde mir bewusst, dass ich lebte. Durst, dachte ich, ist ein Verlangen, das Tote wohl nicht mehr spüren. Oder doch?

Immer dringender wurde der Wunsch, etwas zu trinken. Es hatte also nicht geklappt, das mit dem Selbstmord. Jetzt wurde mir das langsam klar. Ich musste mich also weiter mit diesem elendigen Leben abquälen, bis ich eines Tages von selbst sterben würde. An Krebs vielleicht oder an gebrochenem Herzen.

Ich schlug meine Augen ein drittes Mal auf, und nun erkannte ich es deutlich: Ich lag in einem Krankenhauszimmer. Sie mussten mir den Magen ausgepumpt und mich an eine Infusion gehängt haben. Das mit dem Tropf stimmte. Dazu hatten sie meine Hände festgebunden. Hatte ich mich so dagegen gewehrt, wieder ins Leben zurückzukommen?

Ich konnte also nicht einmal nach einer Schwester klingeln. Mein Mund war völlig ausgedörrt, die Zunge eingetrocknet und rissig. Mit blieb nichts anderes übrig, als darauf zu warten, dass jemand mein Zimmer betrat. Ich schaute zur Tür. Aber niemand kam. Keine Schwester – und auch kein Matthias. Ihn hätte ich mir noch mehr herbeigewünscht als ein Glas Wasser. In meinem Kopf fand ein Tauziehen statt. Auf der einen Seite stand die Sehnsucht, auf der anderen die Realität. Und wie immer im Leben wird die Realität siegen. Matthias würde nicht kommen, nicht jetzt, nicht morgen, nicht übermorgen. Er wäre wahrscheinlich nicht mal zu meiner Beerdigung erschienen. Was hatte er zum Abschluss gesagt? Ich sei seine große Liebe, aber ohne seine Kinder könne er nicht leben. Wie gut ich ihn verstehen konnte. Als ich die Nachricht von dem Tod meiner Tochter bekam, dachte ich das erste Mal an Selbstmord. Aber da war noch Tommi, mein zweites Kind. Er war damals vierzehn, als das mit seiner Schwester passierte, und ich hatte noch ein zu großes Verantwortungsgefühl für ihn. Sonst hätte ich damals in der Badewanne tiefer in meine Pulsadern geschnitten, und es hätte funktioniert.

Die Affäre mit Matthias fing erst nach Nanas Tod an. Wir waren ein heimliches Paar, unsere Häuser lagen nebeneinander. Matthias war mit Renate verheiratet, sie hatten zusammen drei Kinder. Ich war die Ehefrau von Günther, Nana und Tommi unsere Kinder. Wenn ich ganz ehrlich zu mir selbst bin, war es nicht Nanas Sucht oder gar ihr Tod, der unsere Ehe sterben ließ, sondern wir hatten uns einfach nie geliebt. Ich heiratete Günther, weil er eine angenehme Ausstrahlung hatte und als Zahnarzt gut verdiente. Und auf diese Weise kam ich endlich weg von zu Hause. Wir waren fünf Kinder, und ich war das letzte, ein Unfall, wie mein Vater sagte. Meine Eltern besaßen einen Bauernhof, auf dem es von fünf Uhr morgens bis Mitternacht immer etwas zu tun gab. Nicht mal als Jüngste blieb mir das Arbeiten erspart. Es sei denn, meine Mutter hätte die Hand über mich gehalten, aber ihr Nervenkostüm war so dünn wie die Haut einer Zwiebel. Sie konnte sich nie durchsetzen. Wir hatten wenig Geld, und wenn etwas übrig blieb, investierte mein Vater es sofort wieder in den Hof. Von klein auf wollte ich nur weg.

Günther lernte ich auf einem Dorffest kennen. Ich hatte die Schule mit der Mittleren Reife abgeschlossen und arbeitete nach der Lehre zur Bürokauffrau als Sekretärin in einem kleinen Betrieb. Günther war der einzige Zahnarzt in unserem kleinen Ort im Bergischen Land. Wir tranken zusammen, wir tanzten zusammen, er schlief mit mir, er heiratete mich. Neun Monate später kam Nana zur Welt. Wir zogen nach Würzburg, weil Günther dort ein Haus von seinem Vater geerbt hatte.

Ein altes Haus, hübsch, sogar mit kleinem Garten. Es musste nur renoviert werden. Günther eröffnete wieder eine eigene Praxis, und ich lebte als seine liebe Frau, die erst ein Kind und dann noch ein zweites großzog, an seiner Seite. Ich habe meine Kinder über alles geliebt, besonders als sie klein waren.

Die Jahre verflogen. Wir hatten uns gut und schnell eingelebt in Unterfranken. Es waren zufriedene Jahre, und Günther war wirklich kein anspruchsvoller Ehemann. Mit frisch gebügelten Hemden und einem warmen Essen war er glücklich.

Ich war sechzehn Jahre jünger als er und zugegebenermaßen auch nicht gerade temperamentvoll. Günther sagte manchmal: »Du bist so verschlossen, Lore. Rede doch.« Das war genauso sinnlos, wie wenn man zu einem Blinden sagte: »Schau einmal!« Ich konnte einfach nicht über Gefühle reden. Jedenfalls nicht zu dieser Zeit.

Als Nana acht und Tommi vier war, zogen Matthias und Renate Dormann in das Nachbarhaus. Zwei ihrer Kinder waren im gleichen Alter wie Nana und Tommi. Und dazu hatten sie noch ein kleines Baby, Lilly. Am Anfang grüßten wir uns nur höflich, wenn wir zur selben Zeit die Mülltonnen auf die Straße stellten. Schließlich begannen wir übers Wetter zu reden, und irgendwann stellten wir fest, dass sich Nana mit Verena angefreundet hatte und mein Tommi und Fritz im gleichen Fußballverein spielten. Renate war ein fröhlicher Mensch. Wenn sie lachte, war ihre Nase ein einziges Faltenbeet. Das sah lustig aus. Dazu strahlten riesige, dunkle Augen, und ihr honigblonder Pferdeschwanz wippte. Am Kinn hatte sie eine lange Narbe. Ein Boxer hatte sie als Kind gebissen. Renate war der Prototyp einer patenten Frau, sie war wie ein Riegel Mars, kompakt und voller Energie. Seit Renate und ich uns angefreundet hatten, öffnete auch ich mich ein wenig. Ich freute mich sogar, wenn sie morgens mit der kleinen Lilly auf eine Tasse Kaffe zu mir rüberkam.

Günther und Matthias trafen sich mit anderen Ehemännern zum Skatspielen, währenddessen gingen wir Frauen ins Kino oder trafen uns beim Italiener in der Altstadt. Das war ein völlig neues Gefühl für mich, sich abends schick anzuziehen und auszugehen. Günther hatte wenig Sinn dafür.

Diese Frauen, meist Mütter, fand ich äußerst interessant. Nur ab und zu störte es mich, dass ich die Jüngste war. Ich merkte, dass die anderen mir nicht wirklich viel zutrauten. Auch Renate nicht, sie war mir überlegen. Zum Glück fragten sie mich nicht über mein Leben vor Günther aus. Ich wäre garantiert ins Stottern gekommen. Eigentlich schämte ich mich für meine Herkunft. Sosehr ich mir auch Mühe gab, ich hatte immer noch Angst, ich trüge den Stallgeruch mit mir herum.

Eigentlich war ich Günther dankbar dafür, dass ich so angenehm leben konnte. Einmal fragte er mich, ob ich nicht etwas hinzuverdienen wolle. Aber ich wollte nicht. Ich war gern zu Hause. Und seit der Freundschaft mit Renate noch lieber. Im Lauf der Jahre wurden wir so etwas wie beste Freundinnen, dachte ich jedenfalls. Ich war stolz darauf, dass eine Frau wie Renate sich mit mir abgab. Es machte ihr regelrecht Spaß, sich um mich zu kümmern.

Renate schenkte mir manchmal eine ihrer vielen Hosen oder T-Shirts, sie war sehr eitel und kaufte sich ständig neue Klamotten. Wir hatten beide Kleidergröße vierzig, und sie meinte, bevor sie die Sachen in den

Secondhandshop gäbe, würde sie lieber alles mir schenken. Außerdem fand sie, ich sollte mir doch auch tagsüber ein bisschen mehr Mühe mit meinem Äußeren geben. Ich schaute sie fragend an. Sie verstand sofort, lachte laut. »Nein, nicht für Günther, für dich. Wenn du an einem Spiegel vorbeigehst und siehst, wie hübsch du aussiehst, bekommst du gute Laune. So einfach ist das.« Wir hatten wirklich eine sehr ähnliche Figur. Einen kleinen Busen, schmale Taille, kräftige Oberschenkel. Nur war Renate war blond, ich dagegen fast schwarzhaarig. Aber ihr Gesicht fand ich viel schöner – trotz ihrer Narbe. Ich hatte kleine, blaugraue Augen, eine Himmelfahrtsnase und viel zu wulstige Lippen. Deswegen schminkte ich sie auch nie. Ich dachte, wenn ich sie anmale, betone ich sie noch mehr. Renate fand das auch. Außer Wimperntusche fand man in meinem Badezimmer nichts, was aus mir hätte mehr machen können.

Renate und Matthias lebten ein sehr aufwändiges Leben. Sie fuhren zwei Autos, machten mehrere Urlaube, und ihre Kinder trugen immer die neuesten Turnschuhe. Matthias musste gut verdienen. Ich hatte großen Respekt vor ihm. Er war so ein großer und stattlicher Mann. Was er sagte, das hielt er ein. Wenn er versprach, er würde mit Tommi und Fritz eine halbe Stunde Fußball spielen, tat er das auch genau eine halbe Stunde lang. Keine Minute länger. Und keins der Kinder traute sich, um Verlängerung zu bitten. Trotzdem, man spürte, er liebte Kinder. Seine und meine. Er war das Oberhaupt der Familie Dormann, aber eines mit Herz. Nicht so ein Tyrann wie mein Vater, der uns alle schlug, wenn wir nicht parierten.

Bei Dormanns war immer etwas los. Für mich waren sie so etwas wie eine Vorzeigefamilie, wie die *Waltons* aus dem Fernsehen. Ganz anders als bei uns, da war es meistens still. Kein Streit, aber auch kein Lachen. Monotonie. Sogar Nana und Tommi waren leise, brave Kinder.

Wir führten ein Leben ohne große Aufregungen. Wellen von Freude oder Ärger schwappten nur von nebenan zu uns herüber. Ich idealisierte die Nachbarfamilie. Damals wusste ich ja noch nicht, was sich hinter den Kulissen abspielte.

Als die Großen zwölf, die Kleinen acht und Lilly knapp vier Jahre alt war, fuhren wir gemeinsam nach Italien. Geschäftsfreunde von Matthias besaßen an der Adria ein Haus und boten es ihm für drei Wochen in den Sommerferien an. Es hatte Platz genug für uns alle. Ich war noch nie am Meer gewesen und freute mich auf dieses weite Blau. Als meine Geschwister und ich noch Kinder waren, fuhr meine Mutter manchmal mit uns auf einen Bauernhof nach Österreich, er gehörte Freunden von meinem Vater. Der einzige Unterschied zu unserem war, dass ein kleiner Badesee in der Nähe war.

Günther bedeutete diese Einladung ans Meer gar nichts. Er sagte, er sei einmal am Meer gewesen und von Quallen verbrannt worden. Außerdem vertrüge er die Hitze schlecht. Sie mache ihn müde. Er wäre lieber in Würzburg geblieben. Auch, weil er noch einige Büroarbeiten erledigen wollte. Mir war es eigentlich egal, ob er mitkam oder nicht. Und ich glaube, den Kindern auch. Sie hatten kein gutes, aber auch kein schlechtes Verhältnis zu Günther. Ich denke, sie fanden ihn ebenso fad wie ich, aber es war nun mal ihr Vater. Er sorgte letztlich für sie. Das betonte ich auch immer wieder. Denn so manches Mal entdeckte ich schon ein bisschen Neid in Tommis Augen, wenn Matthias wieder mit Fritz und ihm Fußball spielte. Schließlich fuhren wir aber doch alle nach Italien. Renate hatte Günther überredet. Sie meinte, auch er bräuchte mal einen Tapetenwechsel.

Das Haus war traumhaft. Es lag am Ende einer Feriensiedlung und hatte im Wohnraum ein riesiges Fenster, von dem aus man das Meer sah. Ich spürte zum ersten Mal Sand unter den Füßen, schmeckte Salzwasser und suchte Muscheln. Eine besitze ich noch heute. Eine kleine, elfenbeinfarbene, die wie eine Schnecke aussieht, mit einer wie Perlmutt schimmernden und violett glänzenden Innenseite. So etwas Schönes hatte ich noch nie gesehen. Matthias war dabei, als ich sie am Strand fand, und ich merkte, dass sie ihm ebenfalls gefiel. Als ich sie ihm schenken wollte, sagte er liebevoll: »Eine Muschel passt besser zu dir als zu mir. Behalte sie, Lore.«

Es waren merkwürdige Ferien. Zum ersten Mal in meinem Leben erlebte ich mehr als nur einen Schwips. Renate hatte Spaghetti all'arrabiata gekocht, und Matthias schenkte mir immer von diesem perlenden Rotwein nach. Er sagte, die Nudeln seien so scharf, dass man einfach mehr trinken müsse. Wenn er Günther nachschenken wollte, hielt der immer seine Hand auf das Glas. Als Matthias dann noch Musik von Paolo Conte auflegte, verabschiedete sich Günther. Er wollte ins Bett. Er war nicht missgelaunt, sondern einfach nur müde. Renate tanzte ganz allein im großen Wohnzimmer, sie trug eine weiße Leinenbluse, unter der man ihren BH sah. Ich merkte, wie sehr sie sich gefiel, und ich bewunderte ihre grazile Art. Schließlich forderte sie Matthias auf, mit ihr zu tanzen, aber der zeigte keine Lust. Er saß, von der Sonne dunkelbraun gebrannt, mit einem hellblauen Shirt und weißen Shorts in einem Korbsessel und schaute aufs Meer, nicht auf seine Frau.

Das wunderte mich ein bisschen. Schade, dachte ich, es hätte so hübsch ausgesehen, wenn diese beiden schönen Menschen in dem weiß gehaltenen Wohnzimmer getanzt hätten. Renate gab nicht auf – bis sie in ihrem Übermut aus Versehen ein Glas Rotwein umschüttete. Schnell lief ich in die Küche und holte Salz. Der Abend war abrupt zu Ende. Ich lag noch lange wach und dachte, dass ich seit dem Dorffest, bei dem ich Günther kennen gelernt hatte, nicht mehr getanzt hatte. Zu Hause hörten wir nie Musik.

Zwei Abende später passierte etwas sehr Unerfreuliches. Matthias, Günther und ich räumten gerade die Küche auf – Renate hatte sich an diesem Abend schon früh mit Migräne ins Bett verabschiedet –, als Verena mit Nana vom Eisessen wiederkam und unsere Tochter sich mindestens viermal übergab. Verena meinte, Nana und sie hätten ein paar Jungen getroffen, mit denen sie am Strand Cola und Baccardi tranken. Und Nana hätte wohl einfach zu viel erwischt, weshalb ihr nun schlecht sei.

Ich war mit dieser Situation völlig überfordert. Meine Nana trank mit zwölf Jahren zu viel Alkohol mit irgendwelchen Italienern? Ich dachte, außer einem Schluck Sekt bei ihrem letzten Geburtstag hätte sie noch nie Alkohol getrunken. Ich streichelte ihren Kopf und brachte sie ins Bett. Matthias legte noch mitfühlend die Hand auf meine Schulter und meinte: »Mach dir keine Sorgen, Lore, ehrlich! Das ist ganz normal. Die Mädchen sind jetzt in der Pubertät. Aber wenn du willst, spreche ich morgen mit ihr.« Ich wehrte ab: »Nein, lass nur, Matthias, ich muss erst mal mit Günther darüber reden.« Ziemlich durcheinander ging ich ins Bett. Günther schnarchte, er hatte sich, als Nana sich übergab, schnell ins Schlafzimmer verzogen. Ich jedoch konnte noch lange nicht einschlafen. Immer wieder musste ich an Nana denken. Am liebsten hätte ich sofort mit ihr darüber geredet.

Günther war am nächsten Morgen, als ich ihm von dem Vorfall mit Nana erzählte, ebenso überrascht wie ich. Er hatte gedacht, Nana hätte zu viel Eis gegessen. Mein Mann bat mich, mit ihr zu sprechen, meinte, dass ich das besser könne als er. Nana versprach uns, keinen Alkohol mehr zu trinken. Wir glaubten ihr.

Kurz nachdem wir wieder in Würzburg waren, erzählte Renate voller Stolz, dass Matthias befördert worden und jetzt ein Mitglied der Geschäftsführung sei. Er hätte sich das lange überlegt, aber sie hätte ihn schließlich dazu gebracht, diese Beförderung anzunehmen. Ich wollte wissen, was er denn für Zweifel gehabt hätte, aber darauf ging sie nicht ein. Und ich war nicht der Typ, der insistierte, wenn jemand über ein bestimmtes Thema nicht reden wollte. Dachte nur: »Komisch, ich erzähle ihr doch auch alles!« Auf jeden Fall freute ich mich für alle, denn ich wusste, wie wichtig beiden Matthias' Karriere war.

Meine Ehe mit Günther blieb mittelmäßig. Von morgens bis abends waren wir im Trott. Dreihundertfünfundsechzig Tage im Jahr. Wir lebten nebeneinander her. Unsere Gespräche, wenn wir allein waren, drehten sich ums Essen, um Reparaturen am Haus oder die schulischen Leistungen der Kinder. Persönliche Fragen kamen nicht auch nur andeutungsweise auf. Ich konnte nicht mehr sagen, warum mich Günther geheiratet hat. Hatte ich ihm Leid getan?

Nana veränderte sich zusehends. Sie war mittlerweile fünfzehn und voll in der Pubertät. Ich hatte überhaupt keinen Zugang mehr zu ihr. Es war so, als verschließe sie ihren Mund, wenn sie nach Hause kam. Sie war höflich, gut erzogen eben, und nach wie vor mittelmäßig in der Schule, aber sonst wusste ich nichts von ihr. Leider verstand sie sich auch mit Verena nicht mehr, denn ihre frühere Freundin war aktives Mitglied im Turnverein geworden, und Nana fand Sport langweilig. Ich wollte ihre neue Clique kennen lernen, aber Nana lehnte das ab. Heute weiß ich, welche Fehler ich in all den kommenden Jahren gemacht habe, aber damals war ich mir derer nicht bewusst gewesen. Ich habe mich sogar vor meinen Kindern verschlossen. Nie fühlten sie sich um ihrer selbst willen akzeptiert, sondern nur, weil sie leise, brav und später unauffällig in der Schule waren. Ich habe bei mir keine Gefühle zugelassen und die meiner Kinder nicht wirklich erfahren wollen. Ich hatte in meinem Herzen nie richtig aufgeräumt, und der ganze Müll aus meiner Kindheit gärte weiter in mir, bis er schließlich faulte. Günther war damals mein Rettungsanker. Nicht mehr, nicht weniger. Meine Naivität wurde bestraft. Und Nana war das Opfer. Sie hatte mein Dahinvegetieren erkannt, besaß aber nicht die Kraft, gegen diese innere Abstumpfung und Verwahrlosung anzukämpfen. So wählte sie eine andere Art, Höhen und Tiefen zu erfahren: Drogen. Aufputschmittel – und später Heroin – brachten sie in Welten, nach denen sie sich gesehnt hatte. Sie lernte die falschen Leute kennen, obwohl Nana geglaubt hatte, es seien die richtigen. Günther und ich versuchten es wieder und wieder, sie davon loszubringen. Vergeblich. Viele Nächte verbrachten wir zwangsläufig in Krankenhäusern oder Gefängnissen. Günther und ich kamen uns dadurch nicht näher, wir entfremdeten uns nur noch mehr. Gegenseitig gaben wir uns die Schuld, wenn auch nur leise. Mein Mann hatte am meisten Angst davor, seinen persönlichen Ruf und den der Praxis zu verlieren. Er verlor Nana. Unsere Tochter wurde nur achtzehn Jahre alt. Sie starb, als ich vierzig war.

Renate und Matthias waren mir in dieser schweren Zeit eine große Hilfe. Sie waren, außer den Pflichtbesuchen von Günther, die Einzigen, die mich im Krankenhaus besuchten, als ich versuchte hatte, mir in der Badewanne die Pulsadern aufzuschneiden. Heute denke ich, es war kein echter Selbstmordversuch, sondern ein Hilfeschrei! Ich schaffte es nicht allein, über den Tod von Nana hinwegzukommen. Es war ein seltsames Gefühl, so auszubluten. Es tat überhaupt nicht weh. Bevor es für mich zu spät war, hatte Renate mich gefunden.

Günther verstummte nahezu ganz, begrub seinen Kummer in Arbeit. Er sagte, er würde nur wegen Tommi bei mir bleiben. Damit nicht noch mehr schief geht. Lächerlich! Er kannte seinen Sohn überhaupt nicht. Tommi war eigentlich der Einzige von uns, der die Kraft hatte, dieser häuslichen Schwere zu entrinnen. Er holte sich Energie, Trost und Zuspruch bei seinem Fußballvater Matthias, der sich trotz seiner wenigen Zeit rührend um ihn kümmerte. Ich war dankbar, dass sich wenigstens Tommi und Fritz noch so gut verstanden.

Ich blieb nicht lange im Krankenhaus. Die ersten zwei Jahre nahm ich starke Antidepressiva und hatte auch mit einer Therapie begonnen. Langsam ging es mir besser. Ich klärte meine Seele. Für mich und meinen Sohn Tommi. Ich lernte Gefühle zu äußern. Positive wie negative. Eigentlich wollte ich umziehen, da ich es nicht ertrug, jeden Tag an Nanas Kinderzimmer vorbeizugehen, aber das lehnte Günther ab. Er wollte, dass das Haus seines Vaters in der Familie blieb. Also richtete ich mir im Keller ein kleines Zimmer her, in dem nur Dinge von mir standen. Zum Beispiel ein altes Klavier. Die Ärzte rieten mir, ein Instrument zu lernen. Musik sei gerade bei Depressionen sehr hilfreich. Eigentlich wollte ich auch in diesem Zimmer schlafen. Wir hatten eh seit Jahren keinen Sex mehr, und Günthers Schnarchen konnte ich längst nicht mehr ertragen. Aber er verlangte, dass ich weiterhin im Ehebett schlief. Es gehöre sich so, sonst könne man sich gleich trennen. Doch dazu hatte ich keine Kraft. Wenn man ein Kind verliert, stirbt ein großer Teil in einem. Ich lebte damals nur noch auf Sparflamme. Heute nicht einmal mehr das.

Irgendwie ging unser aller Leben weiter. Tommi fand, zu meinem Glück, seinen Weg. Er wollte später unbedingt die Praxis von Günther übernehmen und dafür nach dem Abitur, was er in drei Jahren machen würde, Medizin studieren. Günther war zwar nach wie vor nicht der Traumvater, aber Tommi respektierte ihn, und der Beruf gefiel ihm.

Eines Morgens, ich war inzwischen zweiundvierzig, stand Renate heulend vor meiner Tür. Matthias hätte seinen Job verloren, wegen irgendwelcher Unstimmigkeiten mit einem Vorgesetzten. Sie hätten ihn regelrecht rausgemobbt, erzählte sie, und vor lauter Entrüstung schnappte ihre Stimme über. Mir fiel auf, dass es das erste Mal war, dass ich Renate weinen sah – und wir kannten uns immerhin mittlerweile zwölf Jahre. Ich konnte gar nicht verstehen, warum man wegen einer verlorenen Arbeit so weinte. Matthias war doch ein kluger Mann, der bestimmt auch woanders schnell wieder einen neuen Job finden würde. Aber Renate meinte, dass Matthias sich einzig und allein über seinen Erfolg definiere und daran auch der ganze Familiensegen hinge. Komisch, dachte ich, diesen Eindruck hatte ich nie von ihm.

Matthias aber igelte sich ein und bekam heftige Rückenschmerzen. Er benahm sich wie jemand, den man abgeschoben, einfach stehen gelassen hat. Wenigstens hatte er noch eine sehr hohe Abfindung bekommen, sodass sich die Dormanns finanziell erst mal keine Sorgen machen mussten.

Renate war sehr unglücklich und unzufrieden in dieser Zeit. Sie war mehr bei uns als bei ihrem Mann. Sie weinte viel und trank fast noch mehr. Ich machte mir Sorgen um sie. An einem Tag, sie hatte wieder kaum geschlafen, kam sie zu mir und bat mich darum, mich mehr um Matthias zu kümmern. Sie hätte einfach keine Stärke mehr, diesen Haufen Elend wieder aufzurichten. Es war furchtbar, wie sie von Matthias sprach. Das Image der Vorzeigefamilie bröckelte jeden Tag ein bisschen mehr. Sie meinte sogar, wenn ich ihr jetzt nicht helfen würde, würde alles zusammenbrechen. Heute weiß ich, sie wollte sich selbst helfen und nicht Matthias. So hatte sich meine Freundin überlegt, einen Job zu suchen, jedenfalls halbtags. Inzwischen ging auch Lilly zur Schule. Renate dachte daran, es mit Computerschulungen zu versuchen. In all den Jahren, in denen sie zu Hause war, hatte sie sich eine ungeheure Kompetenz in diesem Bereich angeeignet. Mit einem Zeitungsinserat wollte sie anfangen.

Renates Plan klappte. Schon nach ein paar Wochen hatte sie eine erste, interessante Anfrage. Der Chef eines Reisebüros in Würzburg hatte eine neue Software geordert und brauchte jemanden, der all seine Mitarbeiter einwies. Renate war fürchterlich aufgeregt, aber nach einem harten und ausführlichen Bewerbungsgespräch bekam sie ihren ersten Auftrag. Wir freuten uns sehr und wollten ihren Erfolg mit einem gemeinsamen Grillabend feiern. Renate war richtig aufgekratzt und gab sich alle Mühe. Doch die Stimmung war lau. Matthias versuchte, Renates Freude zu teilen, aber je mehr Weißwein er in sich hineinkippte, desto deprimierter wurde er. Irgendwann gegen Mitternacht, die Kinder waren im Bett, fing Matthias an zu weinen. All sein Frust, all sein Verdruss und seine Enttäuschung tropften auf die weiße Stoffserviette. Günther wollte, dass wir gehen. Er konnte niemanden trösten. Nicht mal sich selbst.

Renate stand auf, schmiss ihre noch unbefleckte Serviette auf den Tisch und sagte: »Na, wenn das der Dank für mein Engagement ist, dann kann ich ja auch gehen. Gute Nacht allerseits!« Für Günther war das die Gelegenheit, sich ebenfalls zurückzuziehen. Ich blieb sitzen. Ich erinnerte mich daran, mit wie vielen Gesprächen mir unser Nachbar nach Nanas Tod geholfen hatte. Plötzlich schob Matthias seinen langen Arm in meine Richtung, öffnete seine Hand und fragte mit gebrochener Stimme: »Verstehst du mich, Lore?« Ich überlegte, was ich jetzt sagen sollte. Schließlich war Renate meine beste Freundin. Ich hätte nein sagen müssen, sagte aber ja. Und das war auch die Wahrheit. Ich verstand ihn und blickte auf seine Hand, die da lag und auf meine wartete. Eine schöne Hand. Ich nahm die Einladung an und legte die meinige in seine. Sie war warm, meine – wie immer – kalt. Sanft umschloss er sie. Ich erschrak. Was tat ich da? Klar – trösten, was sonst?

Unsere Hände wollten nicht voneinander lassen, bis ich fragte, ob ich uns noch eine Flasche Wein holen sollte. Matthias nickte.

Wir blieben bis drei Uhr morgens auf der Terrasse sitzen. Wir haben sogar gelacht in dieser Nacht. Matthias erzählte von alten Zeiten, in denen er sich noch frei wie ein Hippie fühlte und sich auch genauso gekleidet hatte. Bis er Renate kennen lernte, die diesen Stil grauenhaft fand. Irgendwann an diesem Abend sagte er, dass er es satt habe, immer nur an die Karriere zu denken, aber dass es für Renate immer sehr wichtig gewesen sei, einen Ehemann in gehobener Position zu haben. Merkwürdig, dachte ich, Renate hatte genau das Gegenteil erzählt. Sicher habe ihm sein Erfolg auch Spaß gemacht, fuhr Matthias fort, aber in letzter Zeit sei er sich nur noch wie ein Hamster im Rad vorgekommen. Deswegen habe er sich wahrscheinlich auch mit seinen Vorgesetzten angelegt, er wollte dieses Leben wohl auch einfach nicht mehr. Ich fing langsam an aufzuräumen. Als ich gerade mit einem Stapel Teller von der Terrasse ins Wohnzimmer gehen wollte, legte Matthias seine Arme um meine Taille und sagte: »Ich habe großen Respekt vor dir, besonders nach dem, was du durchgemacht hast.« »Dddanke, Matthias«, stotterte ich verdattert, so unerfahren, wie ich mit Komplimenten war.

Renate ging von nun an jeden Morgen aus dem Haus. Je tiefer Matthias in sich versank, desto mehr blühte sie auf. Einmal fragte ich sie, ob sie mal daran gedacht hätte, dass Matthias vielleicht keine Lust mehr auf seinen Job gehabt hatte. »Quatsch, wie kommst du denn darauf?«, wollte sie wissen, und ich erzählte ihr von unserem Gespräch in der Grillnacht. Natürlich wäre es besser gewesen, beharrte sie weiterhin, Matthias hätte auch weiterhin gut verdient. Da würden sie jetzt besser dastehen. So müssten sie in der nächsten Zeit Sparkurs fahren. Auch, wenn sie keine schlechten Einnahmen hätte. Ich fragte sie nun, wie ihre Ehe eigentlich laufen würde. Und sie antwortete: »Schlecht. Sein depressives Gefasel nervt mich. Wenn du Lust hast, es dir anzuhören, tust du mir einen großen Gefallen. Je weniger ich Matthias im Moment sehe, desto besser.«

Sie ließ kein gutes Haar an ihm und scheute sich auch nicht, ihn vor uns zu kritisieren. Immer wieder hielt sie ihm vor: »Du kümmerst dich auch um gar nichts mehr! Nun schau doch nicht so leidend, Matthias. Das ist ja furchtbar!« Jetzt, als der Erfolg auf ihrer Seite war und Matthias verlassen hatte, interessierte sie sich nicht mehr für ihn. Denn nur solange er seine Manageruniform trug und sich entsprechend benahm, konnte sie ihn lieben. Einmal sagte sie sogar zu mir, dass ein Mann ohne Job wie ein Mann ohne Geschlecht sei. Renate spielte nun die Hauptrolle auf der Familiebühne und wollte beklatscht werden. Doch niemand applaudierte.

Ich überlegte mir, wie ich Matthias an den Vormittagen aufbauen konnte. Günther und Renate arbeiteten, und die Kinder waren alle in der Schule. Ich hatte Angst, Matthias könnte Alkoholiker werden, denn er trank häufig auch schon tagsüber. Deswegen schlug ich ihm vor, in Zukunft gemeinsame Radtouren zu unternehmen. Bis die Kinder mittags kamen, war ja genug Zeit. Unsere Haushalte ließen sich schnell auf Vordermann bringen.

Ich lernte auf diesen Ausflügen einen ganz wunderbaren Matthias kennen. Einen, der behutsame und sensible Fragen stellte. Einen Mann, der reden konnte. Ich sprach mit Matthias mehr über Nana, als mit Günther in den vergangenen achtzehn Jahren. Irgendwann traute ich mich sogar, ihm von meinen Eltern und meinen Geschwistern zu erzählen.

Ich gab mir Mühe, bei all diesen Themen, die ich mit Matthias beredete, nicht andauernd zu heulen, aber es gelang mir nicht immer. Einmal, wir wollten wieder eine kleine Tour machen und waren schon fertig angezogen, prasselte ein Regenguss vom Himmel. Ich zog meine Jacke aus, und Matthias sah mich an. »Danke, Lore. Ohne dich könnte ich das alles gar nicht so gut überstehen.« Sanft strich er mir mit seinem Zeigefinger über die Wange, den Hals entlang bis zu meiner Brust. Ich fühlte mich wie in einer Badewanne voll Champagner. Und ich war vollkommen machtlos. Sein Zeigefinger berührte meine Brustwarze. Ich merkte, wie fest sie sich unter meinem T-Shirt zusammenzog. Dann umkreiste er beide Brüste. Derart zart, als ob sein Zeigefinger eine Feder wäre. Ich wollte seine Hand stoppen, aber ich konnte nicht. Nie hatte mich Günther auf diese Weise berührt. Nie hatte er mich so angefasst. Matthias zog mich nun an sich. Legte seine Lippen auf meine. Vorsichtig. Dann spielte seine Zunge das gleiche sanfte Spiel wie sein Zeigefinger. Mein ganzer Körper stand unter Spannung. Ich versank in einem Meer aus Berührungen, die mächtiger waren als mein Wille. Ich schlief mit dem Mann meiner besten Freundin und genoss jeden Kuss, jede Bewegung. Ich dachte, ich hätte mein Bewusstsein verloren, so erregt war ich. Zum Schluss küsste mich Matthias mit der Leichtigkeit, mit der alles begonnen hatte. Und das Verrückteste war, dass ich anfangs nicht mal ein schlechtes Gewissen hatte. Günther und ich berührten uns seit Jahren nicht mehr. Nicht mal einen flüchtigen Kuss hatten wir seit Nanas Tod getauscht.

Renate kam nach Hause, die Kinder, schließlich Günther. Nichts war aber mehr so wie vorher. Eine neue Zeitrechnung hatte für mich begonnen. Matthias und ich waren Liebende geworden. Liebende im Geheimen. Wir verrieten uns all unsere unerfüllten Sehnsüchte und streichelten uns manchmal stundenlang. Ich vertraute ihm mehr als je einem Menschen zuvor. Ich liebte zum ersten Mal mit Haut und Haar.

Matthias erzählte mir, wie sich Renate anfangs über mich amüsiert hatte. Über meine Kleidung, mein Denken, mein Tun. »Für sie warst du immer nur wie eine kleine Schwester«, sagte Matthias. Erst als das Unglück mit Nana passierte, hörte sie damit auf.

Es stimmte, Renate stand immer eine Treppe höher als ich. Sie konnte Englisch, hatte in den USA gelebt, wusste, wie die Welt funktionierte. Auch wenn sie mir in vielen Dingen half, ja, mir sogar das Leben gerettet hatte, so bin ich davon überzeugt, dass sie mich nie akzeptiert hat. Renate brauchte keine beste Freundin, sie war eine Solokämpferin. Matthias sagte, dass er sie schon lange nicht mehr liebe. Ich erinnerte ihn an die Tanzszene, damals in Italien. Wie hatte ich Renate beneidet. Um ihre Eleganz, um ihren Mann. Doch Matthias sagte: »Alles nur Show! Sie wollte dich beeindrucken. Mehr nicht.«

Beinahe jeden Morgen, wenn es still wurde in unseren Häusern, kamen wir zueinander. Meistens trafen wir uns bei mir. Das war mir lieber, denn es war unwahrscheinlich, dass Günther oder Tommi nach Hause kommen würden. Und hätte Renate unerwartet bei mir geklingelt, wir hätten immer noch genug Zeit gehabt, die Situation zu retten.

Offen gestanden war ich froh, dass Renate so viel weg war. Ihr Kundenkreis vergrößerte sich stetig. Ich sah sie kaum noch. Wenn sie jetzt mehr und mehr erst abends nach Hause kam, kümmerte sie sich einzig um die Kinder und ging früh schlafen. Sie sagte, es täte ihr Leid, dass sie nun so wenig Zeit für mich hätte, aber in Wahrheit war dies gelogen. Ich hatte sie durchschaut.

Von unserem Wohnzimmer aus konnte ich in das Schlafzimmer von ihr und Matthias sehen. Oft klopfte mein Herz. Hoffentlich würde sie ihn nicht berühren. In meinem Kopf hatten sich die irrsten Gedanken breit gemacht. Ich dachte, Renate müsste mir eigentlich noch dankbar sein, dass ich ihren Mann aufgefangen habe. Vielleicht hätte er sich sonst auch noch das Leben genommen? Heute weiß ich, wie abartig diese Gedanken waren, aber damals hatte ich mich im Netz der Liebe verfangen. Ich hoffte, es würde immer so weitergehen – bis all unsere Kinder aus dem Haus waren. Dann würden Matthias und ich Renate und Günther verlassen und ein neues Leben beginnen. Wovon – darüber macht man sich als liebende Träumerin keine wirklichen Gedanken.

Drei Jahre lang lief unsere Affäre. Tommi und Fritz standen kurz vor dem Abitur. Renate hatte eine eigene Firma gegründet und sogar noch eine Mitarbeiterin eingestellt. Matthias und sie hatten sich darauf geeinigt, dass er sich erst wieder um einen Job bewerben sollte, wenn Fritz und Lilly mit der Schule fertig waren. Unsere Aufgaben waren klar verteilt. Matthias und ich kümmerten uns um die Kinder, den Haushalt, den Garten – und um uns –, Günther und Renate um das Einkommen.

Alle paar Wochen veranstalteten wir ein gemeinsames Abendessen. Jedoch immer seltener, weil Matthias und ich derartige Begegnungen vermeiden wollten. Aber wenn es zu einem derartigen Abend kam, waren Matthias und ich auf dieser Bühne die besseren Schauspieler. Wir brauchten nicht einmal Blicke zu tauschen, um zu wissen, was der andere dachte. Und Günther merkte sowieso nichts.

Umso idiotischer, dass er es war, der uns entdeckte. Es war völlig banal. Auf dem Weg in die Praxis hatte Günther einen Auffahrunfall. Nicht wirklich dramatisch, aber immerhin hatte er ein Schleudertrauma. Er brauchte eine Halskrause, und die Praxis musste an diesem Tag geschlossen bleiben. Nach dem Besuch beim Orthopäden ließ er sich von einem Taxi nach Hause bringen. Ich hörte nicht einmal, wie Günther die Haustür aufsperrte. Matthias und ich lagen nackt im Bett, eng aneinander geschmiegt. Ich nahm gerade noch wahr, dass jemand die Holztreppe hochkam. Als Erstes sah ich die Halskrause. Doch was sollte ich sagen? »Hattest du einen Unfall?«, wäre in diesem Augenblick sicherlich nicht die richtige Frage gewesen. Günther stand da wie ein Baum, den man in der Sonne entwurzelt und im Schatten wieder eingepflanzt hatte. Matthias hatte sich schnell angezogen. Ich glaube, es gibt keine peinlichere Situation im Leben als diese. In Jeans und Pullover sagte er: »Günther, es tut mir Leid. Das habe ich so nicht gewollt.« Anschließend ging er die Treppe hinunter, die Günther gerade heraufgekommen war. Mein Mann stand noch immer einfach nur so da. Als ob man ihn in einen Hypnosezustand versetzt hätte. »Bitte sag doch was, Günther, irgendetwas wenigstens«, flehte ich ihn an. Ich dachte, dass er ziemlich starke Schmerzen haben müsste und sich vielleicht auch deswegen schwer tat zu sprechen. »Ich finde, das habe ich nicht verdient. Nicht nach alldem, was passiert ist«, flüsterte er. In diesem Moment schrie ich innerlich auf: »Sei doch wütend. Ohrfeige mich! Zeig' doch einmal in deinem beschissenen Leben Gefühle.« Aber ich brachte kein weiteres Wort mehr heraus. Ich ließ Günther stehen, hob meine Kleidungsstücke auf, zog sie an und ging ebenfalls nach unten. Ich musste raus, Sauerstoff atmen. Mit meinem Fahrrad fuhr ich eine Runde. Was sollte ich jetzt tun? Sollte ich es Renate sagen? Oder besser Matthias? Was würde Tommi denken? Ich hatte Angst, mein Herz raste. Ich musste erst mal mit Matthias reden. Ich hielt an einer Telefonzelle und rief ihn an. Er nahm schon nach dem ersten Klingeln ab. Matthias wirkte viel gefasster als ich. »Ach, Lore, vielleicht ist es gut, dass alles so gekommen ist. Ich liebe dich, und irgendwann hätte ich es Renate sowieso sagen müssen«, meinte er. »Ich habe sie schon angerufen und ihr gesagt, dass wir uns mittags unbedingt treffen müssen«, fügte er selbstsicher hinzu. Auf meine Frage, wie sie denn reagiert habe, antwortete Matthias trocken: »Wahrscheinlich denkt sie, ich habe wieder einen Job.« Ich war irritiert. »Du bist so ruhig, Matthias. Ich weiß überhaupt nicht, wie alles weitergehen soll. Renate wird furchtbar sauer sein und eine Riesenszene machen. Aber mir ist das Wichtigste: Was willst du denn eigentlich?« Schweigen am anderen Ende der Leitung. »Hallo, Matthias, bist du noch da?«, fragte ich zögerlich. »Ich liebe dich. Aber ich weiß nicht, was aus uns wird«, sagte er mit trauriger Stimme.

Nach dem Telefonat mit Matthias fuhr ich wieder nach Hause. Günther war fortgegangen. Ich war allein. Zum Glück. Ich machte das Bett. Es sollte so aussehen, als ob nichts Verbotenes darin passiert wäre. Dann setzte ich mich in die Küche und kochte mir einen Kaffee. Die Küchenuhr tickte. Es war schon Mittag. Viele Fragen gingen mir durch den Kopf. Würden sie jetzt gerade miteinander reden? Wäre das alles nicht passiert, wenn Renate Matthias noch lieben würde? Warum hat sie sich nicht selbst um ihn gekümmert? Würden Matthias und ich zusammenbleiben? Wo war Günther?

Ich kam zu dem Schluss, dass er doch in die Praxis gefahren ist. Ich dachte, dies sei eh der einzige Ort, an dem er sich wohlfühlt.

Dann klingelte das Telefon. Günther oder Matthias? Es war Matthias. An seiner Stimme hörte ich bereits, dass die Katastrophe größer war als angenommen. »Sie will, dass ich mich entscheide. Und dass ich für zwei Monate verschwinde«, sagte Matthias. Als ich ihn fragte, wohin er denn gehen solle, meinte er, Renate hätte ihm einen alten Freund in Amerika vorgeschlagen, mit dem sie sich immer gut verstanden hätten. »Will sie denn gar nicht mir reden?«, wollte ich wissen. »Nein!« Die Antwort von Matthias kam prompt. »Sie hat gesagt, dass sie dich am liebsten nie wiedersehen will.«

Als Günther nach Praxisschluss nach Hause kam, setzte er sich wie jeden Abend an den Tisch in der Küche und wartete auf sein Abendbrot. Tommi war bei einem Freund. Wieder versuchte ich, mit ihm zu reden. »Günther, ich bin nicht alleine daran schuld, verstehst du?« Diesen Satz wiederholte ich einmal, zweimal. Er schaute mich nicht mal an. Dann sagte er: »Ich verkaufe das Haus. Ich will, dass wir uns trennen. Du bringst mir nur Unglück.«

Ich begann zu weinen. Diese Worte taten so weh. Ich dachte an Nana. Mir wurde schlecht, und ich rannte zur Toilette. Ich fühlte mich wie vor ein Gericht gestellt, nur ohne Verteidiger. Als ich zurück in die Küche kam, ging Günther gerade die Treppe hinauf. Dann hörte ich, wie er die Schlafzimmertür abschloss.

Bei Matthias und Renate brannte noch Licht. Wie erging es meiner Liebe? Gewiss nicht besser. Eine unerträgliche Situation. Du siehst quasi zu, wie über dich und deine Zukunft gesprochen wird, und kannst nichts dazu sagen. Sollte ich Renate nicht vielleicht doch anrufen? War ich ihr das nicht schuldig? Aber Matthias sagte ja, dass sie es partout nicht wollte.

Ich schlief in Nanas Bett. Zum ersten und zum letzten Mal. Sie war mir so nah in dieser Verzweiflung. Immer wieder wachte ich schweißgebadet auf.

Am nächsten Morgen hoffte ich, dass Matthias sich melden würde. Er klingelte an der Haustür, kurz nachdem Renate und Günther zur Arbeit gegangen waren. Es war unsere Zeit – und sie war es doch nicht mehr. Matthias hatte rote Augen. Als er mich küsste, war ich mir sicher, dass er getrunken hatte. Er sagte, dass er tatsächlich nach Amerika gehen würde. Er bräuchte Zeit, um nachzudenken, aber ich sollte mir keine Sorgen machen. Renate sei sehr wütend, aber auch traurig. Ich fragte ihn, ob Renate ihn noch wolle, und er sagte: »Sie will mich nicht verlieren.«

Das war das letzte Mal, dass ich je mit Matthias gesprochen habe. Schon wenige Tage später reiste er in die USA. Zum Abschied schenkte er mir eine kleine Muschel in Schneckenform, die so ähnlich aussah wie meine italienische. Nur, dass sie ganz weiß war. Dazu schrieb er: »Damit deine Muschelhälfte nicht immer so alleine ist. Ich liebe dich. Bis bald. Matthias.«

Wieder und wieder hatte ich versucht, mit Renate zu reden. Ich hatte morgens vor der Tür auf sie gewartet, ich hatte ihr eine Karte geschrieben und um eine Aussprache gebeten, sie oft angerufen. Aber sie verweigerte ein Gespräch mit mir. Sie sagte nur diesen einen Satz: »Misch dich nie wieder in unser Leben ein, kapiert!«

Kapiert! Aber ich dachte, Matthias würde schon alles regeln. Ich hatte falsch gedacht. Matthias kam aus Amerika nie mehr zurück. Er wollte sich melden, sobald er sich zurechtgefunden hätte. Das hatte er mir versprochen. Und viele Wochen glaubte ich an sein Versprechen. Dann kam auch tatsächlich ein Brief, zehn eng beschriebene Seiten.

Schon nach den ersten Sätzen liefen mir die Tränen über die Wangen: »Mein kleines Schneckenhaus, diese Zeilen werden dich ganz furchtbar verletzen, aber ich kann nicht anders. Ich habe nicht die Kraft, mich von Renate zu trennen. In erster Linie auch wegen der Kinder. Sie hat mir gedroht, dass ich sie nicht wiedersehen würde, wenn ich bei dir bliebe. Sie sagte, dass sie dafür sorgen würde, dass mich die Kinder auf immer und ewig hassen würden. Und ohne meine Kinder will ich nicht leben. Ich weiß, dass du das besonders gut verstehst. Bitte glaube mir, dass ich dich wirklich liebe und immer lieben werde …«

Kurz danach stand der Umzugswagen vor dem Haus der Dormanns. Es ging alles so schnell, dass ich es gar nicht fassen konnte. Ich wusste, dass Organisieren Renates große Stärke war, aber diese Konsequenz hatte ich nicht für möglich gehalten, zumal sie auch Lilly und Fritz, der kurz vor dem Abitur stand, aus der Schule nehmen musste. Kein Wort mehr fiel zwischen uns, auch nicht zwischen den Kindern und mir. Das schmerzte mich sehr, denn sie waren mir nach all den Jahren wie meine eigenen geworden.

Alles war nun vorbei! Das mit Matthias und meinem Glauben, lieben zu können und zu dürfen. Vorbei sollte es auch mit meinem Leben sein. Endgültig! Mehr konnte ich nicht mehr ertragen. Tommi würde auch ohne mich zurechtkommen. Und Günther würde mich keine Minute vermissen. Ich plante mein Ende wie ein Täter seinen Mord. Seit Jahren drängte mich Günther, dass ich meine Zähne machen lassen müsste. Es schien eine schwierige Sache zu sein, denn ich sollte mich im gegebenen Fall bei einem Kieferchirurgen anmelden. Da ich Günther jetzt nicht fragen wollte, bat ich seine Sprechstundenhilfe um die Telefonnummer und die Adresse. Ich log, dass ich starke Schmerzen hätte und schnell einen Termin bräuchte. Alles nur, um an Tramal, diese starken Schmerztabletten, zu kommen. Günther hatte immer gesagt, die würden sogar erwachsene Männer umhauen. Aus der Zeit meiner schweren Depressionen hatte ich noch einige Tabletten übrig, ein extrem starkes Schlaf- und Beruhigungsmittel.

Ich erledigte nun alles sehr präzise. Freute mich sogar auf das nahe Ende, das Finale. Es mag seltsam klingen, aber der Tod war mein Ziel. Ich hatte keine Sekunde Angst. Ich hatte ja schon mal an dieser Schwelle gestanden und wusste, dass mich nicht der Teufel erwarten würde. Nein, vielmehr hoffte ich, dass Nana mich in Empfang nehmen würde. Zu ihr wollte ich.

Ich schluckte langsam, mit einem Lächeln auf den Lippen und meiner weißen Muschel in der Hand, irgendwann an einem Vormittag alle vierzig Tabletten. Und ich weiß bis heute nicht, warum ich nicht gehen durfte. Günther fand mich und hat mich ins Krankenhaus bringen lassen.

Heute bin ich sechsundfünfzig und lebe allein in einer Zwei-Zimmer-Wohnung, immer noch in Würzburg. Tommi kommt alle paar Monate mal vorbei. Aber wir reden nur über das Wetter oder seinen Beruf. Er arbeitet jetzt zusammen mit Günther in der Praxis, und es geht ihnen beiden gut. Das Haus ist verkauft. Günther gibt mir jeden Monat Geld, nicht viel, aber es reicht. Ich lebe – aber im Grunde bin ich tot.

Die Rache der Frau

Es war Silvester vor dreizehn Jahren, als ich Harry das erste Mal sah. Ich war damals neununddreißig Jahre alt. Er stand im Kreis seiner Freunde in einer hellen, geschmackvoll eingerichteten Altbauwohnung. Hohe Stuckdecken, frisch versiegeltes Parkett, weiß lackierte Flügeltüren. Das Buffet war reichhaltig. Die Gourmets und die Möchte-gern-Gourmets staunten über die hübsch dekorierten Köstlichkeiten: Scampispießchen, Edelfisch-Carpaccio, Lachsröllchen, Perlhuhnbrüstchen. Alle Gäste tranken Champagner. Es war eine Party, so wie man sie in feinen Kreisen feiert.

Als Martin, mein Mann, und ich vor der Eingangstür standen, zupfte ich mir nochmals mein etwas zu kurzes Kleid zurecht. Ich fühlte mich immer unsicher auf der Bühne dieser Selbstdarsteller. Ich wusste, das hier war nicht meine Welt. Aber die Gastgeber waren Vorgesetzte von Martin, und es lag ihm viel daran, dass wir gemeinsam mit diesen Leuten einen wichtigen Bauauftrag feierten. Martin war zu dieser Zeit noch angestellter Architekt und vom Wohlwollen dieser Gesellschaft abhängig.

Die Gattinnen um mich herum unterhielten sich über ihren ausgefüllten Tag. Die eine konnte sich nicht entscheiden, welche Art Yoga für sie nun die beste sei. Die andere arbeitete hartnäckig an ihrem, wie sie meinte, miserablen Golf-Handicap. Ich hatte in meinem Leben überhaupt noch nie einen Golfschläger in der Hand gehabt. Und auch nicht die Absicht, dies nachzuholen. Ich unterschied mich wirklich kolossal von diesen

Frauen. Schon äußerlich. Mein Kleid war Kaufhaus-Qualität, wenn auch nicht die schlechteste. Die Garderobe der hiesigen Damen bestand aber vornehmlich aus Designer-Stücken. Als mich eine von ihnen ansprach, war ich regelrecht verwundert: »Und was machen Sie eigentlich, Frau …?« »Ich heiße Maria, und ich bin eine reisende Hausfrau«, antwortete ich, und ich war in diesem Moment stolz, dass ich anders war als sie. Das war's! Unsere Konversation war damit beendet. Nur Harry, der inzwischen dazugekommen war, lachte aus vollem Halse. So laut, dass sich einige Gäste zu uns umdrehten. Er fragte mich, ob er mir etwas zu trinken holen dürfe oder ob reisende Hausfrauen etwa keinen Alkohol mögen? Wir setzten uns an einen Tisch, und ich erinnere mich, dass wir uns stundenlang unterhielten. Manchmal schauten die Damen der Gesellschaft zu uns herüber und tuschelten. Aber das war mir egal. Ich weiß gar nicht mehr, ob Harrys Frau auch in dieser elitären Frauenrunde war. Ich habe sie von Anfang an nie richtig wahrgenommen, was wohl ein Fehler war.

Jedenfalls fühlten wir uns an diesem Abend so, als ob wir alleine auf dieser Welt wären. Eine Freundin hatte einmal gesagt, wenn du denkst, die Welt dreht sich nicht mehr, dann hast du dich verliebt. Ich beobachtete Harry, wie er genüsslich und konzentriert seine Zigarre anzündete, und ich fühlte ein Prickeln in meinem Bauch. Ich wusste genau, wie es wäre, wenn mich seine Hände berühren würden. Sie waren groß, aber weich. Seine Fingernägel rund gefeilt, gepflegt. Wir sprachen über meine Kindheit in Rumänien, die schönsten Ferienorte in Italien, über das Meer, meinen Au-pair-Aufenthalt in England, unsere Kinder, über Blumen – nur nicht über Martin oder seine Frau Brigitte, die, wie ich später erfuhr, Biggi genannt wurde.

Als wir uns am ersten Januar morgens um sechs Uhr auf Wiedersehen sagten, nahm Harry mein Gesicht in seine Hände und gab mir einen Kuss mitten auf den Mund. Ich wurde rot. Martin brachte mir wortlos den Mantel. Harrys Frau bekam diese Szene wahrscheinlich nicht mit. Sie verabschiedete sich gerade mit lauten Komplimenten von der Gastgeberin. Martin und ich fuhren mit dem Taxi nach Hause. Auch jetzt kam es zu keiner Nachfrage. Mein Mann schien nicht eifersüchtig zu sein, jedenfalls zeigte er es nicht. Martin war ein introvertierter Mensch. Über Gefühle zu sprechen, das war nicht seine Art. Er zeichnete lieber mit Zirkel und Lineal oder am Computer, baute Modelle.

Martin war siebzehn Jahre älter als ich. Dunkelhaarig, buschige Augenbrauen, sehr hager. In seinen Augen war immer ein Funken Melancholie, auch wenn er lachte. Immer hatte er Angst um mich. Einmal wollte ich mit unserer Tochter zum Zelten nach Südfrankreich fahren. Mein kleiner Renault war schon fertig bepackt, da kam Martin, lud alles wieder aus und fuhr mit uns zur Tankstelle, um einen Check-up beim Auto durchzuführen. Eigenhändig zog er jede Radmutter noch einmal nach. Ich konnte diese ständige Sorge nicht verstehen. Wenn man nichts wagt, lebt man nicht mehr. Das war schon immer mein Motto. Martin dachte ganz anders. Sogar beim Kauf eines banalen T-Shirts fürchtete er, die falsche Entscheidung getroffen zu haben. Ich denke, dass einen jeder Fehler im Leben nach vorne bringt. Martin aber war davon überzeugt, jeder Fehler, auch der kleinste, lande auf einem Sündenkonto – und zum Schluss wird abgerechnet. Besser auf der Stelle treten, als das Risiko eingehen, in einen Abgrund zu stürzen, das war seine Art, das Leben anzugehen.

Als Martin und ich uns kennen lernten, war ich vielfach unterwegs. Jede Gelegenheit, die sich mir bot, ein neues Land zu bereisen, nahm ich wahr. Ich war neugierig auf Menschen. Kurz vor unserer Begegnung hatte ich ein Jahr in Italien gejobbt und Ferien-Appartements vermietet. Und davor betätigte ich mich als Kindermädchen in England.

Das Reisen liegt mir im Blut. Von Rumänien aus sind wir nach dem frühen Tod meines Vaters nach Wien gezogen. Meine Mutter war der Meinung, wir zwei Frauen seien dort besser aufgehoben. Aus welchem Grund, das erläuterte sie mir nicht. War es ein Mann, dem sie folgte? Gab es politische Gründe? Noch heute habe ich keine wirkliche Antwort darauf gefunden. Als ich ein Teenager war, zogen wir weiter in den Norden, an den Rhein nach Düsseldorf – in Harrys und meine Schicksalsstadt.

Aber zurück zu Martin. Damals arbeitete er in einem kleinen Architekturbüro. Ich suchte wieder einmal einen Job, und ebendieses Büro brauchte eine Aushilfskraft. Ich fand diesen verschrobenen Mann in seinem Inspektor-Colombo-Trenchcoat irgendwie interessant, so ganz anders als alle anderen Männer, die ich bis dahin getroffen hatte. Er wirkte so ernsthaft, so besonnen. Auch ein bisschen geheimnisvoll. Alles ging dann sehr schnell. Viel schneller, als ich je erwartet hatte. Martin und ich verabredeten uns nach der Arbeit, gingen in ein Restaurant oder ins Kino. Martin sprach nicht gern, deswegen waren wir ziemlich oft im Kino. Irgendwann schliefen wir auch zusammen, und ich fand es okay. Später, als wir dann zusammenwohnten, las er mir oft aus der Zeitung vor und erklärte mir anschließend die Hintergründe. Ich bin zwar lebenslustig, aber weiß Gott nicht die Gebildetste.

Ich war damals Anfang zwanzig und wohnte aus Gründen meiner Unstetigkeit noch bei meiner Mutter – und natürlich auch aus Geldgründen. Sie mochte Martin, den Kauz. In erster Linie aber, weil er als Architekt ganz gut verdiente. Noch heute ist sie der Meinung, dass ein Mensch mit Geld automatisch glücklich sei. Darin ist sie kaum anders als die meisten der Menschen.

Eines Morgens, als Martin und ich gerade frühstückten, sagte er mit dem Ton eines Nachrichtensprechers: »Ich glaube, wir sollten unser Verhältnis legalisieren.« Das war mein erster und letzter Heiratsantrag. Nicht gerade von Romantik geküsst.

Ich war damals viel zu naiv für die Ehe. Ich wusste gar nicht, was alles auf mich zukommen sollte, was es bedeutete, Jahr um Jahr und Tag um Tag immer mit demselben Menschen zusammen zu sein. Und noch dazu mit einem, der eigentlich kaum redete. Nur schwer gewöhnte ich mich daran, eine verheiratete Hausfrau zu sein. Einmal die Woche lernte ich von meiner Mutter, wie man Rinderrouladen und Lammbraten zubereitet. Martin wollte auch, dass ich nicht mehr arbeitete.

Als äußerst achtsamer Ehemann, der er war, war Martin auch im Bett extrem vorsichtig. Hätte ich Harry nicht getroffen, hätte ich gedacht, Sex sei auf Dauer eine leidenschaftslose Angelegenheit. Martin berührte mich und wartete, ob es mir gefiel. Wenn nicht, zog er seine Hand zurück, so, als ob er sich die Finger an mir verbrennen könnte.

Ich wünschte mir so sehr ein Kind, aber eine Ärztin stellte fest, dass ich keine bekommen könnte. Also überlegte ich, eines zu adoptieren. Martin war einverstanden. Seine Standardantwort auf alle meine Fragen war sowieso meistens: »Wenn du meinst, Maria.« Nach langem Warten bekamen wir ein süßes, kleines Mädchen. Wir nannten sie Elena.

Je länger Martin und ich jedoch verheiratet waren, desto introvertierter wurde er. Nicht einmal unserer Tochter gelang es, ihn fröhlich zu stimmen. Wir saßen bloß noch zu Hause und ödeten uns an. Wenn ich ihn zu meinen Freunden mitnehmen wollte, sagte er: »Sei nicht böse, Maria, aber deine Freunde haben wirklich ein sehr niedriges Niveau.« Womit er Recht hatte! Aber sie hatten Spaß am Leben.

Martin wurde immer mürrischer und begann, an mir herumzumäkeln. Ich erinnere mich noch, dass er mal bei einem Frühstück sagte, ich müsste dringend etwas für mein Äußeres tun. Damals war ich sechsundzwanzig, und ich tuschte mir die Wimpern allenfalls, wenn ich abends mal ausging. Ich wusste nicht, wie ich mit dieser Situation umgehen sollte. Laut zu rebellieren war nicht meine Art. Also versuchte ich es mit Reden, aber Martin blieb stumm. Er gab mir immer öfter das Gefühl, nicht gut genug für ihn zu sein. Aus der Zeitung las er mir schon lange nicht mehr vor. »Maria, das verstehst du sowieso nicht«, sagte er schroff, wenn ich ihn auf unsere früheren Vorlesestunden verwies.

Unsere Beziehung schlief langsam ein. Auch im Bett lief gar nichts mehr. Das störte mich sehr, denn selbst dieser langweilige Sex mit Martin fehlte mir. Ich brauchte das Gefühl, begehrt zu werden. Es gab mir Selbstbewusstsein, machte mich stark. Ich hatte danach auch ein viel besseres Körpergefühl gehabt. Wenn ich es noch ab und zu versuchte, zuckte er nur kurz, als ob ihn eine lästige Fliege berührte.

Das war eine schwere Zeit. Aber trennen wollte ich mich nicht – wegen Elena. Und Fremdgehen traute ich mich nicht, weil ich Angst vor den Konsequenzen hatte. Martin hätte mich so entsetzlich gedemütigt, wenn er es erfahren hätte, und das wäre garantiert passiert, denn im Lügen war ich keine Meisterin – noch nicht.

Bis ich an jenem Silvesterabend Harry traf. Diese Stunden veränderten mein Denken, mein Leben. Ich fühlte mich in seiner Gegenwart wie ein Vogel, den man endlich freigelassen hatte. Bis heute kenne ich niemanden, der eine sinnlichere Ausstrahlung hat als er. Er ist ein Mann, der sich selbst mag. Das spürte ich, und das reizte mich auch. Als ich ihn zum ersten Mal sah, erinnerte er mich an den Schauspieler Curd Jürgens in seinem Film *Des Teufels General*. Harry wirkte auch so stolz, so erhaben über alles. Das imponierte mir.

Schon ein paar Tage später rief er mich an und fragte, ob wir nicht zusammen spazieren gehen wollten. Ich sagte einfach nur: »Wann und wo treffen wir uns?« Wir verabredeten uns auf einem Platz unweit eines großen Parks. Vor lauter Nervosität war ich viel zu früh da. Aber ich befürchtete, dass die Stadt voll sein könnte und uns dadurch ein paar Minuten verloren gehen könnten. Als Harry kam, stieg er aus und ging langsam auf meinen kleinen, roten Renault zu, auf dessen Kühlerhaube ich wartete. Harry nahm wieder mein Gesicht in seine Hände und sagte: »Lass dich doch erst einmal anschauen, Maria.« Ich konnte ihm nicht gerade in die Augen gucken. Mein Blick fiel in letzter Zeit immer öfter auf den Boden, nicht in das Gesicht meines Gegenübers. Seit Martin mich so despektierlich behandelte, hatte ich viel Selbstbewusstsein und positive Ausstrahlung verloren. Als ich Harrys große, warme Hände spürte, liefen mir Tränen über die Wangen. Das war mir vielleicht peinlich. Denn Heulen passte so gar nicht zu mir. Aber mir war so kalt, und es tat mir so gut, dass er mir das Gefühl gab, dass er mich mochte, so wie ich war. Wir waren gleich alt, und ich fühlte mich ihm gegenüber auch nicht so unterlegen wie dem viel älteren Martin.

Seit dieser Begegnung trafen wir uns regelmäßig. Mindestens einmal die Woche. Wir gingen spazieren oder aßen mittags zusammen in einem Lokal. Schon bald planten wir eine Reise nach Budapest. Harry hatte dort geschäftlich zu tun, und ich kannte die Stadt, weil ich dort Verwandte hatte. Martin brauchte ich nur zu sagen, dass ich sie besuchen wolle. Elena brachte ich für diese Tage bei einer Freundin unter.

Schon die Reise mit dem Auto schien mir wie ein Ausflug ins Paradies. Harry zeigte nicht die geringste Angst vor irgendetwas. Weder vor einem Unfall noch vor einem Versagen der Reifen. Herrlich! Ich atmete auf. Wir waren so verliebt, dass die Menschen auf der Straße stehen blieben und uns verklärt anlächelten. Ich glaube, es verging keine Minute, in der wir nicht Händchen hielten oder Küsse tauschten. Wir fühlten uns so, als ob das Leben bis zu jener Silvesternacht nur eine Idee von Glück war. Jetzt durften wir endlich erfahren, was Glück wirklich bedeutet. Wenn wir im Bett lagen, hatte ich das Gefühl zu fliegen. Harry berührte mich auf eine Art und Weise, wie ich sie zuvor noch nie erlebt hatte. Er küsste und liebkoste jede Stelle meines Körpers. Ich vergaß das Hotelzimmer, die Stadt, Martin. Ich wusste manchmal gar nicht mehr, ob es noch Tag oder schon Nacht war. Harry gab mir zudem Vertrauen in meinen Körper zurück. Bei Martin hatte ich überhaupt keine Lust mehr gehabt, ohne T-Shirt oder Nachthemd ins

Badezimmer zu gehen. Bestimmt hätte er wieder eine gemeine Bemerkung über meinen Bauch gemacht. So etwas wie: »Wenn du schon nicht liest, Maria, solltest du vielleicht etwas für deine Figur tun.« Diese herablassende Art hatte mich zutiefst verletzt. Also lief ich niemals mehr nackt herum. Mein T-Shirt wurde zu einem Schutzschild vor seinen abfälligen Bemerkungen.

Harry dagegen wünschte es sich, mich vollkommen entblößt zu sehen – wenn ich auf der Bettkante saß, mich langsam anzog oder aus der Dusche kam. »Maria, du bist schön«, sagte er. »Ich liebe dich, so wie du aussiehst.« Ihn störte auch meine kleine Bauchrolle nicht. Im Gegenteil! Wenn wir einschliefen, legte er seine Hand darauf. Das tut er noch heute – dreizehn Jahre später.

In all den Jahren habe ich mit keinem anderen Mann geschlafen, nicht einmal, als ich herausfand, dass Harry mit seiner Sekretärin ein Techtelmechtel hatte. Und das war bestimmt nur eins von vielen. Ich merkte es immer an der Art, wie er von den Frauen sprach. Amüsiert und doch neugierig. Ich roch seinen Jagdinstinkt. Harry war ein Womanizer, er hatte Spaß am Erobern. Das war mir von Anfang an klar. Aber er kam immer wieder zu mir zurück. Und ich habe ihn auch immer wieder aufgenommen. Ich musste ihm nicht einmal verzeihen. Ich wusste ja, dass ihm das Jagen und das schnelle Erlegen seiner Beute wichtig war, die Beute selbst aber nicht wirklich etwas bedeutete. Die Sache mit seiner Sekretärin damals, die hat mich allerdings sehr geärgert. Seitdem war ich einfach still, wenn ich seinen Jagdgeruch wieder in der Nase hatte. Warum sollte ich mir wieder wehtun? Harry und ich hatten so innige Stunden miteinander, dass mich so ein alberner Flirt irgendwann nicht mehr interessierte. Einen Mann wie Harry kann keine Frau halten, da war ich mir sicher.

Viel schwieriger war es für mich, auf Dauer zu akzeptieren, dass Harry verheiratet war und einen Sohn hatte, der Daniel hieß. Sicher, wir waren anfangs in einer ähnlichen Position, ich war ja auch verheiratet und hatte eine Tochter. Harry kannte seine Frau schon seit der Kindheit. Sie hatte ihm damals sein Jurastudium finanziert. Harry kommt aus einer mittellosen Familie, die sich diese Ausbildung niemals hätte leisten hätten. Brigitte und er hielten in diesen Jahren fest zusammen, und das gab er später auch als einen der Gründe an, warum er sich nicht von ihr trennen könnte.

Brigitte ist groß, blond, mit weichen Hüften! Ihr Teint ist porzellanfarben, mag es Winter oder Sommer sein. Ihr Gesicht hat etwas Madonnenhaftes. Eine ideale Frau, um einen Sohn zu gebären. Ich dagegen habe schwarze, lockige Haare, sehr dunkle Augen. Genau wie mein Vater. Er und seine Familie besaßen damals riesige Weizenfelder. Rumänien war vor dem Zweiten Weltkrieg die Kornkammer Europas gewesen. Meinen Eltern ging es sehr gut. Wir hatten sogar ein kleines Ferienhaus an einem See. Ich denke, von meinem Vater habe ich auch das Temperament und den Willen geerbt, nie aufzugeben. Leider bin ich auch nicht besonders groß. Deswegen trage ich gerne hohe Schuhe, meistens Stiefel. Noch heute habe ich Konfektionsgröße achtunddreißig. Wenn ich abends ausgehe, trage ich gerne Goldschmuck. Ich mag die Kombination aus schwarzen Locken und glänzendem Gold. Harry sagt immer: »Maria, du siehst aus wie eine Zigeunerprinzessin.« Es gefällt ihm, dass ich aus jeder Situation das Beste mache. Ich gehöre nicht zu den Frauen, die ständig jammern. Über zu wenig Geld, über ihre Figur, ihr Leben überhaupt. Ich kann mich freuen, wenn der Frühling den Winter ablöst. Dann kaufe ich mir ein paar Blumen und dekoriere ein Frühlingskörbchen. Außerdem weiß ich, dass Harry Respekt vor mir hat. Ich bin nach meiner Trennung von Martin immer finanziell unabhängig gewesen, auch von Harry wollte ich nie Geld haben, obwohl er es mir angeboten hat. Es hat mir gereicht, in der Zeit meiner Ehe Martin um jede Mark zu bitten. Ich möchte mich morgens im Spiegel anschauen und denken: »Du bist gut, Maria. Du hast dein Leben im Griff!«

Von Brigitte hat Harry wenig erzählt. Nur, dass sie schon seit der Geburt von Daniel nicht mehr zusammen geschlafen hätten. Und Daniel war mittlerweile ein Teenager, genau wie Elena. Ich weiß, auch wenn ich nicht gewesen wäre, hätte er Brigitte irgendwann betrogen oder sich in eine andere verliebt. Sie ist genauso wie all die anderen Gattinnen aus der Silvesternacht. Hauptsache, das soziale Umfeld stimmt, das Cabrio und der Golfclub. Harry erklärte mir ihre Sucht nach Status einmal mit den Worten: »Biggi weiß, dass ich sie nicht mehr liebe. Also klammert sie sich an Dinge, die Geld kosten.«

In all den vielen Jahren habe ich Harry auch beruflich beraten. Es gab keine große Entscheidung, die wir nicht gemeinsam getroffen haben. »Du warst meine Managerin«, lobt er mich heute. Und Harry ist sehr erfolgreich als Rechtsanwalt.

Je inniger unser Verhältnis wurde, desto sehnlicher wünschte ich mir, dass Harry seine Familie verlassen würde. Ich weiß noch, dass ich einmal vor einem Lokal auf ihn gewartet habe, wo er mit Mandanten zu Mittag gegessen hatte. Er hatte sich damals gerade als Jurist selbständig gemacht. Erst freute er sich, mich zu sehen. Aber als ich dann mit erpresserischer Miene zu ihm sagte: »Entscheide dich, Harry! Ich will dich nicht mehr mit Brigitte teilen! Die besitzt doch nur den Vorteil, dass sie dich früher getroffen hat als ich«, schlug seine Freude in Entsetzen um. Er riss seine Augen weit auf, und gerade, als er zu einem verbalen Rückschlag ansetzte, drehte ich mich auf dem Absatz um und lief weg.

Ich hatte im Nachhinein das dumpfe Gefühl, dass das nicht die richtige Methode war, Harry für mich allein zu gewinnen. Aber ich wollte ihn haben. Als wir uns das nächste Mal sahen, fiel seine Antwort dann auch sehr deutlich aus. »Maria, ich kann mich von Brigitte nicht trennen. Sie braucht mich. Sie ist nicht so selbständig wie du. Außerdem sind wir auch finanziell sehr stark miteinander verbunden. Aber dennoch: Ich gehöre dir. Das weißt du doch!« Ein mageres Trostpflaster. Seit dieser Erklärung war mir meine Situation erst richtig bewusst: Ich war die selbst noch verheiratete Geliebte eines Ehemanns! Eine schlechtere Konstellation gibt es nicht. Einer von uns musste sich trennen. Und wenn es nicht Harry war, dann eben ich. Aber so weit war ich selbst noch nicht. Wir mussten also unser heimliches Spiel fortsetzen. Irgendwie konnte ich auch Harry verstehen. Er und seine Frau besitzen in Kaiserswerth, einem feinen Düsseldorfer Stadtteil, eine Eigentumswohnung, die er für seinen Sohn Daniel gekauft hat. Und auf Lanzarote haben sie vor einiger Zeit ein Feriendomizil erworben. Sicherlich ist es da nicht so einfach, auseinander zu gehen. Weder finanziell noch emotional. Und dann ist da das Studium, das Biggi ihm ermöglicht hat. Diese Hilfe wird er ihr nie vergessen können. So blöde das klingt, aber er ist eine treue Seele. Das konnte auch ich in all den Jahren erfahren, also seitdem ich mit Harry zusammen bin. Stets konnte ich mich auf ihn verlassen. Egal, ob es um einen Umzug ging oder um die üblichen Probleme, als Elena beispielsweise pubertierte.

Geld hat für mich nie eine große Rolle gespielt. Ich war immer zufrieden mit dem, was ich hatte. Ich muss nicht Golf spielen und erwarte keinen Schmuck zu Weihnachten. Ich bin glücklich, dass ich einen Mann wie Harry gefunden habe.

Nach der harten Abfuhr, die er mir vor dem Lokal erteilt hatte, hörte ich auf, ihn wegen einer Trennung von Brigitte zu bombardieren. Wir waren eben beide noch nicht so weit!

Die Jahre, die ich noch mit Martin verheiratet, aber schon mit Harry zusammen war, empfand ich als ziemlich schlimm für mich. Es waren Jahre des Versteckens, der üblichen Heimlichkeiten, der Gewissensbisse. Martin ging weiter in sein Architektenbüro, kam nach Hause, wollte eine Mahlzeit, seine Zeitung, sein Bett. Wenn wir alleine beim Abendbrot saßen, hatte ich das Gefühl, in der bleiernen Luft ersticken zu müssen. Ich war immer froh, wenn Elena mit am Tisch saß.

Nachdem ich meine Hoffnung auf eine Trennung bei Harry endgültig begraben hatte, suchte ich mir heimlich einen Job als Sekretärin in einer Firma und mietete für Elena und mich eine bescheidene Zwei-Zimmer-Wohnung. Ich beichtete Martin alles in einem Lokal. Dieses schicksalhafte Abendessen dauerte genau eine Stunde. Als ich angefangen hatte zu reden, ging es ganz einfach. Das Kapitel Martin hatte ich schon längst zugeklappt. Ich bemühte mich, ihm alles so sachlich wie möglich zu erzählen. Martin schwieg. Er stocherte in seinem Gemüseauflauf herum, und ich dachte, dass sein Leben bald genauso chaotisch aussehen würde wie dieses Gematsche auf seinem Teller. Denn private Organisation war beim besten Willen nicht Martins Stärke. Nur ein Satz von ihm ist mir von diesem Gespräch in Erinnerung geblieben: »Hättest du mich doch einmal so angeschaut wie ihn.« Das war die netteste Äußerung seit Jahren, dachte ich. Aber sie kam zu spät. Ich war nach wie vor verrückt nach Harry, aber nicht nur das, ich liebte ihn. So sehr, dass ich mittlerweile sogar seine Ehe akzeptierte. Nur, um ihn nicht zu verlieren.

Am nächsten Tag packte ich meine und Elenas Sachen, und wir begannen ein neues Leben. Die letzte gemeinsame Entscheidung, die Martin und ich trafen, war, dass wir uns erst scheiden lassen wollten, wenn Elena volljährig würde.

Harry verunsicherte meine Entschlossenheit zunächst. Er sah sich im Zugzwang, obwohl ich betonte, dass er sich nicht so zu fühlen bräuchte. Aber er sah sich mehr denn je mit zwei Frauen konfrontiert. Eines Tages rief er mich im Büro an und sagte, er müsse mit mir reden. Wir gingen in unserem Park spazieren. Wenn Harry etwas Unangenehmes von sich geben musste, wurden seine Augen schmal und seine Lippen spitz. Anfangs schwieg er, aber plötzlich schossen die Worte wie aus einem Gewehrlauf aus ihm heraus. Harry machte mit mir Schluss: »Es geht nicht mehr so weiter, Maria. Ich kann Brigitte nicht länger anlügen. Ich kann sie aber auch nicht verlassen. Es tut mir so Leid, Maria.« Ich schluckte, wollte ihn am liebsten mit Küssen zum Schweigen bringen, damit nicht noch mehr kaputtging. Eine dumme Idee! Harry war noch nicht am Ende: »Mir fehlt auch der Mut, noch einmal neu anzufangen.« Jedes Wort traf wie ein Schuss. In Gedanken sackte ich zu Boden. Wir waren in der Zwischenzeit am Ausgang der süßlich duftenden Grünanlage angekommen. Ich erinnere mich noch genau an diese satten Fliederbüsche. Alles war so lieblich. Und ich war so traurig. Gegenüber vom Park war eine Bushaltestelle. Ich fuhr mit dem Bus nach Hause. Noch heute fahre ich lieber einen Umweg, bevor ich diese Stelle passiere.

»Warum gerade jetzt, wo wir uns nicht mehr so verstecken müssen?«, fragte ich mich. Ich hatte uns doch ein kleines Nest gebaut. Ich verstand die Welt nicht mehr. Ich wollte doch keinen Ring am Finger tragen, sondern nur mit ihm zusammen sein und so viel Zeit wie möglich mit ihm verbringen. Und ich wollte, dass er auch zu mir steht. Das war sicher nicht gerade wenig. Das sah ich letztlich ein.

Jeden Morgen beim Aufwachen hoffte ich, dass Harry zurückkommen würde. Nur zurück und nie mehr weg von mir. Es gibt keinen Schmerz, der tiefer in die Poren dringt als Liebeskummer.

Es dauerte Gott sei Dank nur ein paar Tage, bis er wieder anrief und sagte, er könne es ohne mich nicht aushalten. Ich war so froh, so dankbar. Ich wollte ihn nur wiederhaben, egal unter welchen Umständen. Ich gab also klein bei. Und alles ging so weiter wie bisher. Das konnte ich jedenfalls leichter verschmerzen als eine Trennung. Wir gehörten einfach zusammen. Zweimal im Jahr fuhren wir sogar zusammen mit Elena in die Ferien. Meistens in die ungarische Puszta, denn Harry ist ein großer Reiter, und dort konnte er sich die schönsten Pferde mieten. Harry war sorglos in diesen Urlauben, die er offiziell mit einem Freund verbrachte. Es war mir jetzt auch egal, was Harry seiner Frau erzählte. Seit diesen wenigen Tagen ohne Harry schnürte es mir die Kehle zu, wenn ich nur den Namen Brigitte hörte, aber ich rüttelte nicht mehr an seiner Ehe. Nur so konnte ich ihn halten. Alles andere hatte ich ja versucht und gesehen, dass es zwecklos war!

Schlimm waren allerdings die Stunden des Abschieds. Manchmal tat er mir richtig Leid, wenn er ging. Ich sah in seinen Augen, dass er bleiben wollte und nicht konnte.

Ein Jahr nach dem anderen verging. Wir sahen uns mindestens einmal in der Woche. An den anderen Abenden las ich, schon der Bildung wegen. Martin hatte mit meiner Unbedarftheit ein kleines Problem gehabt. Mittlerweile bin ich ein richtig großer Fan von Thomas Bernhard.

Manchmal traf ich mich auch mit Freundinnen. Zwei von ihnen wussten von Harry, und sie waren Tag und Nacht für mich da. Zum Glück hatte ich darüber das Lachen nicht verlernt. Mein Leben war ausgefüllt. Ich hatte mich mit dem Geliebtendasein arrangiert.

Dann machte Harry einen großen Schritt in meine Richtung. Er mietete sich eine eigene, kleine Dachwohnung im Zentrum von Düsseldorf. Seiner Frau sagte er, dass er ein paar Quadratmeter für sich ganz alleine bräuchte. Ich hatte mittlerweile einen Job in einer Versandfirma. Elena war längst ausgezogen. Sie studierte in einer anderen Stadt Betriebswirtschaft. Jetzt sahen Harry und ich uns fast jeden Abend, entweder bei mir oder in seiner neuen Wohnung. Wir kochten, erzählten uns unsere Erlebnisse und liebten uns. Manchmal mehrmals in einer Nacht. Es war wieder so wie am Anfang in Budapest.

Schließlich hatte Harry einen Plan. Er wollte unbedingt, dass ich in die Wohnung ein Stockwerk unter ihm einziehe, sollte sie frei werden. Tatsächlich war es ein Jahr später so weit. Ich gab meine alte Wohnung auf und zog in die Ein-Zimmer-Wohnung unter Harry. Meine Miete bezahlte ich nach wie vor selbst. Der Betrag war sogar etwas niedriger als in meiner alten Wohnung. Ich verdiente damals gut und konnte sie mir deswegen auch schön einrichten. Ich erfüllte mir sogar einen großen Wunsch – eine teure Stereoanlage.

Harry und ich gingen nun auch immer häufiger zusammen aus. Über die Jahre wird man wohl leichtsinnig. Bei einem Abendspaziergang entdeckten wir ein kleines, italienisches Restaurant, einmal gingen wir in die Oper. Wir beide lieben Verdi. Es ist unsere Musik. Manchmal trafen wir uns sogar sonntags. Harry kam dann überraschend zum Frühstück vorbei. Allerdings sehr selten, da das Wochenende der Familie gehörte. Was er zu Hause erzählte, wollte ich mittlerweile gar nicht mehr wissen. Ich merkte nur eine leichte Gereiztheit, wenn er nach seinem Familienausflug zu mir kam. Je länger wir zusammen waren, desto mehr wurde er wieder er, mein Harry. Er genoss es, sich bei mir gehen lassen zu können. Manchmal kam er nach der Kanzlei, stellte seine Schuhe in die Ecke und döste ein paar Minuten auf einem alten Ledersessel. Meist aber war er fröhlich, verschmitzt, humorvoll und ein göttlicher Liebhaber. Ich bewunderte seine stolze Haltung, sah die Blicke der anderen Frauen, wenn wir ein Restaurant betraten. Es macht mich heute noch stark, einen Mann an meiner Seite zu haben, der wie eine uneinnehmbare Festung wirkt.

Und dann kam, was kommen musste. Eine dieser Gattinnen aus dem Club der gelangweilten Ehefrauen, die ich in jener Silvesternacht gesehen hatte, erzählte Harrys Frau von uns. Sie spielte die moralische Instanz, indem sie sich bemüßigt fühlte, »ihrer Biggi« die Wahrheit zu sagen. Ich weiß nicht mal genau, wo sie uns zusammen beobachtet hatte, aber es reichte schon die Tatsache, dass sie uns gesehen hatte. Denn jeder, der uns begegnete, spürte die Liebe zwischen uns. Daran hatte sich in den letzten Jahren nichts verändert. Und mittlerweile waren Harry und ich ja auch nicht mehr ganz jung.

Der Terror begann. Brigitte startete ihren ersten Angriff. Sie verurteilte Harry dazu, nur noch am Wochenende nach Hause zu kommen. Sie dachte, wenn ich seine dreckige Wäsche waschen würde und ihn im Alltag erlebte, wäre unser »schlampiges Verhältnis« bald vorbei. Sie hatte ja keine Ahnung, dass wir schon lange zusammenlebten. Und die paar Hemden bügeln? Darüber konnte ich nur laut lachen. Leider meldete der Vermieter von Harrys Wohnung genau zur selben Zeit Eigenbedarf an. Nun mussten wir beide in meiner Ein-Zimmer-Wohnung unterkommen. Das gefiel wiederum Harry nicht. Denn er braucht Platz, seinen eigenen Raum. Er läuft gerne im Zimmer umher, wenn er über seine Rechtsfälle nachdenken muss. Wie des Teufels General eben, der seine Strategien plant.

Harrys Verteidigung gegenüber seiner Frau war lau. »Aussitzen«, meinte er, »die beruhigt sich schon wieder.« Von wegen. Ihr zweiter Angriff folgte. Jeden Abend, wenn er bei mir war, ließ sie ihren Sohn anrufen, der wegen Nichtigkeiten plötzlich ganz dringend seinen Vater sprechen musste. Daniel spielte mit. Das hätte Elena wohl auch getan. Einmal hatte sie Daniel sogar lügen lassen, dass sie die Treppe hinuntergefallen sei und nicht mehr aufstehen könnte. Alles nur, um uns zu stören. Harry ließ sein Essen stehen und fuhr sofort nach Hause. Fakt war, sie hatte einen Kratzer am Fuß. Ich kochte vor Wut. Natürlich blieb er dann in dieser Nacht bei seiner Frau. Hinter dieser Porzellanmaske steckte eine ausgebuffte Hexe.

Wenn ich Glück hatte, kam Martin am Montag wieder zu mir. Er sah dann aus wie ein gebrochener Mann. Manchmal machte er wieder diesen spitzen Mund, und ich bekam schweißnasse Hände. Nein, ich wollte nicht aufgeben. Ich wollte kämpfen. Ich sah ihm seine Zweifel an. Seine Frau hatte ihn zweiundsiebzig Stunden mit ihren Anklagen demoralisiert. Sie fällte die Urteile, und Harry nahm sie an, so ein schlechtes Gewissen hatte er. Sie trieb ihn weg und holte ihn wieder her. Wie ein Jo-Jo behandelte sie ihn. Aber Harry wollte und konnte sich nicht von ihr trennen.

Nun fuhr sie stärkere Geschütze auf. Sie erpresste Harry, indem sie drohte, ihn zu ruinieren. Wenn er sich von ihr trennen wollte, würde er statt bei mir im Knast landen, drohte sie ihm. Denn das Finanzamt würde sich über das Schwarzgeldkonto in der Schweiz sicher sehr freuen. Als Harry mir das erzählte, war ich wirklich sprachlos. Diese kriminellen Methoden hatte ich ihr wirklich nicht zugetraut. Uns beiden war klar, dass es ihr nicht um Harry, sondern um den äußeren Schein ihrer Ehe ging. Harry beschloss, sich selbst anzuzeigen. So sehr fürchtete er Brigitte.

Irgendwann hielt er diesen Druck nicht mehr aus. Er bekam schweres Asthma. So schlimm, dass er sechs Wochen lang eine Kur in einer Klinik machen musste. Natürlich besuchte sie ihn nicht einmal. Dabei ging es ihm wirklich schlecht. Er konnte nicht mehr tief einatmen, hatte nachts Angst zu ersticken. Die Ärzte stellten ihn auf Kortison ein.

Was Brigitte in ihrer ausgeklügelten Kriegsführung nicht bedachte, war, dass ihre Angriffe unsere Liebe nur stärker machten. Im Krankenhaus nahm Harry meine Hand, drückte sie und sagte: »Zigeunerprinzessin, lass mich nicht allein. Wir kriegen das schon hin.« Harry konnte mit dieser Krankheit überhaupt nicht umgehen. Er, der Sportsmann, der ewig Starke, wollte nicht verstehen, dass ihn die Psyche lahm gelegt hatte.

Die Fehde ging weiter. In der Zeit, als Harry im Krankenhaus lag, terrorisierte mich seine Frau jede Nacht mit Anrufen. Wenn ich das Band laufen ließ, beschimpfte sie mich: »Sie haben ja gar keine Ahnung, wie gut unsere Ehe ist. Harry liebt Daniel und mich mehr als Sie. Er wird uns nie verlassen. Schlampen wie Sie hat man früher gesteinigt.« Sie hasste mich. Ich hasste sie. Keine von uns gab auf. Also kämpften wir beide weiter: Ich aus Liebe, sie aus Angst, ihr Dasein als Gattin eines erfolgreichen Rechtsanwalts aufgeben zu müssen. Als Harry aus der Klinik entlassen wurde, zog er wieder zu Hause ein. Wie durch Zufall erlitt sie kurz vor seiner Entlassung einen Schwächeanfall. Harry meinte, sie habe bestimmt ihren gemeinsamen Hausarzt eingeweiht und ihn zum Verbündeten erklärt. Der hätte immer schon ein Auge auf Brigitte geworfen. Typisch! Harry drohte zu ersticken, und die eigentlich Kranke war sie.

Oder ich! Ich schlief keine Nacht mehr. Elena kam, um mich zu trösten. Ich ertrug es nicht, dass er wieder bei dieser Megäre saß. Da konnte er mir am Telefon tausendmal erklären, wie sehr er mich liebe. Die Tatsache war, dass er nun wieder mit seiner Frau unter einem

Dach lebte. Meine Liebe zu Harry war bislang mein Motor gewesen. Seine Worte, seine Zärtlichkeiten mein Benzin. Doch nun fuhr auch ich auf Reserve.

Und schließlich kam das Schlimmste: Als Brigitte merkte, dass Harry zwar ihr gegenüber die Pflegerrolle übernahm, aber von sonstigen Nettigkeiten, die in einer normalen Ehe üblich sind, Lichtjahre entfernt war, tat sie etwas Unverzeihliches. Sie suchte meine Mutter auf, die mittlerweile im Altersheim lebte. Irgendwie hatte sie die Adresse herausbekommen. Vielleicht hat Harry es ihr einmal erzählt, weil sie sich nämlich gar nicht um ihre Mutter kümmerte, diese herzlose Person. Im Heim spielte sie die Gebrochene, die Leidende, die Kranke und bat ausgerechnet meine Mutter, mich doch bitte, bitte zu bekehren. Ich hätte Harry sexuell abhängig gemacht, deshalb käme er von mir nicht los.

Die Lawine rollte. Meine Mutter und ich stritten uns ganz fürchterlich. Sie hat es nie verwunden, dass sie eine geschiedene Tochter hat, die noch dazu seit über einem Jahrzehnt die Geliebte eines verheirateten Mannes ist. Ich rief Brigitte an und schrie ins Telefon: »So viel Niederträchtigkeit habe ich Ihnen nicht zugetraut. Und Sie werden sehen, dass es Ihnen nichts nützen wird. Sie haben längst verloren. Harry liebt mich, und jeder Tag mit Ihnen quält ihn.« Nun wartete ich Tag und Nacht auf Harrys Reaktion. Sie war ernüchternd: Er kam an einem Abend, an dem es fürchterlich stürmte. Die Bäume bogen sich. Der Wind heulte, kündigte nichts Gutes an. Harry bot mir eine Lösung an, die ich für völlig inakzeptabel hielt. Zum ersten Mal seit seiner Krankheit stand er wieder so stolz und aufrecht vor mir wie damals, als alles anfing. Er sagte: »Ihr seid die schlimmsten Kampfhennen, die ich mir vorstellen kann.

Jetzt müssen wir uns erst einmal alle beruhigen. Ich schlage dir vor, dass ich um des lieben Friedens willen bei Brigitte wohnen bleibe, aber wir uns trotzdem weiterhin sehen. Ich werde ihr sagen, dass ich dich nicht aufgeben will. Aber ich bin es ihr und Daniel schuldig, dass ich den gesellschaftlichen Rahmen wahre.« Ich sah ihn nur an. Dann antwortete ich so leise, wie eine Verliererin eben spricht: »Du willst mir sagen, dass du jetzt bei Brigitte bleibst, dich vielleicht einmal von ihr trennen willst, dann, wenn wir beide endgültig alt sind und das Leben vorbei ist.« – »Maria, komm, nicht so theatralisch«, warf Harry ein. Ich schwieg, dann bat ich ihn, sein Rasierwasser, seinen Schlafanzug und seine Zigarren einzupacken und zu gehen. Ich war wie in Trance, aber das ganze Kriegsspiel hatte eine Form angenommen, die ich nicht mehr bereit war zu ertragen. Mein Selbstschutz hatte eingesetzt und ließ mich handeln. Harry ging und sagte zum Abschied: »Ich rufe dich morgen an. Wir müssen erst wieder einen klaren Kopf kriegen.«

Die Tür fiel ins Schloss. Ich fühlte mich so allein wie noch nie zuvor. Ich saß auf meinem Bett und sah Harry und mich dort liegen und gebannt *Nabucco* hören. Oft hatten wir dem dramatischen Chor der Gefangenen gelauscht und uns selbst wie an Ketten gelegt gefühlt. Ich höre ihn noch sagen: »Irgendwann sind wir ganz zusammen, Maria. Ich weiß es.«

Ich wusste gar nichts mehr. Irgendwann wurde es hell. Eins jedoch hatte ich mir in dieser Nacht vorgenommen. Ich würde nie wieder mit Brigitte reden.

Die nächsten Wochen vergingen. Ich fühlte mich in einem merkwürdigen Dämmerzustand. Harry rief jeden Tag vom Büro aus an und flehte mich an, ihn nicht zu verlassen. Ich sah seine Nummer im Display und wollte den Hörer nicht abnehmen. Ich wollte ihn zappeln lassen, obgleich ich ihn wahnsinnig vermisste. Ich stellte das Essen ein, nachts dröhnten unsere Lieblingsopern in meine Ohren. Ich dachte, ich würde verrückt. Was waren wir nur für ein teuflisches Trio!

Ich ging zu einem Psychiater, anders konnte ich mir nicht mehr helfen. In diesen Sitzungen wurde mir bewusst, dass ich noch nicht stark genug war für ein Leben ganz ohne Harry. Und je länger die Zeit ohne ihn wurde, desto mehr knickte ich ein. Selbst Elena, die mir in dieser Zeit sehr zur Seite stand, meinte: »Mami, damals warst du doch so mutig, als du dich von Papi trenntest. Du schaffst es auch jetzt, noch einmal von vorne anzufangen.« Ach, Kind, dachte ich, damals hatte ich mich doch für Harry, meine große Liebe, getrennt.

Diese große Liebe rief weiterhin Tag für Tag an. Über viele Wochen hinweg. Immer öfter griff ich zum Hörer. Harry erinnerte mich an unsere schönen Urlaube, an unseren ersten Spaziergang im Park. Wie ein Magier bezwang er meinen Willen. Von Mal zu Mal wurden unsere Gespräche länger. Erst fünf Minuten, dann zehn, dann eine halbe Stunde. Und wie ich mich nach seinen Armen sehnte! Irgendwann klingelte er abends an meiner Tür. Ich dachte, es sei eine Freundin. Eingeschüchtert, wie er war, blieb er vor der Tür stehen. In seiner einen Hand hatte er zwei Tickets nach Wien. Er flüsterte beinahe: »Maria, bitte komm mit. Ich kann nicht ohne dich leben.« Jetzt wäre der Zeitpunkt gewesen, wo ich hätte antworten sollen: »Dann trenn dich!« Aber ich war so froh, dass er da war, dass ich nicht gleich wieder Salz in die Wunde streuen wollte. Ich würde seiner Frau irgendwann schon beweisen, dass ich den längeren Atem hatte.

Es dauerte nicht lange, und wir lagen uns in den Armen. Wir umarmten uns, küssten uns. Ich spürte wieder seine warmen, großen Hände. Sie öffneten meinen BH, führten mich zu unserem Bett. Langsam verschmolzen wir. Ich hatte das Gefühl, nicht nur unsere Körper, sondern auch unsere Seelen.

Harry war abgemagert, und ich merkte, dass er wieder schwer atmete. Sein Spray war immer in seiner Jackentasche.

Wir fuhren nach Wien, und es war wunderschön. Der Naschmarkt, die Heurigen, die Kaffeehäuser. Das Gefühl, dass die Uhren in dieser Stadt langsamer ticken als woanders. Ich spürte, dass auch Harry unter all den Kämpfen sehr gelitten hatte. Wir verhielten uns wie zwei Schiffbrüchige, die gerade dabei waren, wieder Land unter den Füßen zu gewinnen. Und da ich, auch durch meinen Psychiater, begriffen hatte, dass ein Leben mit Harry besser als ein Leben ohne ihn ist, bat ich ihn: »Harry, bitte, ich möchte nichts mehr von oder über deine Familie hören. Nie wieder! Bitte versprich mir das!« Harry hat nur genickt. Das ist jetzt zwei Jahre her, und wir spielen wieder unser altes Versteckspiel. Nur, dass ich noch unabhängiger geworden bin. Wenn Harry sich überraschend ankündigt und ich schon verabredet bin, sage ich ihm ab. Das hätte ich früher nie getan. So habe ich mir einen sehr netten Freundeskreis aufgebaut. Kaum jemand weiß von Harry.

Letztlich hat sich nichts geändert. Seiner Frau gehört die Schale, mir der Kern. Sie hat noch einmal den Versuch unternommen, mit mir am Telefon zu reden. Keine Chance! Ich habe sofort aufgelegt. Heute denke ich, dass sie, obwohl Harry noch zu Hause wohnt, die Verliererin ist. An ihr klebt das Etikett Ehefrau, aber ich habe meine große Liebe gefunden. Noch heute schaut er mich manchmal lange an, wenn ich nackt im Bad stehe. Dann fährt er mir sanft mit seinen Fingern über den Rücken und sagt: »Du bist älter geworden, Maria, aber ich liebe und begehre deinen Körper noch immer.« Ein solcher Satz entschädigt mich für ertragenes Leid. Harry ist ein Genussmensch, ein Verführer, ein Mann mit viel Gefühl. Thomas Bernhard hat einmal geschrieben: »Du bist mein Lebensmensch.« Harry ist das für mich. Ich empfinde es als eine Gnade, dass ich diesen Mann getroffen habe.

Lügen ist männlich

Die Reste von Mäxchens Geburtstagskuchen aus Schokolade lagen noch auf dem Küchentisch, von der Morgensonne zu einer Art Tannenzapfen geschmolzen. Ich erinnere mich an diesen und den folgenden Tag noch genau. Ich suchte die Kaffeemaschine, die Christiane mal wieder weggeräumt hatte. Das machte sie andauernd, sie konnte das kleine, silberne Gerät partout nicht leiden. »Du und dein verdammtes Ökoteil«, schimpfte sie immer. Ich aber liebe diese Maschine. Man füllt unten Wasser ein und oben das Kaffeepulver, stellt es auf den Herd und bekommt den besten Kaffee der Welt. Besser als in all den Coffee-Shops dieser Stadt, wo Christiane so gerne mit ihren Prada-Mädels abhing. Wo Milchkaffee schon lange nicht mehr Milchkaffee heißt, sondern Latte Macchiato – und das für drei Euro pro Pappbecher. Gegen Christiane war ich schon immer gestrig. Damals wie heute. Ich ging in Kneipen, Christiane in Clubs, ihre Freundinnen sprachen über Mette Marit, meine Kumpels über Literatur, Musik und Häuser. Ihre Klamotten waren teuer, meine wurden erst erneuert, wenn sie förmlich auseinander fielen. Christiane hasste das. Manchmal war ihr mein Aufzug sogar peinlich. »Das passt doch nicht zu deinem Beruf«, meinte sie dann immer. Doch, dachte ich dann, perfekt für einen Hausmann.

Es war ein Samstag, ein Samstag im Spätsommer. Christianes Tag. Nach dem Shoppen traf sie sich mit ihren Mädels zum Proseccotrinken, anschließend kam sie meistens ziemlich aufgeräumt nach Hause und schaute sich *Melrose Place* und *Beverly Hills* an. Wie konnte sich eine erwachsene Frau nur so einen Mist ansehen! »Unser« Tag war der Samstag schon lange nicht mehr. Obwohl nur das Wochenende blieb, weil sie von Montag bis Freitag in ihrer Redaktion arbeitete – wie ein Tier. So stellte sie es wenigstens dar. Ich hatte meinen Job als Architekt verloren, als Christiane im achten Monat schwanger war, ein Jahr nach unserer Hochzeit. »Kein Problem«, sagte sie, »dann ernähre ich euch eben.« Sie fand das ungeheuer emanzipiert. Da ich keine Alternative sah, akzeptierte ich mein zukünftiges Leben als Hausmann. Mit der Geburt von Max änderte sich aber noch etwas: Wir schliefen nicht mehr miteinander. Wenn ich meine Hand wie früher auf ihren Bauch legte, sagte sie: »Ach nein, nicht jetzt.« In einer solchen Situation dachte ich manchmal an Oliver. Meinen Jugendfreund und Frauenliebling. Der hatte es viel besser als ich. Andauernd neue Freundinnen, und wenn es im Bett nicht mehr klappte, tauschte er sie einfach aus. Er hatte Recht: Nie sollte man heiraten.

Für morgen waren Christiane und ich mit Olli verabredet. Er wollte seine neue Flamme mitbringen, eine Krankengymnastin aus Niederbayern, die nun in Berlin eine Stelle gefunden hatte. Am Telefon deutete er nur an, sie hätte so süße Sommersprossen und würde sehr laut lachen. Viel mehr nicht, nur noch, dass sie Marlies heißen würde. Ein komisches Gefühl war das, jemanden zu treffen, dessen Schicksal vorprogrammiert war.

Ich stellte Mäxchens Bananenbrei ins Wasserbad auf den Herd, zündete mir eine Zigarette an und setzte meinen Kaffee auf. Die Espressomaschine hatte ich in einem Bratentopf gefunden. Sehr einfallsreiches Versteck! »Nachher darfst du zu Oma, da hast du es besser als bei uns«, sagte ich zu Mäxchen, der mich zum Glück noch nicht verstand. Oder hätte ich ihm sagen sollen: Mein Sohn, die Beziehung zu deiner Mutter ist am Ende? Mir brauchte ich da nichts vorzumachen oder schönzureden, aber Mäxchen sollte so wenig wie möglich davon mitbekommen. Ungeduldig wartete ich auf das Zischen der Kaffeemaschine.

Mäxchen und ich gingen anschließend auf den Spielplatz, gegen vier, fünf warteten wir auf seine Mutter. Christiane kam aber nicht am Nachmittag, sondern erst kurz vor Mitternacht. Sie hatte eine Menge getrunken und legte sich ins Bett, ohne sich abzuschminken. »Wie war dein Tag?«, brachte sie noch mühsam heraus, im nächsten Moment war sie eingeschlafen. Oft dachte ich, sie war der Mann bei uns zu Hause.

Ich konnte nicht schlafen in dieser Nacht. Sollte ich am Montag die Scheidung einreichen? Das wäre nur konsequent. Mäxchen und ich konnten und sollten nicht so weiterleben. Aber wie oft hatte ich das schon überlegt und doch nicht danach gehandelt. Ich dachte daran, wie alles mit Christiane begonnen hatte. Zunächst sah es so aus, als hätten wir einzig einen One-Night-Stand. Nicht mehr, nicht weniger. Christiane hatte mich in der Paris Bar angesprochen, in die ich nur ging, wenn mich Ulrich und andere Architektenfreunde dorthin mitschleppten. Am nächsten Morgen wachte ich ziemlich verkatert in der Wohnung der Eroberin auf. Ich sagte zum Abschied diesen Satz, den man immer sagt, wenn man cool sein will und es eigentlich gar nicht ist: »Ich ruf dich an.« Christiane meinte daraufhin triumphierend: »Kaum, denn du hast ja nicht mal meine Nummer. Aber ich habe deine. Von deinem Freund Ulrich.« Auf dem Weg in meine vier Wände dachte ich:

Endlich mal eine, die weiß, was sie will. Keine von diesen Szene-Pseudo-Tussen, die in Lokalen blöd rumstehen, mit einem eisblauen Cocktail in der Hand, und wehe, einer wagt es, sie anzusprechen. Eigentlich war die Frau eine klasse Mischung, Coolness, gepaart mit optischer Raffinesse. Rehbraunes, seidiges langes Haar, khakifarbene Augen, heller Teint und eine große Klappe. Überhaupt: Ihre spitzen Bemerkungen beeindruckten mich tief. Und als sie mich dann einen Tag später anrief, hatte ich schon darauf gewartet.

Später erzählte sie mir, dass sie bislang immer Probleme mit Männern gehabt hätte. Kein Wunder. Ich merkte schnell, dass sie sehr egozentrisch sein konnte. Man konnte es ihr nur schwer recht machen, mal war der Tag zu hell, mal stand der Tisch zu sehr in der Mitte des Raumes, mal verursachten ihr gewisse Menschen Kopfschmerzen. Sie war schwierig. Was für ein Irrtum von mir, zu glauben, ich stünde nur auf komplizierte Frauen. Ich fand sie interessant und erotisch, und ich muss gestehen, dass ich mir meine Frauen nie selbst ausgesucht habe. Sie wählten mich aus, und stets habe ich es geschehen lassen, schüchtern, wie ich bin. So kam es, dass ich automatisch immer mit dominanten Frauen zusammen war. Wie eben auch Christiane, Ressortleiterin im Bereich »Lifestyle« bei einer großen Tageszeitung in Berlin.

Sie konfrontierte mich sofort mit der Vorstellung von ihrem zukünftigen Leben: Sie wollte eine Musterfamilie, noch weiter in ihrem Job kommen, was kaum noch möglich war, süße Kinder, coole Freunde, einen Mann, der was darstellte. Natürlich auch eine Altbauwohnung mit Garten in Charlottenburg, nette Urlaube, ein Kindermädchen. Schlicht und ergreifend: Sie wollte alles!

Ihre Offenheit hielt ich für eine klare Ansage. Mich konnte sie nicht in Betracht ziehen; ich fiel durchs Raster, weil ich keine hunderttausend Euro im Jahr nach Hause brachte.

Christiane und ich begannen eine Affäre, die man getrost als unverbindlich bezeichnen konnte. Ich war sicher, dass sie mich sitzen lassen würde, sobald sie was »Besseres« gefunden hatte. Zudem war die Spannung zwischen uns erstaunlicherweise sehr schnell verflogen, schon nach kurzer Zeit schliefen wir nur noch alle vier Wochen miteinander. Wenn sie wollte. Wenn ich sie begehrte, entzog sie sich. Sie sei zu müde, wolle lieber fernsehen. Irgendwann gab ich es auf, sie anzufassen. Nach nur sechs Monaten war unsere Sex-Frequenz so wie bei Paaren nach zehn Ehejahren. Schlechten Ehejahren.

Mit diesen traurigen Erinnerungen schlief ich schließlich neben Christiane ein. Total frustriert. Als ich sie am nächsten Morgen weckte, sah sie richtig verknittert aus. Ich sagte: »Aufstehen! Wir sind mit Oliver zum Frühstück im Einstein verabredet.« Sie murmelte »Trottel« oder etwas Ähnliches, folgte aber meinen Worten. Als sie aus dem Bad kam, staunte ich: Der Vorher-Nachher-Effekt bei Christiane war verblüffend.

Oliver und Marlies standen schon vor der Treppe zum Einstein. Mein Freund hielt die Krankengymnastin fest um die Taille gefasst. Sie trug ein kornblumenblaues Kleid, das fand ich ungewöhnlich für eine Frau, die vielleicht gerade dreißig war. Darunter trug sie keinen BH, aber bei ihren kleinen, festen Brüsten sah das ungemein attraktiv aus. Bestimmt lief sie am Strand oben ohne herum, dachte ich. Marlies lächelte. Ihr riesiger Mund war ungeschminkt, und ihr Gesicht war tatsächlich übersät von Sommersprossen. Obwohl sie optisch mit Sicherheit nicht zum Playmate des Monats getaugt hätte, fand ich Olivers Neue umwerfend schön.

Oliver und ich kennen uns seit Sandkastenzeiten. Schon als Jungs hatten wir von Berlin geträumt. Wir dachten, dort gibt es die schärfsten Frauen und die tollsten Kneipen. Nach dem Abitur verließen wir das Sauerland, um in der heutigen Hauptstadt zu studieren, Oliver Medizin, ich Architektur.

»Schönes Kleid«, sagte ich zu Marlies. Ich war verwundert über mich selbst. Eigentlich waren Komplimente nie meine Sache gewesen, eher die von Oliver. Er, der Mediziner, konnte George Clooney zweifellos Konkurrenz machen. Dunkelhaarig, gebräunte Haut, Haare auf der Brust, breite Schultern, schwarze Augen. Seine Freundinnen waren immer brünette Model-Typen mit langen Beinen und ebenmäßig geformten Gesichtern. Frauen, die besser aussahen, als sie in Wirklichkeit waren. Diesmal aber war es anders. Marlies war keine leere Laufsteg-Beauty. Aus irgendeinem Grund dachte ich vom ersten Moment, dass es sich bei ihr um eine kluge Frau handelte. Mit schönen Brüsten. Aus männlicher Sicht eine fatale Mischung.

Marlies setzte sich so dicht neben mich, dass kein Blatt Papier mehr zwischen uns gepasst hätte. Ich spürte in ihrer Nähe ein ungewöhnliches Gefühl, eines, das die Seele wärmte. So, als würden wir uns seit Ewigkeiten kennen. Aber es war auch überraschend, so, als wäre die kupferblonde Kinodarstellerin, meine Traumfrau, plötzlich aus der Leinwand herausgeklettert und hätte gesagt: »Hi, hier bin ich. Es gibt mich tatsächlich.«

Auch Christiane mochte Marlies auf Anhieb, was an ein Wunder grenzte. Sie fand die meisten meiner weiblichen Bekannten blöd oder langweilig. Christiane ist das, was andere Frauen als stutenbissig bezeichnen. Immer nörgelte sie an ihren Geschlechtsgenossinnen herum. Die eine hatte ihr zu rote Nägel, die nächste war ihr zu still, die übernächste zu ungebildet oder zu laut. Umso seltsamer, dass sie nichts gegen die neue Freundin von Oliver hervorbrachte. Vielleicht lag es daran, dass Marlies' Äußeres weder Grund zu Neid noch zu Spott bot. Nicht einmal, dass sie keinen BH trug, entlockte Christiane eine bissige Bemerkung.

Unser Frühstück dauerte bis in den Nachmittag hinein. Christiane und ich waren entspannt, weil ich Mäxchen fürs Wochenende noch gestern Abend zu meiner Schwiegermutter gebracht hatte. Später besorgten wir uns zwei Flaschen Wein, liehen uns zwei Boote aus und paddelten auf dem Wannsee. Ich saß hinter Marlies und sah die ganze Zeit auf ihren Rücken, an dem einzelne Strähnen ihrer kupferfarbenen Haare klebten. Immerzu schaute ich auf diesen Rücken zwischen den zierlichen, zerbrechlich wirkenden Schultern, und ich war mir in diesem Augenblick sicher, dass ich diese Schultern später einmal in meinem Arm halten würde. Ich versuchte krampfhaft, mich an ein ähnliches Gefühl bei Christiane zu erinnern. Nur ein einziges Mal fiel mir ein, damals, als sie geweint hat. Wir waren bei ihrem Szene-Thailänder. Sie bestellte eine Flasche Sancerre und trank das erste Glas auf Ex. Das zweite erhob sie in meine Richtung und sagte: »Hanno, ich weiß nicht, ob dir das klar ist, aber ich liebe dich. Und ich glaube, du liebst mich auch, oder nicht!« Das »oder nicht« war nicht als Frage formuliert. Ihre Worte trafen mich wie ein Blitz. Es war das erste Mal, dass Christiane mir das Gefühl gab, ihr wirklich wichtig zu sein. Und plötzlich kamen ihr die Tränen. Sie weinte Wasserfälle. Ich hatte noch nie eine Frau so weinen sehen. Ihre Tränen trafen mich wie ein Monsunregen, der unter einem eben noch knallblauen Himmel losbrach. Und danach sah die Welt dann völlig anders aus. Ihre Tränen rührten mich so, dass ich die Orchideen aus der Vase auf dem Tisch nahm und sagte: »Christiane, lass uns zusammenbleiben.« Sie legte das später als Heiratsantrag aus. Aus dieser Nummer kam ich nicht mehr raus.

Marlies. Sie bewegte etwas in meinem Innersten, von dem ich nicht mehr angenommen hatte, dass es überhaupt noch existierte – mühelos und ganz ohne Tränen.

Erst spätnachts gingen wir vier auseinander. Ich hoffte, Oliver würde noch eine Weile mit Marlies zusammen sein, allein, um sie wiedersehen zu können.

Am Tag darauf reichte ich die Scheidung nicht ein, wahrscheinlich aus Bequemlichkeit. Oder war ich etwa zu sehr in Gedanken bei Marlies? Dabei hörte ich in den nächsten Wochen weder etwas von ihr noch von Oliver.

Es wurde September. Christiane und ich lebten nebeneinander her wie eh und je. Nur, dass alles noch schlimmer wurde. Sie blieb abends immer länger in der Redaktion, ich ging fast täglich mit Mäxchen auf den Spielplatz und unterhielt mich mit jungen Müttern, die genauso frustriert waren wie ich. Eine fing sogar ein Verhältnis mit mir an. Unpersönlicher ging es nicht. Sie hatte eine Tochter in Mäxchens Alter, und wir trafen uns nur aus einem einzigen Grund: um Sex zu haben. Ihr Au-pair-Mädchen spielte mit den Kindern, und wir verschwanden in ihrer Wohnung.

Christiane merkte nichts. Ihre abendliche Frage, wie denn mein Tag gewesen wäre, war wirklich nur noch rein rhetorisch. Trostloser konnte es nicht mehr werden:

erst kein Sex, nun auch kein gemeinsames Lachen und Reden mehr. Ich begriff, sie hatte immer nur dann mit mir geschlafen, wenn sie ihren Eisprung hatte. Sie wollte unbedingt ein Kind, als Accessoire in ihrer perfekten, gestylten Welt. Sie sagte immer: »Ich brauche ein Kind. Frauen, die keine Kinder haben, kommen früher in die Wechseljahre.«

Ich hatte nicht einmal mehr ein schlechtes Gewissen wegen meiner Affäre. Christiane und ich, wir waren nur noch Geschäftspartner, eine WG, alles andere, nur kein Liebespaar. Christiane fehlte etwas Wesentliches, etwas Warmes, Weiches, etwas, das einem das Gefühl von Heimat vermittelt. Obwohl sie aussah wie der Inbegriff von Weiblichkeit, war sie in Wirklichkeit kalt. Eine Frau ohne inneres Feuer. Ich glaube, sie hat in all den Jahren nur dieses eine Mal »Ich liebe dich« gesagt, damals bei dem Thailänder. Wahrscheinlich wollte sie die Kurve von der ewigen Partytusse zur ernsthaften Frau kriegen. Torschlusspanik nennt man das auch. Und ich war ihr Opfer.

Kurz vor Weihnachten stand Marlies vor unserer Tür. Mit rot verheulten Augen, völlig abgemagert; Olli hatte mit ihr Schluss gemacht. Fast jeden dritten Tag kam sie zu uns und besprach mit mir und Christiane ihren Liebeskummer. Christiane nahm sie auch mal zu ihrem Mädels-Abend mit, aber Marlies passte so gar nicht zu diesen Frauen. Kein Wunder, in diesem Zickenclub rauchten sie mit Zigarettenspitzen und sprachen über Gucci-Handtaschen, irgendwelche Manolo-Blahnik-Stilettos und die angesagtesten Fitnessclubs. Also ging ich mit Marlies aus. Wir kamen dann nie vor vier Uhr morgens nach Hause. Wir liefen Hand in Hand durch die Straßen und erzählten uns unser ganzes Leben.

Das ging ein paar Monate so, bis Marlies eines Abends im April mit Opernkarten vor der Tür stand. Sie war ausnahmsweise geschminkt und trug ein kurzes, schwarzes Kleid. Christiane fragte mit unverkennbarer Ironie: »Was ist denn nun los, willst du etwa meinen Mann verführen?« Sie konnte locker solche Sprüche bringen, denn sie, die Attraktivere, war sich ihrer Sache sicher, also meiner Person. »Ich habe Opernkarten geschenkt bekommen und dachte, Hanno liebt Puccini«, antwortete Marlies. Christiane wirkte überrascht, sie wusste noch nicht einmal, dass ich italienische Opern mochte.

Nach der Aufführung nahmen wir noch einen Drink in einer Bar. Wir suchten uns einen Tisch in der Ecke und sahen uns nach unerwünschten »Feinden« um, so, als ob es geplant war, dass wir uns an diesem Abend küssen würden.

Bislang wollten wir das Knistern zwischen uns nicht wahrhaben und hatten es stets mit einem dummen Witz oder einer frechen Bemerkung zerstört. Obwohl wir wussten, dass das hier längst nicht mehr die Bruder-Schwester- oder beste Freunde-Nummer war. Aber bis zu diesem Abend hatten wir uns noch nicht berührt, wie sich Liebende berühren. In der Pause hatte ich im Opernfoyer auf ihren knallroten Mund gestarrt. Plötzlich war mir ganz heiß geworden. Was, wenn plötzlich jemand anderes diese Lippen küssen dürfte. Lange würde das nicht mehr dauern, damit musste ich rechnen. Unerträglich war dieser Gedanke. Ich hielt es auch kaum aus, wenn sie voller Stolz von neuen Verehrern berichtete, die sie sonst wohin eingeladen hatten. Ich machte jeden von denen beharrlich nieder: Es waren immer Penner, Milchgesichter oder Schwuchteln.

Wir setzten uns in dem Nachtlokal dicht nebeneinander, unsere Knie berührten sich. Unvermittelt sagte Marlies: »Wir müssen jetzt ganz viel Wein trinken, damit wir uns endlich trauen, uns zu küssen.« So lange wollte ich nicht warten. Später verließen wir küssend die Kneipe, wir gingen küssend zum Taxistand, wir saßen küssend im Taxi, hatten kaum Zeit, dem Fahrer die Adresse zu nennen – Marlies' Adresse. Das Taxi hielt vor ihrer Wohnung am Prenzlauer Berg, das Taxameter lief, sie sagte: »Tschüss.« Ich sagte: »Ich komme mit.« Sie: »Nein, du fährst heim, wir können das nicht machen.« Es stimmte, wir konnten das nicht machen. So fuhr ich heim.

Christiane und Mäxchen waren im Tiefschlaf. Ich zog meinen schwarzen Anzug im Badezimmer aus und ließ mich neben Christiane ins Ehebett fallen. Sie roch vertraut, ihr langes, dunkles Haar lag auf dem weißen Kopfkissen, und ich dachte, nein, dich will ich nicht verlassen. Als ich am nächsten Morgen aufwachte, war Christiane schon in der Redaktion. Die Aprilsonne schien ins Schlafzimmer, ich war verliebt. Ich legte Grover Washingtons »Two of us« in den CD-Player und kochte mir einen Kaffee in meiner heiß geliebten Maschine. Ich musste darüber nachdenken, was ich gleich sagen würde, wenn ich Marlies anrief. Der Bann der Zurückhaltung war gebrochen, wir hatten unsere Skrupel und Ängste einfach ausgeblendet und uns stundenlang geküsst. Als gäbe es kein Morgen, keinen Sohn, keine Christiane. Und beim Küssen – so viel war mal klar – würde es ganz sicher nicht bleiben. Oder sollte ich unseren Kuss als Fehler, als Irrtum deklarieren, der sich nicht wiederholen würde? Sollte ich sie bitten, das Ganze geheim zu halten? Oder sollte ich ihr vorschlagen, alles zu ignorieren und mich in Zukunft wieder ohne Küsse zu treffen? Lieber ohne Küsse als gar nicht? Unmöglich. Es war verwirrend. Ich ließ Wasser in die Badewanne einlaufen, um mir über meine Gefühle klar zu werden. Aber wie man es auch wendete und drehte: Wir waren mit diesem Kuss sowieso schon zu weit gegangen.

Als Mäxchen zu mir in die Badewanne stieg, was er häufig tat, fragte ich ihn, was wir an diesem wunderschönen Tag unternehmen wollten. Wenn man Knirpse fragt, was man tun soll, dann könnte man genauso gut ein Selbstgespräch führen. Aber Max sagte tatsächlich mit seiner Babystimme: »Maaalies.« Es war, als hätte der liebe Gott zu mir gesprochen oder wenigstens die gute Fee. So schnell habe ich die Nummer von Marlies noch nie gewählt, ich wusste, sie hatte heute ihren freien Tag. »Hallo kleine Elfe, ich vermisse dich schon so, gehst du mit Mäxchen und mir in den Park?«, flirtete ich ungeniert. Wir waren viel zu vertraut, um jetzt plötzlich verschämt herumzustammeln. Innerhalb der nächsten Stunde saßen wir auf einer Parkbank, während Max in unserer Blickweite in der Sandkiste spielte. Unsere Hände umklammerten sich heimlich hinter der Lehne.

Wir trafen uns nun fast täglich zum Abendspaziergang und küssten uns stundenlang auf irgendwelchen Bänken. Christiane hatte ihre Freundinnen, ihre Kollegen, ich war mehr oder weniger nur noch ihr Alibi-Mann, mit dem sie eine Alibi-Wohnung und ein Alibi-Kind hatte.

Allerdings, in einer Sache war Marlies sehr eigen: Obwohl ich es kaum erwarten konnte, mit ihr zu schlafen, brach sie unsere Zärtlichkeiten immer ab, kurz bevor es zum Äußersten kam. Mich reizte das sehr, aber sie tat es nicht, um mich noch heißer zu machen, sondern weil sie die kindliche Vorstellung hatte, unsere Beziehung könnte beim Küssen bleiben, weil alles andere noch verbotener wäre.

Meine »Knutschaffäre« hinterließ Spuren: hin und wieder Lippenstift am Kragen, Streichholzschachteln von schummrigen Bars in der Hosentasche, SMS-Nachrichten von Marlies – ich hatte sie als »Carlos« eingespeichert – und letztlich meine totale Ermüdung, wenn Christiane alle paar Wochen einen müden Verführungsversuch startete. Ich war so auffällig, dass sie mich entdecken musste. Aber sie tat es nicht.

Mein Leben begann sich nur noch um Marlies zu drehen. Sie begleitete mich immerzu. Auch wenn sie nicht real neben mir war, sah ich sie in Gedanken vor mir, neben mir. Eines Abends, nach der üblichen Kneipenküsserei, sagte ich aus Angst vor einer erneuten Abfuhr: »Ich halte das nicht länger aus, Marlies. Lass uns morgen in ein Hotel gehen, okay?« Sie nickte mit dem Kopf.

Ich mietete ein Zimmer im Hotel Steiner am Ku'damm, wo ich uns als Ehepaar eintrug. Sie kicherte, und ich weiß noch, wie die alten Holztreppen knarrten, nachdem uns der Portier den Schlüssel gegeben hatte und wir die Stufen in den ersten Stock heraufgingen. Wir hatten Zimmer siebzehn. Kaum fiel die Tür hinter uns ins Schloss, war sie nackt. Sie machte das Licht aus, zündete eine mitgebrachte Kerze auf dem Nachttisch an und zappte den Fernseher auf MTV. An der Kerze zündete sie sich eine Zigarette an und sagte: »Komm schon, Hanno, zieh dich aus.« Ich tat, was sie sagte. Dann setzte ich mich auf die Bettkante, während sie sich vor mich hinstellte. Ich küsste sie überall. Sie rutschte langsam auf meinen Schoß, und wir schliefen miteinander. Wir taten es so oft, bis ich dämmriges Morgenlicht hinter den Gardinen wahrnahm. Wir waren so losgelöst wie zwei Wildfremde, die sich nie wieder sehen würden. Nichts Verklemmtes war zwischen uns, nichts Peinliches. In den kommenden Wochen vögelten wir im Park, im Auto, im Museum, im Wald, eigentlich überall – außer im Bett. Wir hatten beide keine Lust, damit je wieder aufzuhören. Und keine Idee, wie es weitergehen sollte.

So verging der halbe Sommer. Ich traf mich mit Marlies, versuchte aber dennoch, mein Familienleben irgendwie intakt zu halten. Das heißt, Feiertage, Wochenenden, Familienfeste waren für Christiane und unseren Kleinen reserviert. Eines Tages kam Christiane auf die Idee, bei uns zu Hause mal wieder ein Essen zu machen. So wie früher, mit Freunden und viel Wein. Zuerst war ich dagegen, weil ich mich einfach nicht danach fühlte, ausgerechnet vor Freunden einen auf glückliche Familie zu mimen. Aber wie immer setzte sich Christiane durch. Sie lud ihre Busenfreundin mitsamt Ehemann ein, einem Berliner Anwalt. Dazu einen Kollegen von ihr aus dem Politikressort, einen echten Supertypen, wie Christiane fand, den sie unbedingt verkuppeln wollte. Tja, und weil sie noch eine Single-Frau brauchte, dachte sie an – Marlies. Es war völlig sinnlos, dagegen zu protestieren. »Meinst du, so ein richtiger Klasse-Typ findet Marlies sexy? Du findest sie doch auch sexy, oder?«, hörte ich Christiane fragen. Was sollte ich dazu sagen? Vielleicht: »Marlies ist die Verkörperung weiblicher Sinnlichkeit, wir vögeln dreimal die Woche, und zwar so, wie du unterkühlte Schnitte es höchstens vom Hörensagen kennst?« Ich aber antwortete: »Sie ist ganz okay.« Dabei fühlte ich mich wie das größte Verräterschwein dieser Welt. Marlies rief mich verzweifelt an, sowie sie von der Einladung durch Christiane erfahren hatte, und fragte mich um Rat. Wir beschlossen, das Ganze einfach durchzuziehen. Der Termin rückte immer näher. Christiane legte sich richtig ins Zeug. Den ganzen Tag stand sie in der Küche, um Wok-Gemüse klein zu schneiden, Fleisch einzulegen und Marinaden abzuschmecken. Es gefiel mir, wie sie so eifrig in der Küche herumhantierte.

Ausgerechnet Marlies klingelte als Erste. Sie wurde sofort von Christiane dazu abkommandiert, die Vorspeisen auf den Tellern anzurichten. Obwohl Marlies ein derart kurzes Kleid trug, das aussah, als dürfte man darin keinesfalls arbeiten. Sie hatte gerötete Wangen und wagte es nicht, Christiane in die Augen zu schauen. Ich selbst fand die Situation auch schwierig und fing früh an, mir zu oft Riesling nachzuschenken. Fünf Minuten später erlöste uns der Supertyp. Für Marlies war er meiner Meinung nach viel zu konservativ, was mich ungemein erleichterte. Ich weiß gar nicht, warum, aber ich spielte, auch auf die Gefahr hin, Marlies zu verletzen, den glücklichen Ehemann und Familienvater. Das Seltsame daran war nur, dass ich mich an diesem Abend gar nicht bemühen musste. Der Gedanke, dass sich vielleicht doch noch alles irgendwie zum Guten wenden würde, beflügelte mich. Ein glatter Selbstbetrug. Vielleicht von mir inszeniert, um den Abend besser zu überstehen. So genau wollte ich es nicht wissen. Während des Essens sah ich Marlies kaum an. Sie war nicht so amüsant wie sonst, und ich war beinahe genervt von ihren eifersüchtigen Blicken, die ich spürte. Einmal trafen wir uns kurz in der Küche, da stellte sie mich zur Rede. Was das für ein Theater sei, oder sei meine Ehe in Wirklichkeit doch nicht am Ende? Ich fühlte mich eingekreist, konnte ihr in diesem Moment keine Antwort geben.

Marlies verabschiedete sich früh. Sie wirkte ungewohnt zickig, erklärte kurz, sie müsse morgen früh aufstehen. Christiane fragte noch mitfühlend, ob irgendetwas schief gelaufen sei. Marlies lächelte, wie einfach nur Frauen lächeln können – überheblich und abgründig zugleich. In dem dazu passenden Ton sagte sie: »Frag doch deinen Mann!« Das hatte ich nicht erwartet. Alles Blut wich mir aus dem Gesicht. Ich saß wie versteinert da. Christiane fing hysterisch an zu lachen. Auch Marlies lachte. Wenn nicht ich die Pointe gewesen wäre, hätte ich mir jetzt auf die Schenkel geklopft. Christiane hatte es zum Glück für einen frechen Witz gehalten. Dass Marlies und ich ein Paar waren, wäre Christiane nie in den Sinn gekommen. Sie hielt sich trotz Sexflaute und blödem Dauergemecker immer noch für unersetzlich. Oder sie wollte es einfach nicht wissen. Im Nachhinein denke ich, dass sie eine Meisterin im Verdrängen war. Hauptsache, der äußere Schein stimmte, darauf legte sie größten Wert.

Der Abend wollte nicht enden, wir tranken ungezählte Flaschen Wein. Am Ende war ich so fertig, dass ich mit meinen Klamotten ins Bett fiel. Christiane entkleidete mich, und es gelang ihr tatsächlich, mich zu verführen. Nicht eine Sekunde lang hatte ich ein schlechtes Gewissen. Sie war immerhin meine Frau und sexy – jedenfalls in dieser Nacht.

Nach diesem Abend kehrte der Alltag wieder ein. Christiane wurde allerdings wieder ein bisschen netter zu mir. Vielleicht war ihr aufgefallen, dass wir uns entfremdet hatten?

Mit Marlies hatte ich einen Streit wegen ihrer Bemerkung beim Abendessen. Sie begann sich zurückzuziehen, und mir war klar, dass sie ihren Rückzug durchziehen würde. Wer will schon mit zweiunddreißig Jahren die Dauergeliebte eines verheirateten Mannes sein? Marlies befand sich in einer Orientierungsphase, überlegte, mit welchem Mann sie Kinder haben und leben wollte. Der Gedanke schmerzte. Andererseits beruhigte er mich. Ich wollte der Frau, die ich liebte, auf keinen Fall ein Hindernis auf dem Sprung in ihr Leben sein. Ich war besetzt und damit basta!

Dann kam ein Tag, ich glaube, es war im September, da rief Christiane vom Büro aus an und sagte, sie müsse am Abend etwas Dringendes mit mir besprechen. Ich dachte, vielleicht ist sie befördert worden, oder sie hat ein neues Jobangebot. Ich hatte an alles Mögliche gedacht, aber ich lag so falsch wie damals beim Thailänder: Christiane war wieder schwanger! Ich war sprachlos. »Was ist denn, Liebling, du freust dich ja gar nicht, was hast du denn, du liebst doch Kinder? Wir haben doch gesagt, wenn's passiert, dann passiert es halt…« Ihre Worte zogen an mir vorbei, als wäre ich überhaupt nicht existent. Ich hatte nicht einmal mehr ein Lächeln übrig, das ich ihr schenken konnte. Es war schrecklich. Noch ein Baby! Das konnte nur nach dem Essen passiert sein. Es war das einzige Mal seit vielen Monaten gewesen, dass wir zusammen geschlafen hatten. Das hieß, sie hatte genau ihren Eisprung abgepasst. Wieder einmal. Es war ihr nicht um mich gegangen, sondern einfach nur um ihre fruchtbare Phase. Ich war stinksauer auf Christiane. Die Schlange hätte mich wenigstens fragen müssen. Ich hatte gerade mit Ulrich abgestimmt, wann ich in unserem neu gegründeten

Architektenbüro einsteigen würde. In meiner freien Zeit hatte ich einige Wettbewerbe mitgemacht und sogar einen gewonnen. Endlich erhielt ich wieder eigenes Geld und wollte das auch weiter ausbauen. Ein weiteres Kind, das ging jetzt nicht. Auch Christiane arbeitete viel zu gern, um zwei Kindern gerecht zu werden. Warum war sie überhaupt so scharf darauf, ein zweites Kind zu bekommen? Vermutlich sollte Max kein Einzelkind bleiben, so wie sie. Außerdem hatte sie einmal gesagt, dass man sich erst mit zwei Kindern eine Familie nennen könnte. So stand es wohl in ihren Frauenzeitschriften, die für sie wie Bibeln waren und die sie jede Woche verschlang. Der Abend endete mit einer heftigen Auseinandersetzung.

Am nächsten Morgen brachte sie die unterschiedlichsten Argumente auf den Tisch, dass wir uns voneinander entfernt hätten, dass sie gar nicht wisse, was ich abends immer so mache, und dass ein zweites Kind vielleicht unsere Ehe retten könnte. Es war klar, ich hatte null Chancen, mich gegen das Kind zu entscheiden. Christiane wollte es. Ich hatte nur die Wahl, mich gegen sie, Mäxchen und das noch ungeborene Wesen zu entscheiden. Aber Christiane war sich sicher, dass ich nicht der Typ war, der seine Familie im Stich ließ. Das Schlimmste war, dass ich es Marlies gestehen musste.

Wir trafen uns in einem Café an der Spree. Meine Knie fühlten sich wie Watte an, mein Hals war trocken. Sie saß ganz hinten, an einem der letzten Tische, mit dem Rücken zu mir. Sie trug ihren orangefarbenen Schal, den sie vor Jahren in Marokko gekauft hatte. Ich schlich mich von hinten an sie heran, um sie zu überraschen. Sie erschrak bei meiner Umarmung nicht. »Ich hab dich schon gespürt«, sagte sie lächelnd. Und ich

Idiot war gekommen, um Schluss mit ihr zu machen. Marlies sah mein Gesicht und wusste, dass etwas nicht stimmte. »Was ist, hat sie uns bemerkt?«, fragte Marlies. »Will sie mit dir in eine andere Stadt ziehen oder ihren Job aufgeben?« Meine Hände zitterten. Ich musste es ihr sagen. »Christiane ist wieder schwanger.« Damit war es raus. Keine Ahnung, ob Marlies überhaupt an ihrem Espresso genippt hatte, sie sah mich nur an, stand ganz langsam auf und sagte ziemlich unterkühlt: »Ich nehme an, vom Heiligen Geist. Hanno, ich will dich nie wieder sehen!« Ich wollte sie zurückhalten, aber es wäre sinnlos gewesen. An ihrer Stelle wäre ich auch gegangen.

Marlies schwieg. Kein Anruf, keine SMS. Ich vermisste sie, es tat richtig weh. Ich hatte das Gefühl, mein Brustkorb zöge sich langsam zusammen. Auch mein Rücken bereitete mir Probleme. Ich dachte, okay, Alter, jetzt beiß' die Zähne zusammen und versuche, das Ganze mit Anstand zu ertragen. Dann schrieb ich Marlies einen Brief. Erklärte, wie das mit Christiane in dieser Nacht war, dass ich dennoch meine Familie nicht verlassen könnte, dass ich sie aber liebe und dass es mir alles unendlich Leid täte. Ich hörte darauf nichts von ihr. Hatte Marlies mich wirklich schon vergessen? Oft ging ich an unsere Lieblingsplätze und hoffte immer, sie irgendwann einmal zufällig zu treffen. So kam es dann auch.

Es war Sonntag, und Christiane war mit Mäxchen bei einem langweiligen Schnösel-Brunch. Marlies saß auf unserer Bank am Park und hatte ein Buch auf den Knien. Als sie mich sah, freute sie sich und bat mich, neben ihr Platz zu nehmen. Sie lachte so wie immer. Ich fand, dass sie ohne mich noch mehr Sommersprossen bekommen hatte. Marlies sagte: »Als Single geht man sonntags in den Park und wartet, dass der Traummann vorbeikommt.« Ich antwortete: »Genau, da bin ich!« Marlies schien mir nicht mehr böse zu sein, erleichtert atmete ich auf. Ohne groß darüber nachzudenken, schlug ich ihr vor, mit mir zwei Wochen auf die Kanarischen Inseln zu fahren. »Ja!«, gab Marlies zur Antwort, mehr nicht. Sie fragte nicht nach Christiane und ihrer Schwangerschaft, nicht nach meinen Gefühlen zu meiner Frau oder meinen Zukunftsplänen. Der Druck wich von meiner Brust, meine Rückenschmerzen waren augenblicklich verflogen.

Den Reisetermin setzten wir für Ende November fest. Marlies und ich trafen uns wieder wie früher. Wir achteten allerdings jetzt sehr genau darauf, dass wir nicht gesehen wurden.

Christiane wurde im fünften Monat hypersensibel. Das Wetter war ihr zu schlecht, der Kaffee zu bitter, ich war nicht nett zu ihr und überhaupt ein kompletter Versager. Immer öfter maulte sie: »Eigentlich passen wir gar nicht zusammen.« Und ich blökte zurück: »Du wolltest doch unbedingt heiraten!« Das war die Romantik unserer Ehe. Mit dem Bauch wuchs auch meine Angst vor der Zukunft. Der Einzige, der sich wohl auf das Baby freute, war Mäxchen. Obgleich er noch dachte, es käme bereits als Spielkamerad auf die Welt.

Die bevorstehende Reise deklarierte ich als wichtiges Brainstorming mit meinem zukünftigen Partner Ulrich, der zur selben Zeit verreisen würde. Christiane passte das zwar nicht, aber sie schien schließlich dann doch froh zu sein, für zwei Wochen ihre Ruhe zu haben. Mäxchen sollte in dieser Zeit bei ihrer Mutter bleiben. Ich war aufgeregt und gespannt, wie sich die Ferien mit Marlies gestalten würden. Es wäre ja das erste Mal, dass wir ganze Tage miteinander verbringen konnten, ohne uns zu verstecken.

Wir hatten uns für Teneriffa entschieden und ein kleines Haus am Strand gemietet. Es gab nicht den Hauch einer Unstimmigkeit. Wir stellten fest, dass wir uns sogar in den kleinsten Alltagsdingen absurd ähnlich waren. So ließen wir beide die gelesenen Zeitungsteile auf den Boden fallen, köpften die Eier mit dem Messer und trugen den ganzen Tag den gleichen Kaffeebecher mit uns herum. Wenn sie mich oder ich sie bei einer Schlamperei erwischte, wurde darüber gelacht. Beide waren mit den Vorschlägen des jeweils anderen glücklich, und das Beste war: Wir hatten ständig Lust auf Sex. Am letzten Abend sagte ich Marlies, dass ich noch nie so eine schöne Reise erlebt hatte. Und dass ich noch nie in meinem Leben so geliebt hätte. Sie erwiderte, es ginge ihr genauso. Ich versprach ihr, Christiane von uns zu erzählen, sobald das Kind da war. Nie zuvor hatte ich Marlies versichert, mich zu trennen. Ich wusste zwar noch nicht, woher ich den Mut für diese Trennung nehmen sollte, aber ich war davon überzeugt, dass ich es mit Christiane nun überhaupt nicht mehr aushalten würde. Nicht einmal Mäxchen zuliebe.

Als wir in Berlin-Tegel landeten, hielten wir uns an den Händen. Marlies blickte mich traurig an. Gleich würde das Taxi jeden von uns in seiner alten Welt absetzen. Marlies bei ihrem Mitbewohner im Prenzlauer Berg und mich bei Christiane. Eng umschlungen standen wir am Gepäckband und warteten auf unsere Koffer. Zwischendurch schaute ich dorthin, wo die Abholer hinter einer Glaswand standen. Einen Moment dachte ich, mein schlechtes Gewissen würde mir einen Streich spielen. Würde mir zur Strafe Halluzinationen an den

Hals wünschen oder was weiß ich. Marlies fragte, was mit mir los sei, und ich stammelte nur: »Da!« Meine Augen klebten an dieser Scheibe. Es war keine Halluzination. Da stand sie. Meine Frau Christiane – mit Max an der Hand, ein weites Kleid umhüllte ihren in der Zwischenzeit gewachsenen Bauch. Sie hatte uns längst entdeckt, als Marlies noch einen völlig unbeholfenen Sprung hinter eine Säule versuchte. Es war zu spät. Ich werde nie vergessen, wie Christiane mich angesehen hat. In ihrem Blick war so viel Hass, dass ich ihr einen Mord zugetraut hätte. Wie sie uns aufgespürt hat, haben wir später erfahren. Christiane hatte bei Marlies' Mitbewohner angerufen, wann sie denn aus Teneriffa zurückkäme. Und der erteilte bereitwillig Auskunft. Christiane hatte also doch einen Verdacht gehabt.

Vielleicht war sie deswegen vor meiner Abreise so gereizt gewesen. Ich hatte alles auf das Baby geschoben, dabei misstraute sie mir längst. Für Sekunden hatte ich wieder ihr hysterisches Lachen von diesem traumatischen Abendessen im Ohr. Ich begann zu schwitzen. Es gab keinen Ausweg. Nur den Weg nach draußen, direkt hinein in die Katastrophe. Ich fühlte mich so mies, denn auf diese Art hätte Christiane es wirklich nicht erfahren müssen. Marlies stand ebenfalls der Angstschweiß auf der Stirn. Noch trennte uns eine Scheibe, aber gleich würde die Bestie beißen, so viel war klar. Christiane legte eine solche Szene hin, dass sich eine Menschentraube um uns bildete. Sie trommelte mir vor Max mit den Fäusten auf die Brust und schlug mir sogar ins Gesicht. Ich versuchte sie zu bremsen, hielt ihre Hände fest, aber es war unmöglich. Sie schrie, schimpfte und schluchzte. So verzweifelt hatte ich sie noch nie gesehen. All ihre Selbstdisziplin fiel von ihr ab. Sie sah so elend aus, so, als ob sie sich in den vergangenen zwei Wochen ausschließlich von Wassersuppe ernährt hätte. Max verstand nicht, worum es ging. Jetzt weinte auch er. »Mami, hab Angst«, stammelte er und umklammerte dabei Christianes Oberschenkel. Ich hörte mich immerzu diesen Blödsinn reden: »Mäxchen, alles ist okay. Wir fahren gleich. Christiane, bitte, hör' auf! Nicht vor Mäxchen. Lass uns zu Hause reden.« – »Zu Hause!«, schrie sie. »Ein Zuhause hast du nicht mehr. Jedenfalls nicht mehr bei uns. Fahr doch zu deiner kleinen Physio-Schlampe.« Ich fand, das war genug. Ich ließ meine Noch-Familie stehen und ging mit eingezogenem Kopf zum Taxistand. Marlies hatte sich längst davongemacht. Die Nacht verbrachte ich mit viel Bier und Schnaps bei meinem Freund Ulrich in der Kantstraße, der einen Tag zuvor von seiner Reise zurückgekehrt war.

Christiane machte es mir mit ihrer blinden Wut leicht. Sie wollte, dass ich sofort ausziehe. Zunächst blieb ich bei Ulrich, später wollten Marlies und ich uns eine gemeinsame Wohnung suchen. So schlimm alles war, es war ein Ende in Sicht. Die Weihnachtswochen waren ein Horrortrip. Bei »Oh, Tannenbaum« in jedem blöden Kaufhaus stieg mir das Wasser in die Augen, auch weil Christiane mir Max in dieser Zeit ganz entzog.

Nach unserer Reise waren Marlies und ich vom Himmel in die Hölle gekommen. Auf der Eingangstür unseres Architekturbüros stand in roter Sprühfarbe: »Fürs Ficken geh' ich über Leichen.« Und eines Morgens hatte mein alter Passat vier platte Reifen. Das waren Christianes Racheakte. Marlies ließ sie Gott sei Dank in Ruhe. Aber sie brach trotzdem häufig in Tränen aus und meinte sogar einmal, ich solle zurück zu meiner Familie gehen, sie halte das nicht mehr aus. Doch so unschlüssig, wie ich oft genug in meinem Leben war, von Marlies wollte ich mich nicht trennen.

Das zweite Kind von Christiane und mir wurde ein Mädchen. Gesund und bildhübsch. Diesen Sommer kommt Mara in die Schule. Mein Büro läuft richtig gut, die Sprühfarbe an der Tür habe ich überstrichen, den Passat damals verkauft. Marlies und ich leben in einer Altbauwohnung in Berlin-Mitte. Wir haben es noch keinen Tag bereut. Wir streiten uns fast nie und haben immer noch guten Sex. Ich hätte nicht gedacht, dass so etwas möglich ist. Mit Christiane haben wir einen Modus Vivendi gefunden. Ich habe mich sterilisieren lassen. Marlies hat meine Entscheidung akzeptiert, denn meine Kinder sind mehr bei uns als bei Christiane. Sie hat zu wenig Zeit. Die Kinder lieben Marlies sehr. Wie könnte es auch anders sein! Es gibt ein Zitat von Baudelaire, das heißt: »Traue immer deinem ersten Gefühl!« Hätte ich das getan, wäre einiges in meinem Leben anders gelaufen. Keine zerrissene Familie und kein Mäxchen, der ab und zu noch traurig ist, dass Papa nicht mehr zu Hause wohnt. Doch dafür habe ich meine große Liebe getroffen. Und wer kann das schon von sich sagen? Wenn Marlies und ich heute ein Hotelzimmer buchen, bestellen wir nur Zimmer Nummer siebzehn.

Der Wahnsinn im Bett

Ich warte. Ich zünde mir eine Zigarette an. Es gibt zwei Möglichkeiten: Entweder Jochen kommt wic immer mindestens eine Dreiviertelstunde zu spät und liefert dafür irgendwelche dummen Ausreden bei mir ab, oder er kommt gar nicht. Dann wird in den nächsten zwanzig Minuten mein Handy piepsen und eine entsprechende Kurzmitteilung melden. Ich schaue auf meinen schwarzen Schäferhund-Mischling, der mich misstrauisch aus einem Augenwinkel beobachtet. Gut, dass er nicht auch noch sprechen kann, denke ich mir, sonst würde er sagen: »Vergiss den Typen doch einfach.« Django ist mein längster Begleiter, schon zwölf Jahre sind wir zusammen. So lange habe ich es noch nie mit einem Mann ausgehalten. Oder er nicht mit mir. Egal! In den letzten fünf Jahren habe ich so etwas wie ein Warte-Ritual in mein Leben eingeführt. Erst eine Zigarette, dann ein Glas Prosecco, und wenn das leer war, Jacques Brels Ich-habe-solchen-Liebskummer-Song »Ne me quitte pas«. Der Arme ist selbst in seiner Melancholie ertrunken. So weit wird es mit mir nicht kommen, denke ich dann jedes Mal.

Ich kenne Jochen seit sechs Jahren. Ein Jahr lang waren wir nur Kollegen, er Optiker, ich Orthoptistin. Ich helfe schielenden Kindern mit Augenmuskel-Übungen oder stelle die richtigen Gläser für ihre Brille zusammen. Die Praxis der Augenärztin, bei der ich arbeite, liegt im zweiten Stock, Jochens Optikerladen im Erdgeschoss. Manchmal rannte ich dreimal am Tag nach unten und brauchte seine Hilfe. Wir kannten uns, mochten uns, aber mehr nicht. Ich grüßte auch seine Frau, die ihn manchmal abends abholte. Ich fand Jochen ganz attraktiv, mit seinem kurzen Stoppelhaarschnitt, aber eigentlich war er nicht mein Typ. Ich stehe eigentlich auf jüngere Männer, und Jochen war, als ich ihn vor fünf Jahren zum ersten Mal sah, ein Endvierziger, auch wenn man ihm das nicht ansah. Er hatte immer einen lockeren Spruch drauf, war immer bestens gelaunt und hilfsbereit. Tja, und diese guten Eigenschaften waren der Anfang vom Ende.

In der Mittagspause lief ich immer schnell nach Hause, um Django rauszulassen. Meine Wohnung lag nur fünf Minuten von der Praxis entfernt. Stets spazierten wir dann bei Jochen vorbei, weil er ein kleines Leckerchen für den Hund in der Schublade hatte. Doch diesmal hatte Django beim Überqueren der Straße ein Auto übersehen und wurde angefahren. Ich war völlig hysterisch, und Jochen kam zu seinem Einsatz – als Djangos Retter in der Not. Und damit auch meiner. Als ob er auf so eine Gelegenheit gewartet hätte!

In Sekundenschnelle sperrte er seinen Laden zu, und wir fuhren zum Tierarzt. Django trug mehrere Brüche und eine Nierenquetschung davon, aber er überlebte. Am Abend stand Jochen dann mit einer Flasche Prosecco vor meiner Haustür. Wie rührend, dachte ich. Endlich ein Mann, der meine Liebe zu Hunden teilt. Meine Freundinnen sagten schon immer, ich bräuchte gar kein Baby mehr zu bekommen, sonst würde Django vor Kummer wie eine Pflanze eingehen, und das wiederum würde ich nur schwer überleben. Ein Baby? Davon war ich so weit entfernt wie die Wüste vom Nordpol.

Jetzt warte ich schon seit fünfundfünfzig Minuten. Selbst Jacques Brel ist an sein Ende angekommen, hat nichts mehr zu sagen. Und die Wiederholungstaste tue ich mir nicht an. Ah, mein Handy piepst: »Liebling, habe Nenas Konzert vergessen. Muss mit Sonja hin. Bitte sei nicht böse. Rufe später an. Sorry!« Ich zünde mir eine zweite Zigarette an und gieße mir ein zweites Glas Prosecco an. Einmal habe ich in so einem Moment das Handy gegen die Tür gedonnert, was aber auch nichts nützte. Verdammt noch mal, dieser Volltrottel! Wieso vergisst er alles! Warum kann seine verpickelte, pubertierende Tochter nicht mit einer Freundin auf dieses blöde Konzert gehen? Warum ruft er mich nicht an, bevor ich zu warten beginne? Ich kann nicht einmal meine Wut loswerden, das ist das Schlimmste. Eine SMS von mir kann Jochen wegdrücken. Ich kann ihn im Beisein seiner Tochter nicht anrufen, das geht nicht, ins Gesicht brüllen erst recht nicht. Es ist der x-te Samstagabend in meinem Leben, an dem ich wie gelähmt zu Hause herumsitze. Die Avocadocreme, von Jochen favorisiert, wird zusehends braun. Ich dippe ein paar Tortilla-Chips hinein, damit sie nicht ganz umsonst war, und schiebe sie mir lustlos in den Mund. Wenigstens war ich in den fünf Jahren so klug geworden, dass ich wusste, wo sich meine Single-Freundinnen heute treffen würden. Ein Fortschritt in der Karriere einer Geliebten.

Katja und Susanne werden noch da sein. Die sind genauso alt wie ich. Nur ist keine von ihnen auf einen verheirateten Mann reingefallen. Beide sind Ärztinnen in einem Krankenhaus und haben wegen ihres unregelmäßigen Dienstplans auch gar keine Zeit für so einen Heckmeck. Die Glücklichen.

Nein! Heute werde ich nicht ins Bett gehen und den Abend vor der Glotze verbringen. Die beiden Mädels sitzen jetzt bei einem witzigen, neuen Griechen, wo es am Samstag immer Live-Musik gibt. Da werde ich hingehen. Ich werde mich sexy anziehen, damit ich mich besser fühle, nichts essen und mich betrinken. Ich werde mir Jochen wegtrinken. Und meine Freundinnen nicht mit meinem Problem nerven. Sie können und wollen es auch nicht mehr hören. Susanne sagt immer: »Steff, suche dir einen neuen Job, wechsle deine Handy-Nummer und zieh' um. Du machst dir deine tollsten Jahre kaputt.«

Ich stehe auf und gehe ins Bad. Soll die Avocadocreme doch verfaulen. In meinem Make-up-Sammelsurium finde ich einen roséfarbenen Chanel-Lippenstift. Ich habe ihn schon lange nicht mehr benutzt. Er passt zu meinen melancholischen Augen und zu meinen hellblonden Haaren. Auf zum Kleiderschrank! Mein Blick fällt auf die weiße Bluse, die ich anhatte, als Jochen mich wegen Django trösten wollte. Ich weiß noch, wie er sie Knopf für Knopf öffnete und wir dabei knutschten, als ob es einen Preis dafür gäbe. Hässlich ist die Bluse, denke ich. Ich werde sie entsorgen, gleich jetzt und werfe sie fort. Das soll der Beginn meiner Abnabelung sein. Wieder einmal. Ich atme tief ein, mein Busen hebt sich. Sofort wachse ich ein paar Zentimeter. Wäre doch gelacht, wenn ich mich noch länger veräppeln ließe.

Fünf Jahre lang bin ich nun Geliebte. Mindestens drei zu viel. Und ich hasse auch dieses Wort. »Geliebte«! Wer liebt mich denn schon? Wenn Jochen mich lieben würde, hätte er sich schon lange von seiner Ehefrau getrennt. Sonja, seine fünfzehnjährige Tochter, würde es überleben. Die hängt doch sowieso viel mehr an ihrer Mutter. Und Tanja, seine Frau, steht doch längst auf dem Abstellgleis. Sie liest lieber Kochbücher als das Kinoprogramm. Tanja ist genauso alt wie Jochen, aber von vorgestern. Wahrscheinlich ist sie wirklich so dämlich, und bemerkt nicht, dass ihr Mann seit fünf Jahren eine Freundin hat. Im Bett ist sowieso schon seit Jahren Schluss. Jochen schläft längst im Arbeitszimmer, sagt er. Aber stimmt das alles wirklich?

Ich entscheide mich für einen weißen, schmal geschnittenen Rock und ein enges, schwarzes Top. Ich bin oben sehr zierlich, und ein Top unterstreicht meine zartgliedrigen Arme. Ich sehe mich im Spiegel an. Nicht schlecht, von der Figur her, aber diese bläulichen Augenringe! Die Augen sind das Fenster zu deiner Seele, las ich letztens in einem Frauenmagazin. Aber was steht da nicht alles drin! »Wie werde ich eine glückliche Geliebte? Zehn Supertipps für Frauen, um frei und unabhängig zu bleiben.« Dass ich nicht lache. Schnell zurück ins Bad, noch ein paar Spritzer meines Lieblingsparfums Shalimar, eine Streicheleinheit für Django und dann los. Mein Handy lasse ich zu Hause. Es liegt neben der inzwischen grausig-ekelig verfärbten Avocadocreme, einem Aschenbecher und dem leeren Sektglas. Soll es doch allein auf irgendwelche neuen Lügen warten. Ich bin weg.

Ich habe das griechische Lokal gerade betreten, da höre ich Katja und Susanne lachen. Die Zeit ihres Mitfühlens war schon nach zwei Jahren vorbei. Sie hatten längst erkannt, dass Jochen seine Familie nicht verlassen und ich auf der Strecke bleiben wurde. »Na, was steht denn heute auf der Liste seiner Ausreden?«, fragt mich Susanne prompt. Und ich antworte schlecht gelaunt: »Neunundneunzig Luftballons.« Katja grinst, weiß schon, was kommt. »Sag bloß, der ist mit seiner Tochter auf dem Nena-Konzert!«, fährt Susanne mit ihrer messerscharfen Kombinationsgabe fort. »Genau«, sage ich zerknirscht. »Nur hat er leider mal wieder vergessen, mir rechtzeitig Bescheid zu sagen. Egal, Mädels, heute hau' ich auf die Pauke. Ich habe endgültig keine Lust mehr. Ich glaube, ich bin jetzt so weit. Ab morgen beginnt ein Jochen-freies Leben. Prost!« Ich hebe mein Glas mit harzigem Retsina und schlucke meinen Frust hinunter.

Am nächsten Morgen wache ich neben Katja auf. Mein Kopf ist so schwer wie eine blecherne Mülltonne. Auch der Inhalt weist kaum Unterschiede auf. Mein erster Gedanke: Jochen! Der nächste: falsch! Der ist gestrichen! Zufrieden schnorchelt meine Freundin noch vor sich hin. Es ist erst sechs Uhr. Ich stehe leise auf, schreibe ihr einen kleinen Dankesbrief und mache mich auf den Heimweg. Duschen, das ist es, was ich jetzt will. Als ich den Fahrstuhlknopf drücke, spüre ich schon wieder dieses Herzrasen. »Beruhige dich, Steff. Es ist egal, ob er angerufen hat oder nicht. Vergiss ihn. Du hast es immerhin geschafft, mal wieder mit deinen Freundinnen auszugehen und nicht zu Hause herumzugrübeln«, mache ich mir Mut. Jedes einzelne Stockwerk leuchtet auf. Ich wohne im vierten. Kurz bevor sich die Fahrstuhltür öffnet, habe ich nicht nur Herzrasen, sondern auch die abwegigsten Gedanken. Mein Herz streitet wild mit meinem verkaterten Kopf. »Was, wenn er nicht angerufen hat? Vielleicht ruft er nie mehr an? Aber er hat doch letzte Woche noch gesagt, dass er mich liebt. Er liebt mich auch, das weiß ich«, meldet sich mein Herz. »Es ist scheißegal, ob er angerufen hat. Du lässt das Handy einfach aus, und morgen kümmerst du dich tatsächlich um eine neue Nummer. Soll er doch bei seiner Familie kleben bleiben und irgendwann für seine Lügen büßen. Du bist zu gut für diese Sorte Mann! Ein Leben zwischen Lüge und Hoffnung passt nicht zu dir. Sonst wirst du nie eine Tochter haben, die mit dir auf ein Konzert gehen will.«

Ich schließe meine Wohnungstür auf. Django begrüßt mich schwanzwedelnd und mit freudigem Bellen. Hoffentlich haben die Nachbarn zu dieser frühen Morgenstunde noch einen guten Schlaf, denke ich. Der Aschenbecher, das leere Glas und die inzwischen vollkommen faulig gewordene Avocadocreme bieten allerdings einen trostlosen Anblick. Ich hätte doch besser alles wegräumen sollen. Sosehr ich mich auch dafür hasse, aber ich kann mein Handy nicht einfach ignorieren. Ich schalte es an, vertippe mich beim ersten Mal vor lauter Aufregung beim Code und warte dann: Vier Kurzmitteilungen! Die erste: »Nena war klasse! Hoffe, du bist nicht bös' auf mich. Bin jetzt zu Hause. Melde dich. Kuss. Jochen.« Die nächsten beiden demonstrieren bloß erfundene Gefühle. Ein einziges Blabla von Liebe, Sehnsucht und unserem letzten Sex, der zugegebenermaßen richtig geil war. Schrecklich, jetzt, wo ich weiß, dass er mich doch noch will, werde ich schon wieder nachsichtiger. Mag das Blabla sein, aber wahrheitsgemäß freue ich mich über jedes einschmeichelnde Wort. Das ist doch krank. Total krank. Da muss ich mir nichts vormachen. Und dann die letzte Nachricht: »Wobidu? Mache mir Sorgen. Wirklich nicht daheim? Ich brauche dich. Ich liebe dich.« Mist! Da steht er noch nicht einmal vor dir, und du kippst schon wieder um, Steffanie! Das darf nicht wahr sein. Ich überlege, ob ich schnell Katja oder Susanne anrufe, aber die liegen sicher noch im Bett und haben keinen Nerv auf The-never-ending-Story. Doch, ich rufe Katja an. Sie geht meist milder mit mir um als Susanne. Ich muss jetzt einfach mit jemandem reden. Als Geliebte lebt es sich sonst ziemlich einsam.

Schnell packe ich mein Handy ein, nehme die Hundeleine und Django mit. Wir gehen in Richtung Optikerladen. Wie sollte es auch anders sein. Unterwegs wähle ich Katjas Nummer. Sie meldet sich. Zum Glück ist sie schon wach. Ich erzähle ihr von den süßen SMS, die Jochen mir geschickt hat. Besonders die letzte sei doch ein Beweis dafür, dass er mich liebt. Oder?, frage ich Katja. Die schnauft tief. Dann sagt sie: »Steff, bitte, zum Tausendsten Male: Jochen ist mit Tanja verheiratet. Sie haben eine fünfzehnjährige Tochter namens Sonja, und er wird sich nicht für dich von seiner Frau trennen. Hat er bis jetzt nicht und wird er auch nie! Er ist genau so ein feiges Weichei wie alle Männer, die eine Geliebte haben. Oder kennst du irgendeinen, der seine Frau verlassen hat?« Sie spricht mit mir wie mit einem Teenager, finde ich. Als ob ich nicht wüsste, dass er eine Familie hat. Das tausendundeine Mal hätte sie sich sparen können. »Nein, ich kenne keinen, Katja. Aber bei Jochen ist das anders. Der trennt sich irgendwann, du wirst sehen. Er sagt immer, wenn seine Tochter aus dem Haus ist, kommt er zu mir. Ganz und für immer.« – »Glaub' doch nicht den Quatsch, Steff. Dann kriegt seine Frau Depressionen, oder seine Tochter wird schwanger, oder sein Geschäft läuft nicht mehr oder, oder, oder. Wenn er dich lieben würde, hätte er sich doch längst getrennt. Begreif das doch endlich, ihr seid fünf Jahre zusammen. Fünf Jahre deines Lebens hast du ihm bereits geschenkt, und er hockt immer noch am trauten Familientisch«, hält sie mir knallhart vor. Und natürlich verteidige ich Jochen: »Er hat eben Verantwortungsbewusstsein. Aber wenn Tanja...« Weiter komme ich nicht. Katjas Stimme schlägt eine höhere Tonlage ein: »Steff, nein! Du bist auf der falschen Spur. Du wirst, wenn du Glück hast, höchstens seine Geliebte bleiben. Mehr nicht. Und wenn du Pech hast, tauscht er dich auch noch eines Tages gegen eine Zwanzigjährige aus. Aber dann kannst du das Thema Kinder endgültig abhaken.« Pause. »Oder ich bekomme eins von ihm«, halte ich leise entgegen. »Jochen hat schon oft gesagt, dass es ihn nicht stören würde, wenn ich ein Kind bekäme. Es ist nicht nur der Sex. Wenn wir zusammen schlafen, ist das richtig innig. So, als ob niemand und nichts zwischen uns steht.« In diesem Moment bereue ich es, dass ich Katja angerufen habe. Sie versteht mich eben doch nicht. Sie kann gar nicht beurteilen, was zwischen Jochen und mir ist. Schließlich denkt sie nur an ihre Karriere und war seit Jahren nicht mehr wirklich verliebt. Unser Telefonat wird in einem Streit enden, denke ich, aber das war mir jetzt egal. Schnippisch erwidert Katja: »Na, klasse, es würde Herrn Jochen also nicht stören, wenn du schwanger werden würdest. Wie großzügig von ihm! Ein echtes Kind der Liebe. Wie rührend! Und dann? Dann wirst du als allein erziehende Mutter durchs Leben laufen. Und was, bitte schön, wirst du deinem Kind irgendwann sagen? Dass es noch eine viel ältere Halbschwester hat und es noch eine andere Mami gibt, die der Papi lieb hat? Steff, wach doch auf! Ich verstehe ja, dass du traurig und genervt bist, aber wenn du jetzt nicht bald die Kurve kriegt, endest du wirklich als abgelegte Schachtel. Belüg' dich doch nicht ständig selbst.« Jetzt reicht es mir aber. Wütend entgegne ich ihr: »Du bist wirklich eine große Hilfe. Vielen Dank.« Darauf sie: »Wenn ich dich erinnern darf, wolltest du ab heute ein Jochen-freies Leben beginnen.« Darauf ich einlenkend: »Das stimmt, aber da hat er mir ja noch nicht diese zauberhaften SMS geschrieben. Es ist so schwer. Ich liebe ihn einfach.« Ätzend, jetzt flenne ich auch noch auf offener Straße. Django sieht mich mitleidig an. Bilder von gemeinsamen Spaziergängen und langen, gemütlichen Abenden in meiner Wohnung ziehen langsam durch meinen Kopf. Katja: »Warum liebst du ihn eigentlich noch?« Ich wische mir die Tränen mit meinem Sweatshirt ab. Mittlerweile sitze ich auf der Lehne einer Parkbank. Vor mir liegt ein kleiner, hübsch angelegter See. Es wird langsam warm. Sonnenstrahlen kitzeln mein Gesicht. Ich vermisse Jochen so sehr. Warum kann er nicht einfach bei mir sein? Warum ist alles nur so kompliziert? Der Himmel ist dunkelblau, die Luft klar. Ich wünschte, ich wäre nur halb so klar. Ich weiß nicht, was ich auf Katjas Frage antworten soll. Ich liebe Jochen eben. Muss man Liebe erklären? Kann man sie überhaupt erklären? Ich versuche es, obwohl ich weiß, dass es mir nicht gelingen wird. »Jochen ist in der gleichen Branche, er hat so viel Erfahrung, und er hat einen unglaublichen Humor. Weißt du, wir lachen immer über dieselben Sachen. Letztens haben wir *Verstehen Sie Spaß* geguckt und uns am Boden gekringelt. Und er ist so belesen, und ich mag seine Haut so gerne riechen. Im Bett ist er schon wirklich ...« Katja unterbricht mich: »... ein Wahnsinn, ich weiß. Jochen ist der einzige Mann, der dich befriedigt. Du wirst nie wieder so intensive Orgasmen haben wie bei ihm.« Wie monoton sie das herunterleiert. Sie hatte doch seit Jahren keinen Orgasmus mehr. »Steff, weder ich noch Susanne können dir helfen. Du musst dir selbst helfen. Oder geh zu einem Psychologen. Ich kann dich dabei unterstützen, einen guten zu finden.« Es kommen keine Tränen mehr nach. Ich will nicht mehr mit meiner Freundin reden und beende das Gespräch: »Danke, Katja. Ich melde mich. Einen schönen Sonntag.« – »Was machst du denn jetzt, Steff?«, will sie zum Abschluss wissen. »Ich warte«, sage ich und gehe zurück in meine Wohnung.

DANK

Ich möchte all meinen Interviewpartnern aufrichtig danken. Sie haben mich auf eine Reise in ihr Innerstes mitgenommen. Unsere stundenlangen Gespräche, in denen Tränen der Traurigkeit, aber auch des Glücks und der Erleichterung geflossen sind, haben dieses Buch entstehen lassen.